LANCE ET COMPTE

Catalogage avant publication de Bibliothèque et Archives Canada

Héroux, Claude

Lance et compte : les dessous d'une grande réussite

ISBN-13 : 978-2-89077-317-2
ISBN-10 : 2-89077-317-5

1. Lance et compte (Émission de télévision). 2. Téléromans - Québec (Province). I. Pagé, Martine. II. Titre.

PN1992.77.L36H47 2006   791.45'72   C2006-941736-9

Le DVD qui accompagne cet ouvrage est une production Gaëa Films.

Conception graphique et mise en pages : Olivier Lasser
Illustration de la couverture : Christal Films

© 2006, Flammarion Québec

IMPRIMÉ AU CANADA

www.flammarion.qc.ca

Claude Héroux et Martine Pagé

LES DESSOUS D'UNE GRANDE RÉUSSITE

Flammarion

Québec

INTRODUCTION

À une époque où les téléromans à petits budgets tournés en studio et les séries américaines dominaient les ondes au Québec, *Lance et Compte* est arrivé, tel un vent de fraîcheur et de provocation. Les téléspectateurs avaient droit pour la première fois au petit écran à une série au rythme endiablé qui mettait en vedette des personnages passionnés qui parlaient parfois cru, se déshabillaient à l'occasion et gagnaient... souvent! La réussite personnelle et l'ambition n'étaient plus une honte et le public, inspiré, embarquait en grand nombre. La série a fracassé des records de cotes d'écoute avec plus de 80 % de la population francophone, à certains moments, clouée devant l'écran. La télé québécoise n'a plus jamais été la même après le passage de *Lance et Compte* et les séries qui ont suivi se sont grandement inspirées de ses techniques de tournage et de ses thèmes.

En septembre 2006, la diffusion à TVA de la sixième mouture de *Lance et Compte*, intitulée *La Revanche*, a coïncidé avec le vingtième anniversaire de la série. Le prétexte était parfait pour se pencher sur ce phénomène télévisuel québécois qui bat des records de longévité et continue encore à se tailler une place de choix au sommet des cotes d'écoute. La paternité biologique du projet retombe sur plusieurs personnes, mais j'assume le rôle de père adoptif depuis la première série où à titre de producteur j'ai pris la relève de la première vague.

La grande histoire de *Lance et Compte*, celle qui a nourri nombre de pages culturelles à travers les années est bien connue du public. Celui-ci cependant est moins familier avec la petite histoire de la télésérie : celle de la censure, de la résistance des diffuseurs et des équipes de la Ligue nationale de hockey, des exigences des comédiens, des divergences entre les scénaristes, des anomalies de la coproduction, des luttes de tous les instants pour rassembler le financement, bref, tout ce qui a failli empêcher la série de se rendre jusqu'à nos écrans.

L'ouvrage n'est pas prétexte à règlement de comptes avec ceux qui ont tout tenté pour freiner cette locomotive même s'ils risquent de se retrouver dans le livre – au même titre que ceux qui au contraire ont appuyé le projet tout au long de ces vingt ans sans fléchir et avec les moyens souvent limités dont ils disposaient. Le but ultime était de raconter simplement et le plus fidèlement possible les intrigues qui se sont tissées autour de chacun des événements tout en respectant leur chronologie.

C'est bien connu, les Québécois sont très attachés à leurs émissions et les médias d'ici accordent une grande place à tout ce qui concerne l'univers télévisuel. *Lance et Compte : les dessous d'une grande réussite* offre un regard d'initié sur les coulisses de la télé, un point de vue privilégié rarement accessible au grand public. Bienvenue dans cet univers fascinant de haut risque, de ténacité, de dévouement et de créativité.

première période

LES ORIGINES

Automne 1983. Le Forum de Montréal est rempli à craquer et les Canadiens se démènent contre leurs adversaires. Assis dans les gradins, un ancien réalisateur de télévision regarde la partie tout en laissant son imagination divaguer. Il se met à rêver d'un téléroman d'un nouveau genre qui réussirait à communiquer aux téléspectateurs toute la fascination qu'il a pour le hockey et son univers passionnant.

Entre deux périodes, l'homme se délie les jambes dans les couloirs du Forum, un hot-dog à la main. Sans qu'il en soit conscient, son chemin croise celui d'un journaliste sportif qui assiste à la même partie. Étrange coïncidence : ce journaliste songe aussi à écrire pour la télé un scénario dont les intrigues se dérouleraient dans le monde du hockey !

Ces deux hommes se croiseront de nouveau dans quelques mois. Mais ce soir-là, c'est sans échanger un mot qu'ils retournent s'asseoir chacun de leur côté pour regarder tranquillement la fin du match. Ils sont loin de se douter que cette idée qui les hante s'apprête à changer leur vie et celle de nombreuses personnes et qu'elle deviendra un des plus grands succès de l'histoire de la télévision francophone.

On s'en serait douté : la télésérie *Lance et Compte* est née ainsi, sous la lumière crue d'une patinoire, bercée par le bruit des patins, la musique de l'organiste et les cris de victoire des partisans.

1

DU CINÉMA
À LA TÉLÉVISION

J e suis né à Montréal en 1942, dix-huit mois après l'aîné de
la famille. Les petits frères Denis et Claude Héroux ne se
lâchent pas d'une semelle. Dès que je marche assez vite pour le
suivre, Denis et moi faisons tout ensemble. C'est lui qui décide
que je serai gardien de but au hockey et receveur à la balle-molle
alors qu'il sera centre et lanceur. Nous entrons ensemble à l'Université de Montréal au début des années soixante, lui en lettres et
moi en sciences sociales.

C'est dans ce cadre que le premier film auquel nous collaborons prend forme. Le long-métrage *Seul ou avec d'autres* est
réalisé par Denis et deux autres étudiants : Denys Arcand et
Stéphane Venne. De mon côté, je m'occupe de l'aspect financier
avec le responsable de l'association des étudiants qui fournit les
montants nécessaires. L'époque est au cinéma vérité et aux films
d'art. Nous discutons pendant des heures et des heures sur l'orientation à donner à notre œuvre et nous nous amusons comme des
fous tout en prenant notre travail très au sérieux. Comme aucun
distributeur n'est prêt à prendre un risque avec notre film, nous
assumons les coûts de la location du cinéma L'Orphéum, rue
Sainte-Catherine, pendant un mois entier. Les étudiants et le grand
public nous soutiennent et les nombreuses entrées en salle nous
permettent de rembourser tous les frais de production et d'exploitation. Le film sera même invité durant la Semaine des réalisateurs

dans le cadre du Festival de Cannes. Après cette expérience, Denys Arcand se dirige vers l'ONF et Stéphane Venne s'oriente vers la musique, alors que mon frère Denis et moi continuons dans la production privée.

Nos fonctions respectives s'établissent de plus en plus claire-ment : lui en tant que réalisateur et moi comme producteur. Je m'occupe également de l'administration de la compagnie que nous avons créée. Elle connaît son premier grand succès avec le film *Valérie,* produit par André Link et John Dunning de Cinépix. Ce film est suivi de *L'initiation, J'ai mon voyage, Jacques Brel is alive and well and living in Paris* et *Quelques arpents de neige.* Nous produisons également des documentaires et des spots publicitaires. Nous possédons aussi notre propre maison de distri-bution, nos activités variées nous assurant ainsi une bonne stabilité financière.

Je suis marié depuis 1966 et comme je travaille souvent jus-qu'à tard le soir, c'est ma femme Louise qui s'acquitte de façon merveilleuse de la tâche d'élever seule nos quatre filles : Sophie, Caroline, Stéphanie et Emmanuelle-Claude.

Un désaccord survient entre mon frère Denis et moi con-cernant sa décision de produire un film que sa conjointe, Justine Héroux, veut réaliser et c'est à ce moment, en 1979, que nous dé-cidons de cesser notre association professionnelle, qui a duré dix-sept ans. La rupture se fait sans amertume. J'ai trente-sept ans et plein de projets en tête.

Je me retrouve partenaire d'une nouvelle compagnie, Film-plan, dont les objectifs sont de produire des films en langue an-glaise destinés au marché américain et international. Nous connaissons beaucoup de succès avec des films comme *Scanners* et *Videodrome,* réalisés par le désormais célèbre David Cronenberg, *Going Beserk* avec l'acteur John Candy et *Visiting Hours,* réalisé par Jean-Claude Lord.

Chacune des productions m'oblige à passer plusieurs se-maines, parfois plusieurs mois, loin de la maison. Pour *Going Beserk,* mes bureaux sont situés sur le site même de Universal

Studios, à Los Angeles. Pendant les vacances scolaires, Louise et les enfants viennent me rejoindre là-bas.

C'est la réalisation d'un rêve pour l'équipe de Filmplan, mais un choix s'impose rapidement quant à notre avenir. Mon partenaire Pierre David décide de s'établir à Los Angeles. Notre autre partenaire, Victor Solnicky, choisit de rester à Toronto. Je prends la décision dans un premier temps de faire la navette entre Montréal et Los Angeles. Je fais allers et retours après allers et retours en utilisant le « red eye » (le vol de nuit) qui part le vendredi soir et arrive à Montréal le samedi matin, puis je repars pour Los Angeles dès le lundi matin. Mais la réalité me rattrape et il devient vite illusoire que je prétende pouvoir maintenir ce rythme. Je me résous en 1982 à revenir au Québec.

Un personnage important dans le milieu du cinéma et ami de longue date, Harold Greenberg, président d'Astral, m'offre à mon retour de travailler avec lui. Nous resterons cependant indépendants, dans une sorte de « co-venture » qui nous convient très bien.

Certains changements surviennent, dans la licence de diffusion d'Astral, qui affectent ses contrats avec les producteurs indépendants. Mon travail quotidien en est modifié et je me retrouve éloigné du monde de la production, qui finit par me manquer beaucoup. De plus, je dois souvent voyager entre Los Angeles et l'Europe, ce qui complique encore ma vie familiale. Je prends alors la décision de ne pas renouveler l'entente avec Astral.

Je songe à réorienter mes activités vers la production télévisuelle et, comble de chance, j'entends justement parler d'un projet de fiction très intéressant qui se déroulerait dans le monde du hockey.

Je suis vraiment loin de me douter de la saga qui va suivre!

2
L'IDÉE PREND FORME

ichard Martin est directeur des émissions dramatiques au réseau français de Radio-Canada. Ancien comédien et réalisateur maison de la Société Radio-Canada, il est aussi un grand amateur de hockey et un fervent partisan du Canadien. C'est au printemps 1984, au restaurant Le Barbizon, rue Saint-Denis à Montréal, qu'il rencontre pour la première fois Réjean Tremblay, chroniqueur sportif à *La Presse* et assigné, entre autres, à la couverture du hockey.

Le directeur des dramatiques vient de créer une émission spéciale consacrée à Guy Lafleur et les deux hommes se mettent à discuter de divers sujets sportifs. Richard taquine Réjean sur son rôle de journaliste. «Arrête donc d'être paresseux», lui dit-il. «Viens écrire un téléroman pour nous.» Réjean lui répond sur le même ton : «Moi, les histoires de cuisine et les dialogues du genre *passe-moi le beurre,* ça ne m'intéresse pas. Je ne suis pas scénariste.» Réjean a écrit, plusieurs années auparavant, le scénario d'un documentaire sur la violence dans le hockey pour Radio-Québec[1]. C'est son unique expérience d'écriture télévisuelle. Le directeur le relance : «Dès que j'ai trouvé quelqu'un pour t'aider, nous allons pouvoir mettre ça en marche.» Les deux maniaques de sport poursuivent leur discussion très animée sur l'actualité sportive puis repartent chacun de leur côté.

---

1.   Nom de Télé-Québec jusqu'en 1996.

Quelques mois plus tard, à l'automne 1984, Réjean se rend à Québec pour couvrir une partie des Nordiques contre les Canadiens. Il reçoit un appel à sa chambre d'hôtel à l'Auberge des Gouverneurs. C'est la secrétaire de Richard Martin qui lui dit que le directeur des dramatiques de Radio-Canada aimerait le voir à son bureau dès le lendemain.

Le chroniqueur se rend donc au neuvième étage de la tour de Radio-Canada à Montréal. Dès son arrivée, il remarque un homme barbu qui fume la pipe avec concentration, les effluves de son tabac anglais se répandant dans les couloirs et bureaux voisins.

C'est l'écrivain Louis Caron, auteur bien connu du *Canard de bois* et scénariste de la télésérie *Les fils de la liberté,* diffusée quelque deux ans plus tôt à Radio-Québec et à Antenne 2. Richard a demandé à Louis de commencer à développer des idées pour un téléroman autour du monde du hockey. Il veut créer une émission basée à la fois sur la vie professionnelle et la vie privée des hockeyeurs.

L'histoire, qui s'appuierait sur la réalité de ce sport que Réjean Tremblay connaît si bien, serait inspirée des comportements souvent scandaleux des joueurs-vedettes des équipes de la Ligue nationale et tout particulièrement du Canadien de Montréal. Enthousiaste à souhait, Richard Martin est convaincu que son projet pourrait attirer tous les amateurs de hockey, un public captif qui serait gagné d'avance.

Bien sûr, il ne serait pas question de nommer les joueurs qui inspireraient ces histoires. Obtenir leur autorisation serait pratiquement impossible et les mettre en scène sans obtenir leur consentement exposerait Radio-Canada à des poursuites légales. Jamais la SRC ne donnerait le feu vert pour un tel projet! Le directeur préfère des histoires et des personnages fictifs, qui laisseraient l'imagination des téléspectateurs s'occuper du reste. Les médias se chargeraient sûrement, comme ils le font d'habitude, d'entretenir le débat entre la réalité et la fiction.

Louis Caron a déjà écrit une dizaine de pages dans lesquelles se retrouve l'esquisse des personnages de Pierre Lambert, Denis Mercure et Marc Gagnon. Le héros, Pierre Lambert, a vingt ans, vit à Trois-Rivières et il a une petite amie du nom de Ginette

Létourneau. Louis a vécu longtemps dans cette région de la Mauricie et il connaît bien Trois-Rivières dont la situation géographique entre Montréal et Québec la rend parfaite pour les déplacements du héros, qui pourrait s'arrêter chez lui entre deux voyages de hockey.

Richard aimerait pouvoir compter sur la participation du journaliste sportif au scénario. Comme celui-ci connaît très bien les coulisses du hockey, le directeur espère qu'il collabore avec Louis et lui fournisse du «vrai» matériel pour bâtir une fiction crédible. Mais Réjean hésite encore un peu… Comme il l'a déjà dit au directeur des dramatiques, le téléroman, pour lui, ce sont des intrigues de cuisine qui ne l'intéressent pas beaucoup.

Ses réticences face à la formule du téléroman ne surprennent pas Richard. Il est vrai après tout qu'une grande majorité de feuilletons québécois se déroule autour d'une table de cuisine, avec des décors peu convaincants et des intrigues limitées. Mais le directeur des dramatiques a des idées ambitieuses. Son rêve de créer un téléroman d'un nouveau genre finit par convaincre le journaliste sportif de se lancer dans la mêlée.

3
LA LENTE ÉVOLUTION DU TÉLÉROMAN

Depuis ses débuts avec le grand succès de *La famille Plouffe* en 1953, le téléroman est vite devenu le genre d'émissions recherché par les diffuseurs. Radio-Canada maîtrise bien cette formule, populaire auprès du public francophone québécois, et est d'ailleurs pendant très longtemps le numéro un au Québec en matière d'auditoire de langue française. Télé-Métropole a aussi à sa grille-horaire plusieurs téléromans, dont une grande partie sont des productions américaines. Ceux que la chaîne produit elle-même sont de facture plus modeste et s'approchent davantage de la « sitcom » américaine.

Il se produit au Québec un nombre incroyable de séries dramatiques, comparativement au reste du monde. Les Québécois aiment leurs téléromans, au point d'en mystifier les étrangers ! C'est un genre télévisuel particulier à la télévision du Québec, et même le terme est d'origine québécoise. Aucun autre pays de langue française ne s'aventure dans ce format précis, échelonné sur une saison de plusieurs semaines et diffusé pendant les heures de grande écoute en soirée. Il y a bien les soaps américains qui ressemblent un peu aux téléromans dans leur style de tournage, mais ces émissions sont diffusées en après-midi sur une base quotidienne.

En plus de se distinguer par son type d'écriture et son choix de sujet, le téléroman se démarque aussi par ses techniques de tournage et ses contraintes de production. On donne à l'auteur un mandat très précis. Il ou elle doit écrire en fonction d'un nombre déterminé et très limité de décors et de personnages pour chacun des épisodes. Une fois les textes écrits, le réalisateur consacre du temps de répétition avec les acteurs, comme au théâtre. L'émission se tourne généralement en une journée, en continuité, du début à la fin. On doit recommencer si la technique ou les acteurs font des erreurs.

L'émission est enregistrée sur vidéo, avec des caméras lourdes et encombrantes qui sont difficiles à déplacer. On cadre souvent très large pour s'assurer de tout bien capter quand les comédiens se déplacent. En conséquence, on se retrouve avec des images lointaines qui manquent un peu d'intimité. De plus, les acteurs doivent élever la voix comme au théâtre pour que le son soit bien saisi par la perche qui survole l'action. Plus le plan est large, plus la perche est éloignée et plus l'acteur doit hausser le ton. Il y a très peu de montage et il se limite souvent à des insertions de plans extérieurs pour situer l'action. Les changements de saisons ne sont qu'entrevus à travers une fenêtre et les événements majeurs qui peuvent difficilement être tournés sont racontés par des personnages ou décrits à la radio.

Les décors sont fabriqués en panneaux légers puisqu'on doit les déplacer fréquemment à cause des caméras et de l'éclairage. Ce dernier a tendance à être puissant, uniforme et sans contraste. Les téléspectateurs peuvent se rendre compte de la fragilité des décors puisqu'ils bougent souvent lorsqu'un personnage referme une porte avec force!

Les téléspectateurs de l'époque sont accoutumés à ces limites du téléroman et semblent, malgré tout, rester attentifs à l'action et s'attacher aux personnages. En dépit des opinions souvent négatives des critiques, les téléromans continuent d'obtenir des résultats impressionnants. Puisque le public est fidèle, les diffuseurs ne veulent pas changer une situation gagnante, surtout pas la société d'État, qui a droit à un quasi-monopole sur le genre et sa production! Elle se targue de produire et de diffuser des œuvres à la fois de très haut calibre et très populaires, et qui ont même battu en termes d'auditoire des émissions jugées pour un plus grand public.

À Radio-Canada comme à Télé-Métropole, ces productions sont dites «maison» car elles sont produites dans les studios à l'interne. Les employés sont engagés de façon permanente, à salaire fixe, et dans le cas de Radio-Canada ils sont syndiqués. De son côté, Télévision Quatre Saisons a une production plus limitée et fait davantage appel à des maisons de production extérieures.

Au début des années quatre-vingt, les maisons de production de télévision du secteur privé sont peu nombreuses et leurs services sont en faible demande. Elles souhaitent toutes que le marché télévisuel au Québec s'ouvre davantage et, en attendant, elles se débrouillent tant bien que mal. Craintives de la concurrence, elles ont donc tendance à se refermer sur elles-mêmes dans un esprit individualiste. Chacune tente d'intéresser les diffuseurs en leur soumettant plusieurs projets. Ces démarches ont généralement peu de succès. Les diffuseurs préfèrent produire à l'interne et, quand ils achètent, ce sont souvent des documentaires ou des émissions de variétés provenant de la CBC et du Canada anglais (que l'on traduit ensuite en français).

Heureusement, tout ça est en train de changer.

En 1983, le gouvernement fédéral annonce des mesures visant à accroître la participation des producteurs indépendants à la production d'émissions de télévision. Ces mesures favorisent la concurrence et attirent de nouveaux joueurs. On assiste alors à une augmentation du nombre de maisons de production privées.

Le gouvernement annonce, par la même occasion, la création d'un fonds de développement de cent quinze millions de dollars réparti sur cinq ans et destiné à la production d'émissions de télévision canadiennes. Le ministère confie l'administration et la gérance du fonds à Téléfilm Canada, qui a comme principal mandat de stimuler la production d'émissions indépendantes.

Les directives sont précises : le plan prévoit que, sur une période de cinq ans, Radio-Canada devra confier jusqu'à cinquante pour cent de sa programmation à des maisons de production privées, en dehors de l'information et des sports. De plus, la programmation des télédiffuseurs devra inclure, au cours des prochaines années, des émissions qui représenteront quatre-vingts pour cent en contenu canadien aux heures de grande écoute.

Ces mesures visent à éliminer la forte proportion d'émissions américaines sur les écrans de télévision canadiens. Le combat est commencé et le gouvernement insiste pour atteindre ces objectifs de contenu canadien, au risque d'avoir à dépoussiérer les castors empaillés et les drapeaux ornés de feuilles d'érable!

C'est à cette époque que je décide de quitter la production de films et de me lancer dans le secteur privé de la production télévisuelle.

En place depuis quelques années, le nouveau fonds de développement du gouvernement fédéral a réussi une timide percée à Télé-Métropole et Radio-Québec, alors que Radio-Canada est l'institution qui en profite le plus. Depuis sa participation au fonds de Téléfilm Canada, le pourcentage d'heures de production confiées à des maisons de production indépendantes a augmenté. Il y a donc une lueur d'espoir pour les producteurs privés, mais elle reste faible.

Il n'est pas étonnant que Radio-Canada résiste au changement. La SRC a toujours eu les fonds nécessaires à ses productions internes. Les nouveaux projets doivent désormais être approuvés par Téléfilm et c'est plus difficile pour Radio-Canada de contrôler le contenu quand il provient de producteurs du privé. De plus, le syndicat des employés fait des pressions sur la direction. Il ne voit pas d'un bon œil l'arrivée de productions externes et craint que cela n'enlève du travail à ses membres.

La partie est loin d'être gagnée pour les producteurs indépendants.

4

L'ÉCRITURE DÉMARRE

Réjean Tremblay accepte enfin de participer à l'écriture du projet de téléroman de Richard Martin pour plusieurs raisons. D'abord, même s'il affirme préférer d'autres sports, le hockey l'intéresse beaucoup. De plus, l'écriture a toujours été chez lui une passion et il est curieux de se lancer dans la fiction. Il est aussi attiré par la chance de mettre le pied dans le secteur des dramatiques de Radio-Canada, un univers habituellement difficile à pénétrer. Même s'il est déjà connu par ses fonctions de journaliste, la notoriété supplémentaire que pourrait lui apporter le rôle de scénariste le séduit, de même que le complément à son salaire de base. La persistance et l'acharnement de Richard Martin ont fini par le convaincre de collaborer avec Louis Caron au projet intitulé *Lance et Compte*.

Louis Caron n'est pas un grand amateur de hockey ; il n'a même jamais mis les pieds au Forum ! Il possède cependant une belle plume de même que de l'expérience en écriture télévisuelle. Les deux auteurs s'entendent alors sur la répartition du travail : Réjean apportera ses connaissances de ce sport dans le remaniement des textes déjà écrits et, si l'on décide d'aller en production, pour l'écriture de nouveaux épisodes.

Dès le départ cependant, une chose est évidente : Réjean et Louis ont des formations et des intérêts tellement différents que cette association est vouée, sinon à un échec, du moins à l'ébauche d'un produit qui risque d'être inégal. Louis est romancier et poète et prend tout son temps pour écrire, alors que Réjean, chroniqueur sportif dans un quotidien, est habitué à un rythme rapide, comme il l'explique :

> « J'ai l'habitude de commencer à travailler très tôt pour faire tous les appels reliés à mes articles dans le journal. De cette manière, dès neuf heures, tout est rédigé et je suis prêt à commencer le travail de scénarisation. Louis, lui, n'est pas très pressé le matin. Il arrive plus tard au bureau, bourre lentement sa pipe et installe tous ses petits canards de bois avant même de commencer à songer à travailler ! »

Les deux hommes ont tout de même réussi à se trouver quelques points en commun : ils affichent avec fierté leur barbe et discourent sur les pipes et les arômes de tabac, un sujet qui les passionne tous les deux. Et puis Réjean a amené Louis à un match de hockey au Forum pour lui expliquer le jeu plus en détail. L'écriture prend tranquillement son rythme et la collaboration s'établit.

La commande qu'on leur a passée est de créer d'abord quatre épisodes de trente minutes, que l'on prévoit produire dans la formule traditionnelle du téléroman radio-canadien, avec son budget limité et les contraintes qui l'accompagnent. Si le projet est approuvé, ils auront éventuellement à écrire une trentaine d'épisodes, dont les intrigues seront développées au fur et à mesure que la saison de diffusion avancera, en s'ajustant aux réactions des téléspectateurs. Le duo Tremblay-Caron écrit donc les quatre premiers épisodes puis attend quelques mois pour connaître l'opinion de Radio-Canada sur le projet. Vont-ils continuer l'écriture des prochains épisodes ou est-ce que ce sera la fin de leur courte collaboration ?

Vers janvier 1985, Richard Martin leur donne enfin la réponse, mais ce n'est pas celle à laquelle ils s'attendaient. Le projet est modifié. Ce n'est plus un téléroman d'une trentaine d'épisodes sur lequel ils doivent travailler, mais bien une émission dramatique spéciale d'une heure, quelque chose qui aurait un peu plus d'envergure et qui serait destiné aux *Beaux dimanches*. Cette dernière est l'émission la plus prestigieuse de Radio-Canada, celle qui présente des sujets variés tels que des pièces de théâtre, des concerts, des grands reportages ou des variétés. Les auteurs doivent conserver la même approche que pour le téléroman, c'est-à-dire des décors limités et une absence de tournage extérieur. Pas question ici de scènes de foule, même si on parle de l'univers du hockey! On contourne tant bien que mal ces limites en plaçant par exemple Pierre Lambert au vestiaire pendant qu'il écoute, en voix hors champ, l'animateur du match qui annonce les étoiles de la partie.

Les auteurs sont déçus de ne pas écrire un téléroman de plusieurs épisodes, mais ils sont tout de même contents que le projet ne soit pas abandonné. De plus, ils reçoivent de l'argent additionnel pour une réécriture qui leur paraît facile puisqu'ils n'ont, croient-ils, qu'à réunir les deux premiers épisodes de trente minutes déjà écrits!

Les deux auteurs s'adaptent donc au format d'une heure et remettent une nouvelle version au directeur des dramatiques. Réjean n'est pas très emballé cependant. Il trouve le format contraignant et craint que le produit fini ne soit pas très dynamique. Il devient très vite évident pour Richard que son idée de départ supporte mal la formule classique du téléroman, et ce, même dans cette nouvelle version d'une dramatique d'une heure. Il sait qu'il aura de la difficulté à faire accepter le projet par ses patrons, dont Robert Roy, qui vient d'être nommé directeur de la programmation. Au-delà de la qualité des textes, les dirigeants doutent déjà grandement de l'intérêt de la clientèle féminine pour une émission mettant en vedette des joueurs de hockey.

C'est qu'à l'époque le nombre d'appareils de télévision dans les foyers québécois est limité et c'est en grande majorité la femme qui décide du choix des émissions que la famille va regarder. C'est aussi elle que les agences publicitaires cherchent à atteindre à grand renfort de slogans séducteurs.

Devant tous ces obstacles, Richard Martin est contraint de prendre la décision de cesser l'écriture. Le projet *Lance et Compte* est suspendu pour une durée indéterminée. Et ce ne sera pas la dernière fois.

5

SAISIR L'OPPORTUNITÉ

Déterminé à orienter mes activés dans le domaine de la production télévisuelle, je fonde en 1984 ma maison de production, appelée Les Communications Claude Héroux. Je ne suis pas le seul : nous sommes plusieurs producteurs à frapper inlassablement aux portes des diffuseurs, en espérant une part de la galette télévisuelle. Malheureusement, le nombre de productions des diffuseurs faites en collaboration avec le privé n'augmente pas en proportion du nombre de maisons de production qui se créent.

Les producteurs réclament que leur Association fasse des pressions sur le gouvernement pour qu'il oblige Radio-Canada à suivre ses directives relatives à sa participation dans les productions indépendantes. La SRC n'a fait que le minimum jusqu'à maintenant, un minimum imposé par ses nouveaux besoins de financement puisqu'elle doit désormais composer avec des restrictions budgétaires.

La carrière du producteur de cinéma et celle du producteur de télévision sont deux choses bien distinctes. Les différences ne concernent pas uniquement la technique mais aussi la conception, la planification, la réalisation et la production de l'œuvre, et la distribution de celle-ci, puisque la télévision entre dans les maisons des téléspectateurs sans qu'ils aient à se déplacer ou à payer un prix d'entrée.

Malgré les différences bien connues entre ces deux univers, je prêche à cette époque pour un rapprochement et c'est dans la manière de produire que cela doit se faire selon moi. Je crois qu'il faut appliquer les méthodes de production du cinéma à la télévision pour que celle-ci puisse évoluer. Plusieurs de mes confrères pensent d'ailleurs comme moi et tentent de propager le même message de leur côté.

La structure particulière de la production télévisuelle limite les succès financiers possibles. Les profits ne peuvent être aussi grands qu'au cinéma où, en théorie, il n'y a pas de limites. Le problème avec le cinéma, bien sûr, c'est que l'échec peut lui aussi être sans limites! Il n'y a pas de véritable parachute pour sauver sa peau des pertes énormes d'un flop. Je me dis qu'en télévision le risque reste limité et qu'il ne devrait pas y avoir de grandes pertes.

Comme plusieurs de mes futurs collaborateurs, dont Réjean Tremblay et Jean-Claude Lord, j'ignore à peu près tout du milieu télévisuel. Vingt ans plus tard, nous comprenons que c'est cette ignorance qui nous aura fait commettre des gestes fous et inconséquents. Mais étonnamment, c'est cette même naïveté qui nous aura entraînés à repousser les conventions et qui sera en grande partie responsable de l'énorme succès de *Lance et Compte*.

Grâce à un ami, Gérald Ross, qui jouit d'une excellente réputation dans la distribution d'émissions de télévision, je me retrouve au restaurant La Diva un midi de décembre 1984. C'est un lieu très fréquenté par les gens de Radio-Canada, qui travaillent juste de l'autre côté du boulevard René-Lévesque. Nous avons obtenu une rencontre avec le directeur des émissions dramatiques de Radio-Canada, Richard Martin, et j'ai la tête pleine de projets!

Richard me fait bonne impression : il est sympathique, généreux, ouvert et plein d'humour. L'atmosphère est très détendue, comme si nous étions des amis de longue date. Richard aime son métier de même que l'univers de la télévision et n'envie aucunement les producteurs de films. Au contraire de plusieurs de ses collègues, il ne les considère pas comme des gens à part.

Il est cependant intrigué par la démarche d'un producteur de films comme moi qui veut discuter d'émissions de télévision. Il cherche d'abord à être rassuré sur mes véritables motifs plutôt que de parler de ses plans de programmation. J'essaie tout de même de ramener la conversation sur ses plans à Radio-Canada. A-t-il des sujets qui peuvent être produits avec le secteur privé ? N'est-ce pas un des objectifs de la nouvelle législation ?

Sans arrière-pensée, il se met à parler de son projet avorté sur le hockey. Dans son langage très coloré, il se plaint des visées limitées de Radio-Canada qui ne croit pas en la nécessité de faire des productions d'envergure.

Un téléroman sur le hockey ? Je saute sur cette opportunité ! Le sujet me passionne. Je m'étonne d'ailleurs qu'il n'ait pas encore été traité. J'explique à Richard que je compte développer des projets de télévision importants et que je souhaite les tourner en utilisant les techniques du cinéma. C'est ce que je sais le mieux faire ! Son idée de série sur le hockey tombe donc pile et cadre tout à fait avec mes plans. Il faut que l'on produise ensemble *Lance et Compte*. Mon expérience en cinéma pourrait lui servir !

Sa réaction est positive. Nous débordons d'enthousiasme au point de commencer à croire que tout est réglé ! Je suis tellement convaincu que je lui demande si je pourrais racheter les droits sur son projet, dans l'éventualité où Radio-Canada ne voudrait pas produire avec moi. Je n'ai pas de réponse claire à cette question, mais Richard me dit qu'il est enchanté à l'idée que l'on travaille ensemble. Il souhaite que ce projet se réalise, d'autant plus qu'il se sent mal pour les auteurs qu'il a entraînés dans cette histoire et qu'il ne veut pas laisser tomber.

Il doit cependant obtenir l'accord des auteurs avant d'aller plus loin dans le projet. La convention d'écriture prévue entre Radio-Canada et ses auteurs donne plusieurs avantages aux scénaristes, dont le droit de propriété intellectuelle et de paternité sur le concept et les personnages qu'ils inventent. Les auteurs ne peuvent être remplacés sans leur consentement et, s'ils sont remplacés, ils doivent l'être selon un processus bien établi. Cette convention est plus restrictive que celle que les producteurs indépendants signent habituellement avec les auteurs (à cette époque). Suivant la méthode américaine, le producteur indépendant peut choisir de payer des montants additionnels pour racheter tous les droits de l'auteur et devenir propriétaire de ces droits. Les auteurs peuvent aussi être remplacés au gré du producteur, sans que celui-ci ait à obtenir leur consentement.

Richard promet de parler aux auteurs de mes propositions et notre repas se termine. Alors que nous nous apprêtons à quitter le restaurant, Pierre DesRoches, vice-président de Radio-Canada, vient saluer le directeur. Ce dernier me le présente et lui mentionne mon intérêt pour le projet *Lance et Compte*. Je ne connais pas Pierre DesRoches, mais je comprends très vite sa position vis-à-vis des producteurs indépendants. Sans détour et avec un sourire malicieux, il me lance que la société d'État n'a pas besoin des indépendants. C'est uniquement pour se plier aux directives du ministère ou même par charité qu'il accepte que la SRC confie des productions au secteur privé! Puis il quitte les lieux. La douche est glaciale. Richard voit bien que je suis sous le choc de ce discours et il me dit de ne pas m'en faire. Apparemment, ce genre de réplique est tout à fait typique de l'humour du vice-président et on ne doit pas s'en formaliser.

Gérald Ross et moi retournons au bureau pour discuter de notre rencontre avec Richard. Le projet l'emballe, mais Gérald me fait réaliser l'ampleur des promesses que j'ai faites pendant tout le repas. Pour impressionner le directeur des dramatiques, j'ai sorti toute mon artillerie : je lui ai parlé d'une production avec un budget important, d'un tournage bilingue, en français et en anglais, d'une coproduction avec un ou plusieurs pays européens. Tout ça en assurant à la production un style pur cinéma!

J'avoue être inquiet, mais une grande partie de moi reste convaincue que l'on peut monter une pareille affaire. Je me sens d'attaque pour tenter l'aventure.

Fidèle à ses promesses, Richard Martin organise un souper pour que je puisse rencontrer les auteurs de son projet. En février 1985, nous nous rendons au restaurant Le Texan avant une partie du Canadien au Forum. Je connais déjà Louis Caron pour avoir tenté d'adapter son roman *L'emmitouflé* au cinéma – un projet qui a échoué. C'est mon tout premier contact avec Réjean Tremblay.

Les deux auteurs fument la pipe et écoutent attentivement Richard alors qu'il fait le point sur notre rencontre précédente. Il décrit mon grand intérêt pour le projet et ma vision des choses et me laisse le soin de parler des faiblesses du scénario. Nous sommes d'accord qu'elles sont principalement dues aux restrictions imposées par la formule classique du téléroman. Je leur explique que j'ai envie de m'éloigner de ce style et que, pour leurs textes, j'ai une vision qui s'apparente davantage au cinéma. Je veux qu'ils traitent le sujet comme un film, qu'ils sortent l'action du studio pour l'installer dans de véritables décors. Il ne faut pas raconter une partie de hockey mais bien la voir et la vivre, comme nous allons le faire en tant que spectateurs au Forum ce soir après le souper. Je voudrais développer le style et le rythme rapide des émissions américaines. Présenter des scènes courtes où l'émotion prime.

J'ai soudainement l'impression que la fumée sort plus vite de leur pipe! Réjean Tremblay raconte s'être assis récemment devant les émissions américaines *Dallas* et *Dynastie,* chronomètre à la main, pour minuter la longueur des séquences et compter leur nombre dans un épisode. Je leur explique que je voudrais engager un réalisateur avec de l'expérience en cinéma. La vidéo est plus populaire, mais je voudrais tourner avec de la pellicule (film), car la texture granulée du produit fini ajoute au caractère dramatique des émissions.

Les auteurs sont d'accord avec cette vision, mais il est évident qu'ils doivent refaire les textes en entier. Pas question d'une simple réécriture en surface. Il faut que les intrigues intéressent tous les publics, homme ou femme, de l'amateur sportif à la femme au foyer. À en juger par leurs yeux qui brillent, je vois bien que la première période s'amorce!

6

LA PREMIÈRE PÉRIODE

L'écriture est en pleine activité depuis plusieurs mois et les auteurs ont de nouveaux contrats avec ma maison de production. Ce n'est qu'en juillet 1986 que je rachèterai officiellement les droits de Radio-Canada sur le concept de la série *Lance et Compte*. Des lettres d'entente me permettent cependant d'amorcer le travail dès le printemps 1985. L'étape du développement est donc officiellement lancée!

Les coûts de cette étape d'écriture sont partagés avec Téléfilm Canada, qui en paie la moitié, soit vingt-cinq mille dollars. *Lance et Compte* est pour l'instant le seul projet important de ma compagnie; je m'y implique donc à fond. La moyenne des projets qui se rendent à terme est très faible. Il faut donc tenir compte de ces statistiques et développer simultanément plusieurs projets. C'est ce que je commence à faire, mais je donne priorité à notre série sur le hockey. Je maintiens donc les frais fixes d'exploitation au minimum. Mon bureau et les services de base sont offerts par un ami, Sander Gibson, dans la firme d'avocats avec laquelle il est associé.

C'est dans ces bureaux, en mai 1985, que je rencontre Jean-Claude Lord pour lui parler du concept de la série. Nous avons déjà travaillé ensemble quelques années auparavant sur la production du film *Visiting Hours*. Ce long-métrage réalisé par Jean-Claude a connu une belle carrière internationale incluant, chose rare pour une production canadienne, une bonne sortie aux États-Unis. Le film a eu droit à de pleines pages de publicité dans le

New York Times et d'immenses affiches sur les artères principales de Los Angeles. Malgré ce succès, j'ose lui demander de faire une pause dans sa carrière de cinéaste et d'être le réalisateur d'une série télévisée québécoise.

Je connais bien Jean-Claude. Je sais qu'il ne se limitera pas au mandat de réalisateur que je lui propose et qu'il s'impliquera dans la rédaction des textes. Ceux-ci ont un urgent besoin du regard d'un habitué du cinéma. Le réalisateur est le genre d'homme qui n'hésite pas à donner directement son avis, sans prendre de détour. Ses qualités me seront très utiles dans ce projet.

Il a hérité de son père la passion du hockey. Ce dernier regardait en cachette *La soirée du hockey* sur les ondes de Radio-Canada, malgré l'interdiction de son cardiologue qui trouvait que ces parties l'énervaient trop et que c'était dangereux pour lui!

Quelques jours après que je lui ai remis les premières ébauches de scénario, Jean-Claude, fidèle à sa façon de procéder, arrive au bureau avec les pages du texte couvertes de ses notes. Il m'explique sa vision du tournage de la série et du style qu'il voudrait lui donner. Il m'énumère ses exigences. Nous parlons du choix de l'équipe et des comédiens. Il voudrait des acteurs vrais, crédibles, de préférence de jeunes talents inconnus.

Sa série de demandes est aussi longue qu'une liste d'épicerie pour une famille de dix enfants! Je ne suis ni surpris ni inquiet de toutes ses exigences. Il y a encore beaucoup d'étapes à franchir avant que le projet ne se rende au tournage et je ne vois pas l'urgence de lui refuser ce qu'il demande. Je ne veux pas me le mettre à dos, puisque j'ai moi-même une requête à lui faire : repousser le paiement de ses honoraires jusqu'à ce que le projet soit financé! Jean-Claude accepte de courir le risque de ne pas être payé pour son travail préliminaire si le projet ne se réalise pas.

Richard Martin a fait part de la nouvelle approche de *Lance et Compte* à son supérieur, Robert Roy, directeur de la programmation à la télévision de Radio-Canada et disciple de Pierre DesRoches, à qui il voue une grande admiration. Cependant, plus diplomate et stratège que ce dernier, il opte pour la patience dans le dossier *Lance et Compte*. De toute manière, il est peu convaincu de nos chances de réussite! Le projet est tellement ambitieux par rapport à ce qui se produit au Québec qu'il ne peut s'empêcher de penser que nous nous dirigeons vers la catastrophe.

Robert Roy offre d'aider Richard pour la présentation du projet à leurs confrères de la CBC, dont Robert Melnick, son équivalent du côté anglais. Le responsable des productions extérieures de la CBC, John Kennedy, entretient une bonne complicité avec Richard, qui le surnomme gentiment «le petit John John». Ils aimeraient travailler ensemble à un projet tourné dans les deux langues. Je souhaite bien sûr que leur choix s'arrête sur *Lance et Compte* pour cette première collaboration!

Comme Robert Roy est sur le point d'entreprendre un voyage en Russie, il dit qu'il en profitera pour tenter de convaincre ses confrères de la télévision soviétique de s'impliquer dans la production de la série. Il espère qu'ils fourniront les services du gardien de but Tretiak, l'un des plus grands gardiens du monde, retraité depuis peu. De beaux projets, encore loin d'une signature apposée au bas d'un contrat!

La coproduction avec un pays européen est essentielle au financement d'une série d'envergure comme celle que j'ai en tête. Mais, c'est bien connu, les Français n'acceptent pas facilement des idées qui ne viennent pas d'eux et, de plus, ils ne sont pas de grands passionnés du hockey. Mis à part la région de Grenoble où l'on pratique ce sport, le hockey reste plutôt mal connu en France. Je sais aussi que l'accent québécois des acteurs sera sûrement un obstacle, mais je continue de croire qu'il faut à tout prix impliquer les Français dans la coproduction.

Pour qu'une production soit reconnue comme coproduction officielle dans les deux pays participants, il faut que l'apport financier du groupe minoritaire soit d'au minimum vingt pour cent du budget total. Le nôtre est établi à huit millions de dollars canadiens. L'apport minimum de la France devrait donc être de un million six cent mille dollars. C'est un montant considérable, d'où l'importance que la coproduction soit officialisée en bonne et due forme. La série doit pouvoir porter l'étiquette de « série française » pour qu'elle rentre dans le calcul des quotas de production que lui impose le gouvernement français. Si TF1, le diffuseur français que j'entrevois, achète simplement la série au lieu de la coproduire, il ne nous paiera qu'une fraction de cette somme, probablement quelque chose autour de cent cinquante mille dollars. Il est donc clair qu'une coproduction officielle est très importante pour notre financement, même si elle entraîne toujours des dépenses additionnelles.

La tâche n'est pas mince et il nous faut trouver le parfait équilibre sur le plan du financement. Nous devons éviter de faire dans le contenu des compromis trop grands qui dénatureraient l'histoire et sa vraisemblance. Selon les exigences d'une coproduction, il nous faudra engager des techniciens français mais aussi des acteurs français, dont la présence dans le scénario ne devra pas être trop artificielle.

Je possède une certaine notoriété en France grâce à des longs-métrages que j'ai coproduits là-bas. Le plus récent est un film accompagné d'une mini-série, *Au nom de tous les miens,* dirigée par un excellent réalisateur français du nom de Robert Enrico. L'histoire, tirée du best-seller de Martin Gray, a été un grand succès en France à la fois au cinéma et à la télévision. TF1 était le partenaire français dans ce projet et j'ai côtoyé pendant plusieurs mois le représentant de cette chaîne. Il vient d'être affecté à une autre unité de production et a été remplacé par Philippe Lefebvre.

Le dossier *Lance et Compte* aboutit donc sur le bureau de Philippe Lefebvre, directeur de l'unité des dramatiques de la chaîne TF1. Il participe fréquemment aux réunions d'échange entre les diffuseurs de langue française des pays francophones. Chaque réunion se déroule à tour de rôle dans un pays différent de ce groupe. Le but est de présenter des projets et de susciter de l'intérêt pour ces projets chez les autres membres du groupe.

La première fois que les diffuseurs francophones entendent parler de la série *Lance et Compte,* c'est à l'occasion d'une de ces rencontres dans la ville de Québec à laquelle assiste aussi Richard Martin, de Radio-Canada. Il présente le projet à tous les diffuseurs réunis incluant ceux de la France, de la Belgique, de la Suisse romande, de même que ceux de certains pays d'Afrique. À la demande de Richard, je ferai un aller et retour à Québec pour rencontrer entre autres Philippe Lefebvre, de TF1, et Raymond Vouillamoz, de la Télévision suisse romande (TSR). Ils ont un intérêt pour notre projet et je suis là pour répondre à leurs questions.

Philippe Lefebvre est un admirateur des chanteurs québécois et il est tout particulièrement un grand fan de Robert Charlebois. Il ne rate pas une occasion de venir au Québec et d'assister aux spectacles de ses artistes favoris. J'en profite pour l'inviter à la pièce de théâtre *Broue* pour compléter son immersion dans la culture québécoise. Le vent nous est donc favorable et le projet de coproduction avec la France s'annonce bien !

Louis Caron et Réjean Tremblay poursuivent leur travail de développement du scénario et les textes prennent de plus en plus forme. Mais Réjean a de la difficulté à se plier aux exigences de l'écriture d'un scénario de télévision. Il trouve que les intervenants et les raisons pour demander des changements sont trop nombreux. Il n'est pas soumis à ce genre de réécriture à répétition dans son travail de chroniqueur sportif. On lui demande simplement d'écrire un article qui est publié dès le lendemain dans le journal. Il peut rapidement passer à un autre sujet. Il a l'habitude d'être le maître de son contenu et la seule intervention à laquelle il doit se plier est celle de son patron, qui détermine le titre de l'article, décide des modifications s'il y a lieu et l'envoie au correcteur. Parfois son patron choisit de ne pas publier un article, mais c'est plutôt rare, et Réjean continue son travail sans trop s'en soucier.

Pour *Lance et Compte*, Réjean écrit maintenant sous la supervision de Jean-Claude Lord, qui est non seulement réalisateur mais aussi script-éditeur dans le projet. Il demande constamment des corrections pour toutes sortes de raisons : la réalisation prévoit quelque chose de différent, le financement est modifié, il n'aime pas l'évolution d'un personnage, etc. Réjean travaille aussi en collaboration avec Louis comme coauteur, ce qui complique encore davantage les choses pour lui.

L'éventualité de plus en plus concrète d'une coproduction avec la France vient complexifier le tout. Nous anticipons maintenant que trois rôles seront confiés à des acteurs français. Puisqu'ils craignent qu'il soit difficile de rendre crédible la présence d'un hockeyeur français dans l'intrigue, Jean-Claude, Louis et Réjean songent plutôt à créer des personnages féminins. Les auteurs doivent tout de même rivaliser d'imagination pour justifier la présence de ces étrangères dans cette histoire québécoise pure laine !

C'est ainsi que la mère de Pierre Lambert, qui devait être à l'origine une femme au foyer québécoise du style « maman Plouffe », se transforme en une femme d'affaires qui s'y connaît aussi en hockey. On finira plus tard par lui donner une origine russe, puisque le choix de Jean-Claude s'arrêtera sur la comédienne française aux origines soviétiques Macha Méril.

Mais les auteurs ne sont pas au bout de leurs peines : d'autres requêtes surprises les attendent. Jean-Claude est à cette époque très intéressé par toutes les questions sociales entourant l'intégration des immigrants au Québec. Il tournera d'ailleurs quelques années plus tard la télésérie *Jasmine,* qui relate l'histoire d'une femme noire policière aux prises avec les préjugés qui règnent dans son domaine d'emploi. Le réalisateur demande donc aux scénaristes de donner au personnage principal une petite amie de race noire.

Réjean résiste vertement. Il ne peut arriver à imaginer qu'un joueur-vedette d'une équipe professionnelle de hockey québécoise se mette à fréquenter une femme noire. Il tente de convaincre Jean-Claude que cette situation est très improbable dans la LNH, étant donné la mentalité des joueurs. Il croit que ce hockeyeur ferait face à beaucoup trop de pressions et qu'il serait même insulté par certains de ses confrères racistes.

Le réalisateur lui fait remarquer qu'il vient de lui décrire là une situation dramatique parfaite ! Le conflit, c'est ce qui est à la base de tout bon scénario. Voilà une situation qu'il serait très intéressant d'aborder dans le cadre de cette série ! Réjean finit par y consentir, mais il veut que l'actrice soit absolument irrésistible. Jean-Claude trouvera la perle rare qui fera fondre la glace : l'actrice d'origine martiniquaise France Zobda, dont la grande beauté fera soupirer le Québec tout entier. France viendra d'ailleurs en aide aux auteurs pour les textes, en leur suggérant les réactions qu'aurait un personnage comme le sien au contact de la culture québécoise.

Le journaliste se plie petit à petit aux règles de l'écriture pour la télévision. Il se relit davantage et doit recommencer plusieurs fois l'écriture de certaines séquences. Comme on dit, vingt fois sur le métier…

Louis et Réjean élaborent une structure divisée en actes pour chaque épisode : celui-ci comporte cinq actes qui correspondent aux cinq arrêts publicitaires qui auront lieu pendant la diffusion. Le dernier acte se termine par un moment fort pour garder l'intérêt du spectateur jusqu'à la prochaine semaine. C'est souvent un moment de suspense qui place l'un des héros devant un choix crucial, une situation précaire ou conflictuelle.

Les dialogues doivent rester courts et réalistes, se rapprocher de vrais échanges vécus au quotidien. Chaque personnage de la série a son style et sa façon de s'exprimer. Même les jurons sont exclusifs à chacun. Réjean connaît bien les expressions utilisées par les joueurs de hockey et il s'assure que celles prononcées par les personnages sont justes. Louis et Réjean créent aussi ce que l'on appelle dans le milieu une bible, c'est-à-dire un gros document de référence qui rassemble une panoplie de détails sur l'évolution de chaque personnage, son passé, ses habitudes, ses aspirations. Tout ajout au texte doit tenir compte de la ligne maîtresse ou de l'arc du personnage. Comme au cinéma, les personnages doivent être proactifs et devenir le moteur de l'intrigue plutôt que d'être de simples pantins qui se laissent emporter par les événements.

Le moindre changement demandé au texte a des répercussions non seulement sur la trame centrale de l'histoire mais aussi sur le comportement général des personnages. On doit alors modifier la structure et les moments forts de chacun des blocs de l'épisode, ce qui crée un effet domino sur les épisodes suivants.

Je participe aussi à ces réunions d'écriture quand cela m'est possible. Je fais partie de la toute première génération de l'industrie du cinéma au Canada et nos moyens étaient à l'origine très limités, pour ne pas dire inexistants. Les tâches alors n'étaient pas aussi cloisonnées qu'elles le sont maintenant. Ceux qui travaillaient dans ce domaine devaient s'impliquer dans tous les aspects de la production : aider les équipes techniques à transporter l'équipement et à brancher les câbles électriques, assister les machinistes dans l'installation de rails, aider les responsables des décors à transporter des meubles, etc.

J'étais très présent sur les plateaux de mes productions et j'étais près des équipes de tournage. Les directeurs-photo me réservaient toujours une place derrière la caméra principale. Lorsque le tournage nécessitait plusieurs caméras, lors de cascades par exemple, on m'en confiait même souvent une. C'était devenu ma marque de commerce, mais j'ai dû m'arrêter quand les syndicats m'ont interdit ce petit plaisir.

Parallèlement à ces tournages, j'ai passé de longues nuits, au cours de ma carrière, dans les salles de montage à synchroniser les prises de vue avec le son, jouant le rôle d'assistant du monteur. J'ai aussi toujours assisté au mixage final des épisodes. Ces implications dans la technique étaient inévitablement accompagnées de discussions à propos du contenu. Chacun avait son mot à dire. C'est avec cette formation de plus de quinze années de cinéma et cette volonté de toucher à tout que j'ai fait mes premiers pas en production télévisuelle avec *Lance et Compte*.

Je participe donc aux discussions d'écriture avec Jean-Claude Lord, Réjean Tremblay et Louis Caron. Mon rôle n'est pas d'écrire, bien sûr, mais j'essaie de créer une atmosphère propice aux échanges. Je suis là pour motiver et parfois provoquer, quand c'est nécessaire. Je pose des questions ou critique ce qui a été écrit. La collaboration est facile avec cette équipe et il n'est pas question d'imposer mes idées. Le producteur, même en situation de commande, n'a pas à utiliser son droit de veto ou à prétendre détenir l'ultime vérité. Je travaille au sein d'une équipe et je respecte les gens qui travaillent avec moi.

Les producteurs de télévision entrevoient tous différemment leur rôle. La plupart se limitent à l'aspect financier de la production, alors qu'un petit nombre s'implique aussi du côté artistique. L'aspect financier ne peut être ignoré, bien sûr, mais personnellement je préfère celui de la créativité. C'est là que je puise ma motivation dans ce travail.

7

LES MÉDIAS
SONT CURIEUX

Des rumeurs concernant notre projet de téléroman nouveau genre se mettent à circuler et les journaux parlent de plus en plus de *Lance et Compte.* Il est rare de voir un projet à l'étape du développement connaître une couverture médiatique aussi importante que celle à laquelle nous avons droit!

Ces articles de journaux et commentaires à la radio citent souvent une «source sûre» comme étant à l'origine de la nouvelle qu'ils rapportent. Nous le savons : cette fameuse source se trouve généralement à la cafétéria ou dans les bureaux du journal *La Presse,* ou encore à des événements de presse où se croisent de nombreux journalistes, dont… Réjean Tremblay!

Le journaliste sportif connaît très bien ce jeu et, tout loquace qu'il est, il le joue en habitué. Si on lui pose une question sur la série, il s'empresse d'y répondre. Si la question ne lui est pas posée directement, il se sert d'autres personnes pour faire circuler les détails voulus. Les retombées sont généralement positives, mais à l'occasion cette façon d'agir nous attire des problèmes et nous sommes tentés d'implorer Réjean de se la fermer! Quand nous faisons pression sur lui, il se dit surpris et s'indigne, protestant auprès de son confrère «trop bavard» à qui il avait pourtant fait ses confidences *off the record,* avec promesse de non-publication. Que nous l'approuvions ou non, ce contrôle des médias jouera un rôle important dans l'avancement du projet.

On parle de plus en plus de la série, autant dans le cadre d'émissions ou d'écrits sportifs que dans les pages artistiques, économiques et sociales des journaux et des magazines. Le département des ventes de Radio-Canada commence à réaliser le plein potentiel de notre projet pour la vente de publicité. L'intérêt des commanditaires constitue en effet un appui important pour notre projet auprès des preneurs de décisions à la SRC. La portée de la série semble donc plus large que ce que l'on avait prévu et on se rend compte que son public pourrait bien être plus varié qu'on ne le croyait au départ.

Cette visibilité médiatique, qui apparaît très tôt dans le processus de production, cause tout de même bien des remous à Radio-Canada. Chaque nouvel article publié agace les dirigeants, qui n'ont pas l'habitude de se voir épiés et critiqués sur la place publique, du moins à cette étape de leurs productions internes! La culture radio-canadienne veut que tout commentaire de la part de ses employés soit fait au département des communications pour s'assurer d'un contrôle sur l'information véhiculée. Les syndicats et les employés s'inquiètent déjà suffisamment des restrictions budgétaires imposées par le gouvernement canadien à Radio-Canada et de la création du fonds pour la production administré par Téléfilm Canada. Les nouvelles techniques de production qui se développent avec cette série risquent-elles de faire perdre des emplois aux permanents syndiqués?

Un mouvement de protestation contre la production indépendante paraît inévitable. Nous en subirons les répercussions à plusieurs reprises, notamment pendant le lock-out des employés qui aura lieu plus tard au moment de la production de l'*Ultraquiz Lance et Compte*. Sans que nous en soyons très conscients, notre série devient petit à petit à la fois l'étendard pour les producteurs indépendants, qui souhaitent que la série crée une percée importante chez les diffuseurs, et l'instrument de pression utilisé par les syndicats pour alerter leurs membres du danger éventuel des productions confiées au privé.

C'est beaucoup, beaucoup de poids à supporter pour une simple fiction sur le hockey!

Je suis soudainement convoqué à une rencontre avec le directeur de la programmation de Radio-Canada, Robert Roy. Quelque chose me dit qu'il n'aura pas de bonnes nouvelles pour moi. Avant de m'expliquer les raisons de ce rendez-vous, il m'assure longuement qu'il soutient notre projet et que je peux compter sur Radio-Canada. Je sens bien qu'il prépare le terrain, mais je ne suis tout de même pas prêt à entendre ce qui s'en vient.

Il m'explique que la CBC, avec qui nous prévoyons coproduire, veut voir une émission pilote avant de prendre sa décision finale.

Je n'en crois pas mes oreilles.

Robert Roy essaie de me convaincre qu'il s'agit d'une bonne chose et que ce pilote servira à vaincre les sceptiques. Il croit que ce ne sera pas un effort perdu et qu'il s'agira d'une répétition générale utile aux acteurs et aux équipes techniques. Je veux bien accepter cette théorie, mais dans la pratique, combien coûtera le pilote et comment diable allons-nous le financer?

À ma connaissance, le tournage d'une telle émission serait une première dans l'histoire de la télévision québécoise. Les Américains sont habitués à tourner une version pilote d'une émission pour en tester la formule auprès des chefs de réseaux ou d'un public cible. J'en ai d'ailleurs moi-même produit une par le passé aux États-Unis pour la Twentieth Century Fox. Mais, en général, les Américains prévoient l'écriture de ce type d'émission dès le début du développement de leur projet et lui donnent souvent la forme d'un téléfilm, ce qui rend sa diffusion éventuelle plus facile. Et, bien entendu, ils ont les budgets nécessaires, eux!

Comment pouvaient-ils nous demander une chose pareille? Je réfléchis brièvement aux frais impliqués et j'avance le montant de sept cent cinquante mille dollars pour la production du pilote. À première vue, trouver ce montant me paraît impensable. Il vient s'ajouter au coût de production total de la série, établi à huit millions de dollars, et nous n'avons même pas encore trouvé tout le financement initial prévu!

Le budget de la série a été fait sur la base d'économies d'échelle grâce à une planification répartie sur treize épisodes. Comme pour le tournage d'un film, les scènes ne sont pas tournées dans l'ordre mais plutôt regroupées par décor. Cette planification réduit les déplacements et facilite la logistique entre les principaux départements, que ce soit la régie, les costumes, le maquillage ou l'éclairage. Nous pouvons dire adieu à ces économies de temps et d'argent si nous devons tourner un pilote!

Et qu'adviendra-t-il de ce pilote, une fois qu'il aura été tourné? S'il est accepté et qu'on nous donne le feu vert, pourra-t-on l'intégrer dans la série sans avoir à tout refaire? S'il est refusé, cette émission d'une heure sera-t-elle diffusable en soi? Comment demander à des investisseurs ou à des commanditaires de s'impliquer dans le financement d'un tel pilote, sans garantie qu'il sera un jour diffusé et sans pouvoir leur dire dans quelles circonstances il le sera? Et si la CBC le rejette et retire son financement, c'est tout le projet de télésérie qui est compromis!

Je suis découragé. Les chances de vaincre cet obstacle me paraissent bien minces. Robert Roy m'assure que son intérêt pour la série est réel. Il est très conscient des conséquences de cette demande et il est sensible à mes arguments. Il n'est que le porteur de la nouvelle et la décision n'est pas la sienne. Au moins, m'explique-t-il, Radio-Canada et la CBC sont prêts à investir cinquante mille dollars chacun dans la production de ce pilote. De plus, la SRC est prête à remettre à plus tard l'obligation de payer les suppléments habituellement donnés aux auteurs le premier jour de tournage, ce qui m'enlèverait un peu de pression financière.

J'apprécie ce geste, mais je suis encore loin du compte. Ma réaction est curieuse: j'ai plus envie de me mettre à rire que de pleurer ou de piquer une colère! Je dois avoir l'intuition de l'étendue des problèmes qui restent à venir et je suis peut-être conscient, sans m'en rendre compte, que ce nouvel obstacle est loin d'être le pire!

Radio-Canada prévoit payer une somme qui représente un peu moins de dix pour cent du budget total de la série pour obtenir les droits de diffusion des treize épisodes (ce que l'on appelle la licence). La responsabilité d'assumer le reste du financement et de payer tout dépassement du budget qui peut advenir pendant le tournage est mienne.

Radio-Canada accuse souvent les producteurs privés de gonfler les budgets d'une production et de se plaindre à tort qu'il en coûte moins aux diffuseurs de produire à l'interne. C'est que les budgets du privé reflètent tous les coûts, directs et indirects, reliés à une production, incluant des honoraires de producteur et des frais d'administration. C'est avec ces revenus que se paient les maisons de production quand le travail est terminé. Les budgets des diffuseurs comme Radio-Canada, eux, tiennent compte uniquement d'une moyenne des coûts directs des techniciens, sans considération du salaire qui leur est versé. On alloue un pourcentage peu représentatif de la réalité au personnel permanent, à l'infrastructure et aux salaires des cadres. Si les producteurs privés faisaient ce même type de calculs, ils iraient tout droit à la faillite!

Mais ce n'est pas le moment de me préoccuper de cette éternelle bataille de chiffres. Il est clair que *Lance et Compte* ne verra le jour que si la CBC accepte de s'impliquer. Il faut donc produire une émission pilote qui saura la convaincre. Je dois trouver les sommes nécessaires à la production de ce pilote et, bien sûr, achever de rassembler les huit millions qui me permettront de créer cette série. La tâche est lourde, mais il n'est pas question pour moi d'abandonner le projet.

8

CANADIENS
CONTRE NORDIQUES

Comme si tout n'était pas déjà assez compliqué, un autre dossier prend des proportions incroyables : celui de la collaboration avec le club du Canadien de Montréal. J'ai déjà contacté les dirigeants du Canadien pour associer *Lance et Compte* à leur équipe. Je cherche à obtenir la permission d'utiliser l'uniforme du club ainsi que les infrastructures du Forum de Montréal. Je leur demande également d'obtenir de la Ligue nationale la permission d'utiliser les couleurs des autres équipes et le droit d'utiliser des images de parties régulières entre diverses équipes. Nous souhaitons filmer au Forum pendant des parties régulières et aussi organiser des journées de tournage avec nos comédiens sur la glace devant un public que nous comptons attirer sur invitation spéciale.

Il est impossible de donner à la série le réalisme nécessaire et d'en faire un produit de qualité sans la collaboration d'une équipe de la Ligue nationale. Le film américain *Slap Shot,* avec Paul Newman, s'était vu refuser de faire des références à la Ligue sous prétexte que le film n'était pas représentatif de ses joueurs et de son organisation. Le produit fini avait souffert de cette absence de collaboration.

Je suis conscient que certaines de mes demandes requièrent beaucoup d'efforts de la part de l'organisation du Canadien. Il faut qu'ils soient motivés dès le départ pour se lancer dans une telle entreprise et je les comprends un peu de manquer d'intérêt puisqu'on risque de dépeindre l'organisation et les joueurs sous une lumière qui ne sera pas toujours flatteuse.

À la suite de nos demandes auprès de Ronald Corey, président du Canadien, le dossier aboutit sur les bureaux de Gerry Grundman, directeur du Forum, et François Seigneur, chargé des relations publiques. Je rencontre ensuite ce dernier à deux reprises en août 1985 au Forum. Dans un premier temps, nous discutons de l'utilisation des lieux : le Forum en tant que tel, les bureaux et les vestiaires. Dans un deuxième temps, nous parlons d'interventions du Canadien en notre faveur auprès de la LNH, de la question de l'affichage de nos commanditaires et de la participation éventuelle de la Brasserie Molson. Il me communique aussi ses observations et surtout ses inquiétudes quant aux sujets abordés par la série.

Réjean connaît bien tous les membres de l'organisation du Canadien, qu'il rencontre fréquemment dans le cadre de ses fonctions de journaliste. Malheureusement pour nous, il n'est pas vu d'un très bon œil par l'organisation, qui le trouve dérangeant. Contrairement à plusieurs journalistes sportifs de la radio ou de la presse écrite qui s'empêchent de trop critiquer et qui acceptent de garder sous silence les bévues des joueurs-vedettes, Réjean attaque de front et écrit sans ménagement. Ses levées de bouclier contre la Sainte Flanelle lui ont valu l'interdiction de prendre place dans l'avion ou dans l'autobus du club lorsque l'équipe voyage à l'extérieur de Montréal. La majorité des journalistes voyagent avec elle et sont nourris à ses frais.

Si les dirigeants du Canadien craignent déjà Réjean Tremblay, le journaliste d'un quotidien sérieux, il est facile de comprendre qu'ils craignent encore davantage Réjean Tremblay le scénariste! L'idée qu'il soit laissé libre d'écrire et d'inventer des histoires à leur sujet les rend très nerveux.

Les progrès de nos négociations avec le Canadien sont rapportés dans les principaux journaux et dans les émissions sportives, mais ils ne le sont jamais de la plume de notre scénariste-journaliste. La direction du Canadien manie le dossier des communications prudemment. Elle essaie de toute évidence de trouver la meilleure façon de se sortir de ce dossier sans décevoir ses partisans et sans provoquer un débat public.

Nous remettons quelques textes aux dirigeants du Canadien et attendons leurs commentaires. Ils se défendent de vouloir exercer une censure mais trouvent que la réputation de certains joueurs risque d'être ternie par la série. Ils acceptent que l'on crée une équipe fictive, mais s'opposent à ce que l'on utilise l'insigne CH et des couleurs qui seraient trop proches de celles du Canadien.

Les exigences financières du club augmentent par ailleurs de jour en jour. On nous demande un prix hors de notre budget pour tourner au Forum. L'accès au vestiaire du Canadien nous est interdit, de même que toute modification de l'image du Forum, ce qui inclut le changement des publicités sur les bandes.

Robert Roy m'a également fait part du problème de la publicité le long de la patinoire du Forum. Elle est interdite pendant la diffusion des matchs du Canadien, conformément aux politiques internes de Radio-Canada concernant la publicité. Tous les matchs de *La soirée du hockey* sont retransmis sans publicité sur les bandes lorsque l'équipe est à domicile. Les publicités sont tolérées lorsque l'équipe joue à l'extérieur, puisque Radio-Canada n'a aucun contrôle sur les autres équipes de la Ligue.

Nous avons une entente avec une compagnie qui nous représente auprès de commanditaires. Ils ont d'ailleurs déjà fait une présentation pour nous à la Brasserie Labatt. Le Canadien, propriété de la Brasserie Molson, refuse la participation d'une autre brasserie. Des présentations de notre projet ont aussi été faites à Ultramar, et cela devient également un problème. Le concurrent d'Ultramar, Esso Impérial, est le commanditaire principal de *La soirée du hockey* depuis des décennies.

La commandite directe sous cette forme serait une première au Canada. Avec le soutien de Claude-Michel Morin et de Gérard Dab, qui œuvrent au sein d'une compagnie nommée Publi-Cité, nous avons prévu ce que l'on appelle un plan média intégré. Il garantit à nos commanditaires une visibilité sur les bandes de la patinoire. Il prévoit aussi une visibilité sous forme de placement de produits intégrés à l'intrigue. Le plan média accorde également aux commanditaires le premier choix sur la publicité vendue par Radio-Canada pendant la diffusion de la série, de même que le droit exclusif d'utiliser la série à des fins promotionnelles, dans leurs champs d'activité respectifs.

Cela signifie que l'identification au produit est complètement intégrée à l'émission et l'endossement devient si évident que, du point de vue stratégique, la série peut être perçue comme un long message publicitaire. De plus, une part de l'apport du commanditaire est considérée comme un investissement. Il est donc prévu que le commanditaire participe aux revenus d'exploitation de la série. En contrepartie, la somme que nous exigeons du commanditaire est importante et devient ainsi un élément crucial de notre financement.

Notre structure financière est complexe et si un seul de ces éléments manque, le château de cartes que je suis en train de monter risque de s'écrouler.

À la demande des dirigeants du Canadien, je présente le projet *Lance et Compte* à la Brasserie Molson, propriétaire de l'équipe et aussi des droits de *La soirée du hockey*. Ils sont donc propriétaires des images prises au cours des parties au Forum. Après plusieurs rencontres et beaucoup d'insistance de notre part, la Brasserie Molson décide de nous faire une offre de commandite. Malheureusement, elle est bien en deçà du prix demandé! Cela s'explique peut-être par le fait que la compagnie vient de déménager son service des communications à Toronto. Les gens de cette ville ne voient pas d'un bon œil un investissement aussi élevé et concentré sur un seul produit, surtout quand il s'appelle *Lance et Compte*! Le hockey est un sport très populaire au Canada anglais, mais il ne soulève pas les passions de la même manière que chez les francophones du Québec.

Pourtant, les sommes versées en publicités et les coûts de production de celles-ci sont plusieurs fois supérieurs au Canada anglais. Le projet est-il trop avant-gardiste pour eux? Jouent-ils une épreuve de force avec nous, convaincus que notre seule issue se trouve du côté du Canadien de Montréal et que nous n'aurons pas le choix de céder?

Je dois admettre qu'ils sont en position de pouvoir. J'évalue plusieurs hypothèses pour remplacer le Canadien, mais j'en reviens toujours à la même conclusion : j'ai absolument besoin d'eux pour faire la série ou, alors, d'une autre équipe de la Ligue nationale…

L'équipe des Nordiques de Québec est la seule autre équipe professionnelle envisagée sérieusement, même si Ottawa est aussi brièvement considérée. Le scénario prévoit que le jeune Lambert joue pour l'équipe fictive du National de Montréal qui affronterait le Fleurdelysé de Québec. Nous pourrions choisir de nous tourner vers les Nordiques mais nous hésitons, car l'équipe est jeune, sans grande tradition. Son historique se prête moins bien aux intrigues écrites par Louis et Réjean, des situations que l'on verrait davantage arriver à de grands joueurs célèbres. Les Nordiques ont des vedettes, mais ce sont surtout des joueurs des pays de l'Est, et cela ne correspond pas à ce que nous avons écrit.

Je connais déjà Ed Prévost, le président de la Brasserie O'Keefe, propriétaire des Nordiques. Il était autrefois président de Radio-Mutuelle et cette dernière était une des actionnaires de la compagnie Filmplan, tout comme moi. Nous avons toujours eu de bons rapports, mais nous ne nous rencontrons qu'occasionnellement depuis la fermeture de Filmplan. Je lui parle du projet et il se montre très intéressé. Il me promet une réponse rapide et m'encourage à rencontrer Marcel Aubut, le président des Nordiques, car c'est lui qui décidera s'il accepte que son équipe soit identifiée et qui déterminera ensuite l'étendue des services qu'il serait prêt à nous fournir. Il m'explique que j'ai aussi besoin de l'accord de Bernard Côté, vice-président aux communications de la compagnie. Il est évident que si O'Keefe s'engage avec nous, l'action de *Lance et Compte* se situera dans la ville de Québec avec le club des Nordiques.

La rencontre avec Bernard Côté, de O'Keefe, est agréable et positive. Ed Prévost lui a bien présenté notre projet et il en reconnaît tout le potentiel pour la Brasserie.

Mais j'ai bien compris que Marcel Aubut est l'homme à convaincre. Ça tombe bien : Réjean est un de ses amis! Il lui explique donc les grandes lignes de notre projet avant que je ne le rencontre.

Je me rends à Québec pour rencontrer Me Aubut. La réunion est de courte durée. Il ne cesse de répondre au téléphone qui sonne sans arrêt et démontre peu d'intérêt envers le projet et ma présentation. Puis il m'annonce qu'il doit prendre un avion pour New York, prétextant une urgence! Je l'accompagne jusqu'à la limousine qui l'attend à la porte de son bureau, espérant lui faire comprendre que ça urge aussi du côté de mon projet. Il me promet de me rappeler bientôt. Je viens de faire un voyage à Québec totalement inutile.

Quelques jours plus tard, il m'invite à le rencontrer au restaurant Serge Bruyère, à Québec. Bernard Brisset, un ancien journaliste maintenant devenu directeur des communications pour le club des Nordiques, est aussi présent à cette rencontre ainsi que le vice-président au marketing du club, Jean D. Legault. J'ai de la difficulté à cerner Marcel Aubut. Autant son style diffère de celui de Ronald Corey, du Canadien, autant celui de Bernard Brisset diffère de celui de François Seigneur!

J'ignore tout de la manière d'opérer du club des Nordiques. Je suis surpris d'apprendre que le nombre de billets de saison vendus est petit à Québec en comparaison de villes comme Montréal ou Toronto. Chaque partie au Colisée de Québec est vendue comme un événement unique. C'est un éternel recommencement, qui peut donner de bons résultats si l'organisation promotionnelle est dynamique, structurée et efficace. C'est le travail que se partagent Bernard Brisset et Jean D. Legault, chacun avec des responsabilités différentes. À Montréal, la tendance est inverse : le nombre de billets de saison vendus est de beaucoup supérieur au nombre de billets dont la vente reste à promouvoir à chaque match. Plusieurs billets de saison appartiennent à des compagnies et à de grands amateurs qui les possèdent depuis très longtemps, de père en fils (et filles!). Les détenteurs de billets de saison préfèrent «sous-louer» leurs billets pour conserver le contrat qui est à leur nom et éviter ainsi d'avoir à retourner les billets au Canadien, comme le prévoit leur contrat.

À ma grande surprise, je remarque que Marcel Aubut relate les prouesses de ses collaborateurs à la promotion avec un mélange d'humilité et de fierté. Ma foi, on dirait qu'il tente de nous convaincre de venir à Québec! C'est avec cette même fierté qu'il m'offre officiellement le soutien et la participation de son organisation. Un soutien qu'il veut inconditionnel. Il promet de contacter lui-même la Ligue nationale pour obtenir toutes les permissions nécessaires afin de nous permettre d'utiliser les chandails des autres équipes. Il croit aussi pouvoir obtenir du «stock shot», c'est-à-dire des images d'archives filmées pendant les parties au Colisée ou dans les autres arénas. Le Colisée est géré par une société indépendante du club des Nordiques, la Commission de l'exposition provinciale du Colisée de Québec. Nous nous mettons d'accord sur des frais estimés à deux mille cinq cents dollars pour le tournage dans ce lieu.

Marcel Aubut comprend l'urgence de nos demandes. Il suit avec intérêt les débats que nous avons eus jusqu'à maintenant avec le Canadien. Il ne cache pas les motifs de son intérêt pour une série qui serait montrée à la fois dans tout le Canada et en France et dont le héros porterait les couleurs des Nordiques. Il se souvient d'avoir eu bien du mal à obtenir que les parties des Nordiques soient diffusées à la télévision et n'a pas oublié que c'était la Brasserie Molson qui s'y opposait. Une longue rivalité, aussi vieille que le pays, oppose Québec et Montréal. Il est heureux de pouvoir prendre sa revanche. Nous nous retrouvons au milieu d'une bataille de brasseries avant même qu'une seule minute de film ne soit tournée!

Après un succulent repas, je serre la main de Marcel Aubut; je suis persuadé que sa collaboration nous est assurée et que nos problèmes sont réglés. Au retour sur l'autoroute, gonflé d'optimisme, je songe à la méthode utilisée par le club des Nordiques pour vendre chaque partie de hockey. Il nous faudra procéder de la même façon pour nos journées de tournage au Colisée devant le public.

●

Comme nous envisageons maintenant de tourner à Québec, le problème de la publicité sur les bandes se règle en dépit de Radio-

Canada. L'équipe des Nordiques n'est pas régie par les règlements publicitaires de la SRC. Nous prévoyons utiliser des images d'archives et les mélanger à des scènes que nous tournerons au Colisée. Le problème, c'est que ces archives montrent une patinoire couverte de bandes publicitaires. Nous ne pouvons pas mélanger ces images d'archives à celles tournées par nous dans un Colisée qui serait vide de publicité. Le montage deviendrait trop apparent. Radio-Canada n'a pas le choix d'accepter que les bandes portent les noms de nos commanditaires.

Il faut poursuivre les activités de pré-production en même temps que se multiplient les rencontres afin de trouver le financement pour le pilote. Les auteurs ont imaginé une manière de modifier le scénario du premier épisode de la série pour qu'il devienne le pilote. La fin de cette émission d'une heure se terminerait après que Pierre Lambert blesse intentionnellement son ami et concurrent Denis Mercure afin de l'éliminer. Cette fin nous semble suffisamment forte pour que l'émission pilote ait du sens si sa diffusion n'est pas suivie par d'autres épisodes. Plusieurs autres histoires secondaires resteront cependant en plan. On n'a pas le choix! Les gens qui nous appuient dans ce projet ne sont pas dupes. Ils connaissent les risques de la formule, mais ils sont prêts à foncer dans cette aventure avec nous.

Ed Prévost me confirme l'intérêt de la Brasserie O'Keefe. Par hasard, cet homme est également président du conseil d'administration de Téléfilm Canada, où j'ai déposé une demande d'aide au financement pour l'émission pilote de même que pour la série. Lors de nos rencontres, il n'y a pas eu de discussion sur l'évolution du dossier à Téléfilm Canada, mais simple mention que l'apport de son organisme est prévu dans la structure de financement. Je suis au courant bien sûr qu'il est au conseil d'administration, mais j'ignore si ce conseil est concerné par les décisions d'accorder du financement ou pas à un projet en particulier. Sachant que les conseils d'administration s'occupent habituellement de questions d'ordre plus général, je crois plutôt que la décision est prise par le directeur général de Téléfilm et son équipe.

Cependant, dès que la nouvelle de la participation de la Brasserie O'Keefe et des Nordiques de Québec est connue, quelques journalistes pointilleux soulèvent immédiatement la question d'un potentiel conflit d'intérêts dans lequel se trouverait le président de la Brasserie.

Pour répondre aux journalistes et clarifier sa position, Ed Prévost affirme ne pas savoir encore si Téléfilm Canada a accepté de financer le pilote et précise qu'il ne participera pas aux délibérations si le producteur de la série revient à Téléfilm pour obtenir du financement supplémentaire. Sa déclaration semble suffire à dissiper toute inquiétude au sujet d'un conflit d'intérêts. Il est donc confirmé que je peux compter sur l'apport financier de la Brasserie O'Keefe et surtout sur la précieuse collaboration des Nordiques de Québec.

Un peu plus tard, Téléfilm Canada annonce sa participation financière à notre émission pilote sans que cela ne vienne soulever d'autres questions des journalistes relatives à un quelconque conflit d'intérêts. L'histoire est close, mais l'aventure avec les brasseries n'est pas terminée!

Les résultats de mes pourparlers soi-disant confidentiels avec la Brasserie O'Keefe se retrouvent entre les mains d'un journaliste avant même que le dossier soit complètement négocié et que tous les détails soient réglés. J'attendais de signer l'entente avant d'annoncer publiquement la nouvelle et je voulais d'abord aviser la Brasserie Molson, que je gardais tout de même au chaud en cas de pépin de dernière minute.

Appelé par ce journaliste bien informé qui réclame que je confirme la rumeur, je n'ai pas d'autre choix que d'admettre l'existence de mes discussions avec la Brasserie O'Keefe et les Nordiques et d'expliquer qu'il y a un intérêt mutuel. Il est évident que le journaliste publiera l'article, qu'il ait une réponse de ma part ou non. Si je refuse de parler, il dira simplement qu'il a obtenu l'information «de source sûre». Il me faut donc expliquer mes raisons d'éliminer Molson de la course. Je blâme le Canadien de Montréal pour son manque de collaboration, pour ses exigences et pour les coûts exorbitants demandés pour le tournage au Forum. J'accuse les mauvaises intentions du Canadien qui, depuis le début, souhaite que cette série ne voie pas le jour. L'organisation semble préférer vivre avec les fantômes du Forum plutôt que de les voir exposés. Je remets les pendules à l'heure sur l'offre financière de la Brasserie Molson et accuse son service des communications et son service du marketing, récemment déménagés à Toronto, de sous-estimer le potentiel de *Lance et Compte* et de mal connaître le marché québécois.

La réaction de Jacques Allard, président de la Brasserie Molson du Québec, ne se fait pas attendre. Il a appris la nouvelle par les journaux et décide de répondre en adressant une lettre ouverte à l'éditeur de *La Presse,* Roger D. Landry. Le journal publie sa lettre, dans laquelle il adresse des reproches à la journaliste Louise Cousineau, qui avait publié la nouvelle accompagnée d'une partie de ma réponse. On voit cependant très rapidement dans ses propos que c'est moi qu'il vise. Il rappelle, dans un premier temps, le déroulement de nos rencontres et affirme que les dirigeants de la Brasserie avaient accordé une grande importance au projet *Lance et Compte* et que le président et le vice-président s'étaient impliqués personnellement. Il mentionne qu'il attend toujours la réponse du producteur à l'offre financière qui lui avait été faite et qu'il a été très surpris de mes déclarations publiques, compte tenu du fait que, selon lui, les pourparlers sont toujours en cours. Il tient à mettre fin à mes allusions publiques en reprenant les événements.

Il explique que, vu la complexité et l'importance du financement demandé et vu que Molson n'est pas une entreprise de production, il a décidé de soumettre l'analyse du dossier à sa filiale spécialisée en production d'émissions de télévision ainsi qu'à son agence de publicité. Il évoque plusieurs points pour justifier sa position et termine en disant que c'est par *La Presse* du 23 août qu'il a appris que le producteur s'était tourné vers une autre compagnie. Il respecte cette décision d'approcher une deuxième entreprise afin de tenter d'obtenir plus d'argent, mais il n'accepte pas le blâme injustifié que j'adresse à Molson. «Nous trouvons incroyable», écrit-il, «d'apprendre par un journal qu'il refuse l'offre qu'on lui a faite et qu'il décide d'accepter l'offre d'une autre entreprise.»

Je ne suis pas d'accord avec plusieurs points de son analyse, mais je me dois d'admettre qu'il a raison lorsqu'il me reproche d'avoir négligé de lui communiquer directement ma décision et d'être passé d'abord par les médias. Mais cette fuite dans les médias ne vient pas de moi… Elle est le prix que je dois payer pour profiter, lorsque j'en ai besoin, des relations de mon célèbre journaliste-scénariste, M. Tremblay… J'avoue que, ce coup-ci, j'aurais très bien pu me passer de cette fuite! Ce n'est pas la première fois qu'il me met dans une telle situation et, malheureusement, ce ne sera pas la dernière! Nous en sommes quittes pour une discussion musclée, mais le problème se répétera au cours des années. J'irai même jusqu'à faire rédiger une lettre d'avocat destinée à Réjean pour qu'il promette de ne plus laisser échapper d'information sans mon consentement.

9

DU CONCRET

J e reçois enfin une nouvelle agréable : une avenue s'est ouverte pour le financement du pilote. La Société générale du cinéma du Québec est l'équivalent québécois de Téléfilm Canada. L'accès au fonds de la Société du cinéma est réservé, comme son nom l'indique, à la production de films. Il est toutefois déterminé que notre pilote tombe sous cette catégorie et répond donc à leurs exigences. Il me reste à les convaincre d'analyser rapidement notre projet puisque le temps presse. L'analyse est rapidement complétée et j'apprends avec joie que la Société générale du cinéma nous confirme sa participation. Le financement du pilote de *Lance et Compte* est assuré sauf pour une somme résiduelle de vingt mille dollars que je supporterai.

Avec la collaboration des différents services de la production, dont la régie, les décors, les costumes et le service responsable des négociations avec les acteurs, qui acceptent un prix spécial pour le tournage du pilote, nous avons réussi à réduire le budget à une somme plus raisonnable de cinq cent cinquante mille dollars. Il s'avérera, après le tournage du pilote, que le coût final réel aura été de cinq cent quarante-sept mille cent soixante-sept dollars. Je mentionne ces chiffres qui n'ont à première vue pas beaucoup d'importance pour souligner que ce faible écart entre les prévisions et la réalité est le résultat de la compétence de l'équipe. En effet, c'est à partir d'une idée élaborée simplement sur papier que les différents services prévoient leurs dépenses qui serviront à établir le budget total de la production. Sous le contrôle du directeur de production, ils ont la responsabilité de rester à l'intérieur des sommes prévues malgré les demandes grandissantes du réalisateur pour plus de figurants, d'heures de tournage, d'accessoires ou de costumes. Autant de raisons pour créer des affrontements dont la solution est généralement trouvée par compromis. Pour cette première étape, je peux féliciter les départements de leur excellente performance.

Plus la production se concrétise, plus on exige de toutes parts des changements aux textes, pour une multitude de raisons. Louis pense que ça va trop vite et commence à mal supporter les interventions répétées du réalisateur. L'écrivain trouve pénible de ne pas avoir le temps d'approfondir les personnages. Il insiste souvent auprès de Réjean et de Jean-Claude quand le comportement d'un personnage ne s'accorde pas avec ses motivations psychologiques. Selon lui, l'écriture jusqu'à maintenant ne touche que la surface des sujets. Lui qui a l'habitude de développer une histoire en détail éprouve des difficultés avec le style de la série. De plus, il a des engagements dans un jury, pour un concours du Conseil des Arts, qui l'éloignent de Montréal. Il participe aussi pendant environ un mois à l'écriture d'un roman collectif et Réjean doit parfois continuer l'écriture seul.

Les événements forcent les auteurs à développer une nouvelle formule de travail. Réjean écrit les premières versions des douze épisodes qui ont suivi l'émission pilote. Il remet ses premières versions à Jean-Claude, qui les retravaille. Dans certains cas, le réalisateur démantibule littéralement tout l'épisode pour en arriver à une structure dramatique qui le satisfait. Ses préoccupations sociales se reflètent dans les textes et certains de ses intérêts dans le domaine du Nouvel Âge donnent une autre dimension aux personnages, en particulier celui de Marilou, la jeune Française amie de Suzie Lambert. Puis le texte est refilé à Louis, qui en fait parfois une troisième version. Mais Jean-Claude a une vision différente de la série et choisit souvent de revenir à sa deuxième version, qu'il préfère à la nouvelle. Louis n'aime pas la tournure que prend le projet. À partir du huitième épisode, il ne participera pratiquement plus à l'écriture. Dans une entrevue au magazine *L'actualité*[1], il expliquera :

> « Je n'ai rien contre le dynamisme, je l'ai même inventé ! Mes séquences dépassent rarement une minute et demie. Mais je croyais qu'en donnant plus de profondeur à nos personnages, nous aurions pu faire de cette série une grande œuvre. Pour exprimer des émotions plus intérieures, je ne voulais pas de grands dialogues, mais de courtes scènes muettes, où Gagnon se serait rongé les ongles, où Suzie Lambert aurait hésité sur le choix d'un rouge à lèvres. »

De son côté, Réjean vient d'amorcer une relation amoureuse très intense et il se retrouve complètement consumé par cette histoire. Il disparaît à quelques reprises pendant plusieurs jours de suite et c'est le réalisateur qui finit souvent par travailler les textes lui-même. Je dois faire de nombreux appels téléphoniques pour partir à la recherche de Réjean, allant même jusqu'à appeler Marcel Aubut pour m'aider à le retrouver !

Me Aubut, quant à lui, ne chôme pas. La participation des Nordiques est acquise, mais ses négociations avec la Ligue nationale progressent plus lentement que prévu.

Si ses démarches échouaient, il nous serait possible de modifier l'intrigue pour qu'elle se déroule dans une équipe des ligues mineures, mais il est évident que la série en perdrait son impact global. Certaines des intrigues les plus intéressantes se déroulant dans l'univers des joueurs de haut calibre devraient être abandonnées.

Marcel Aubut travaille fort et se dit confiant de réussir. C'est la seule version sur l'état des négociations que nous transmettons

---

1. *L'actualité*, «*Lance et Compte*, le temps du succès», mars 1987, par Pierre Turgeon.

aux médias ou aux autres intéressés lorsqu'ils s'informent sur la progression du dossier. Nous ne voulons pas ébruiter que les négociations n'avancent pas à la vitesse souhaitée et, surtout, qu'elles risquent de compromettre le début du tournage. Nous nous sommes risqués à avancer une date pour le tournage du pilote malgré le fait que toutes les ententes financières ne sont pas encore signées. Pour nous, il n'est plus question de revenir en arrière. Nous voulons que le tournage commence en août 1985.

Les sujets tabous de la consommation d'alcool et de drogues chez les joueurs inquiètent la Ligue nationale et les propriétaires des équipes contactées. Ils souhaitent qu'il soit clair dans nos textes que les dirigeants des équipes prennent toutes les mesures possibles pour empêcher les joueurs d'utiliser des substances illicites. Ils veulent aussi que nous employions tous les moyens pour éviter que les joueurs de la Ligue nationale soient associés clairement à des personnages.

Les auteurs font des concessions à ce sujet et développent des trucs pour écarter ce genre de problème. Pierre Lambert, par exemple, portera le numéro treize sur son chandail. Comme c'est un numéro qu'aucun véritable joueur ne porte, tout rapprochement avec un hockeyeur professionnel est impossible.

Mais nous ne pouvons pas faire grand-chose au-delà de ces quelques précautions de base. Rien n'empêchera les gens de se questionner sur les joueurs qui ont inspiré les personnages. Il est inévitable que les téléspectateurs fassent des parallèles entre nos intrigues et des aventures semblables qui sont arrivées à de vrais joueurs. Il suffit qu'un personnage possède quelques traits de caractère en commun avec une figure connue pour qu'on l'associe immédiatement à cette personne. Il est impossible d'empêcher les spéculations et l'idée que le sujet provoquera des discussions dans les médias à propos de la série est loin de nous déplaire.

Même si nous avons des visées américaines pour la distribution de notre série, nous savons que le marché le plus important est le Québec pour la version française et le reste du Canada pour la version anglaise. Pour éviter de s'aliéner l'une des équipes canadiennes et ses partisans, les auteurs donnent les rôles les moins reluisants à des équipes américaines. Les équipes perdantes ou celles qui comptent les batailleurs les plus vicieux ne seront donc pas canadiennes. Les Bruins de Boston, connus sous le surnom de Big Bad Bruins, sont désignés dans les textes pour affronter le National durant les éliminatoires de la coupe Stanley. Réjean et Louis choisissent bien sûr de les faire perdre contre le National, qui finira par remporter la coupe… si nous arrivons à tourner la série en entier!

Pour faire avancer son dossier qui stagne, Marcel Aubut décide de modifier son approche. Malheureusement, cela veut dire que les délais risquent d'être encore plus longs. Son plan B s'appuie sur les règlements de la LNH qui considèrent chaque équipe comme étant propriétaire sur son territoire de son logo, de ses couleurs et de l'aspect de son uniforme. De plus, selon ce même règlement, le club hôte d'un match peut utiliser l'identification de l'équipe adverse à des fins promotionnelles. Puisqu'une entente collective semble impossible à obtenir, Me Aubut contacte chaque propriétaire d'équipe avec lequel il a de bons rapports et tente de conclure des ententes individuelles. L'idée est astucieuse et a des chances de réussir si elle est bien présentée aux équipes en question. Heureusement pour nous, il est bon vendeur! Les réactions à ses propositions sont bonnes, mais certaines réponses tardent à venir et il y a peu de chance qu'il réussisse à les obtenir avant le début du tournage du pilote.

Allons-nous commencer le tournage sans avoir toutes les permissions des équipes? Oserons-nous utiliser des uniformes et choisir les images d'archives de parties régulières sans être certains que Marcel Aubut réussira à convaincre ces clubs? Je ne peux courir ce risque. En cas d'échec des négociations, le pilote sera sans valeur puisque les équipes qui nous auront refusé leur permission pourraient en faire bloquer la diffusion.

Les équipes de production s'installent dans les nouveaux bureaux de la compagnie que j'ai loués dans le Vieux-Montréal. Nous occupons en entier les trois étages de l'immeuble.

Nous devons donc encore une fois modifier les textes pour pouvoir commencer le tournage du pilote sans attendre les réponses des clubs de hockey. Puisque nous n'avons pas encore la permission des autres équipes de la Ligue, il faut faire démarrer l'action alors que Pierre Lambert joue dans la Ligue de hockey junior majeur du Québec. Nous choisissons de présenter le match final pour la coupe Memorial puis les séances de recrutement d'une équipe qui sera dorénavant appelée le National de Québec. Nous devrons nous limiter à montrer des séquences d'entraînement pour que les joueurs n'aient pas à porter les véritables chandails des Fleurdelysés. Nous éviterons aussi le centre de la patinoire où l'on aperçoit l'insigne des Nordiques. Dans le pilote, les personnages parleront de « la grande ligue » sans jamais mentionner directement le nom de la Ligue nationale.

Notre service artistique conçoit pour le National un insigne qui s'inspire du fameux N des Nordiques. Cet insigne porte à confusion tant le graphisme est semblable à l'original, mais c'est intentionnel. Il nous permettra d'utiliser des extraits d'archives de véritables parties des Nordiques quand nous monterons les épisodes de la future série. Nous devrons choisir nos images d'archives avant le tournage puis bâtir les jeux de nos acteurs-hockeyeurs en fonction de ces matchs d'archives. Notre monteur pourra ainsi mélanger plus facilement des plans d'archives aux images du tournage.

Ironiquement, même si le club des Nordiques est notre grand collaborateur, il sera absent de nos images! Nous nous abstenons même de montrer le véritable écusson du Fleurdelysé dans les segments d'archives que nous utilisons au montage, et ce, pour éviter la confusion avec le National. Double ironie : le Canadien, qui a longtemps hésité à être associé avec la série, verra ses véritables chandails de nombreuses fois à l'écran dans le cadre des matchs montrés dans *Lance et Compte*.

La préparation pour le tournage du pilote roule à plein régime et les dépenses s'accumulent à une vitesse vertigineuse. Le solde en banque passe rapidement du rouge pâle au rouge foncé... Les contrats ne sont pas encore signés. Nous avons bien des lettres d'intention de la part de l'un et des télégrammes de la part de l'autre, mais rien de tout ça n'est acceptable pour garantir une marge de crédit à la banque. Même si la tradition veut que les organismes et les compagnies qui financent les productions ne reviennent pas sur leur décision, j'ai tout de même quelques pincements au cœur lorsque la banque exige mon endossement personnel pour des sommes importantes.

Jean-Claude et moi faisons un voyage express en France. Il rencontre quelques actrices recommandées par un agent qui représente la Société française de production (SFP), une société publique qui se charge des productions pour les diffuseurs publics en France. J'en profite pour terminer les discussions avec son président, Henri Spade, puis finalise l'engagement de TF1 avec Philippe Lefebvre.

Nous rentrons au Québec et une nouvelle tuile nous tombe sur la tête. Le service linguistique responsable de la qualité du français à Radio-Canada nous avise que l'expression *Lance et Compte* n'est pas correcte et s'oppose à ce que la série porte ce titre !

La chaîne française TF1 nous a avisés il y a quelque temps que le titre sera modifié en France. L'expression *Lance et Compte* ne veut rien dire pour le public français. TF1 choisit plutôt *Cogne et Gagne,* un titre qui fait bien rigoler les Québécois. Il n'est donc pas question pour nous de l'utiliser pour la diffusion au Québec.

La CBC a décidé que le titre au Canada anglais reprendrait une phrase rendue célèbre par le narrateur de l'émission *Hockey Night in Canada,* Foster Hewitt : *He Shoots! He Scores!* C'est un titre très accrocheur qui correspond précisément au nôtre.

Une consultation rapide avec les membres de mon équipe me confirme que nous sommes tous contre l'idée d'abandonner *Lance et Compte.* C'est une expression trop bien connue et nous savons qu'elle est efficace. De plus, si nous devons changer de titre, nous perdrons toute la publicité suscitée par les diverses controverses qui ont eu lieu depuis plusieurs mois.

Cette fois, la bataille est de courte durée. Réjean monte aux barricades et refuse de se plier à la demande de Radio-Canada. Il mènera la même lutte quelques années plus tard quand Radio-Canada résistera au titre *Scoop* qu'il proposera pour sa nouvelle série. Il est conscient, bien entendu, qu'il ne s'agit pas là d'un français correct et que l'expression est calquée sur l'anglais. Qu'à cela ne tienne! L'expression correcte, «tire et marque», ou même «et c'est le but!» n'aurait pas du tout la même efficacité. Il leur fait remarquer que l'expression «il lance et compte» est utilisée depuis des années sur les ondes de la radio et de la télévision de Radio-Canada par René Lecavalier dans ses descriptions des parties. M. Lecavalier est une autorité en la matière et un grand défenseur de la langue française[1]. Il est aussi une référence internationale dans le domaine de la description d'événements sportifs. Pourquoi tolérer que René Lecavalier utilise une expression et nous l'interdire? Le célèbre commentateur sportif devient donc à son insu le défenseur de *Lance et Compte*! Radio-Canada fléchit sous ces arguments et consent à ce que le titre de la série ne soit pas modifié. Réjean Tremblay cogne et gagne!

---

1. Le lendemain de sa mort, le 6 septembre 1999, un communiqué issu du bureau de la ministre responsable de la Charte de la langue française, Mme Louise Beaudoin, rend hommage au prince des commentateurs sportifs qu'était René Lecavalier : «Il a [...] véritablement fait connaître avec éloquence et émotion une langue riche au vocabulaire précis à de nombreux Québécois et Québécoises, amateurs de sports ou non, alors que l'utilisation de mots anglais atteignait des proportions endémiques. Sa passion avait une portée pédagogique. René Lecavalier a lancé et compté pour notre sport national comme il l'a fait pour la langue française.»

10

LES PERSONNAGES S'INCARNENT

Jean-Claude Lord commence enfin les auditions pour choisir les comédiens. Ils ne sont pas sélectionnés uniquement en fonction du pilote mais aussi pour toute la série, dont nous espérons entreprendre le tournage dès l'approbation des décideurs. C'est une période difficile pour lui car sa conjointe, gravement malade, doit être hospitalisée alors qu'il se trouve dans le tourbillon des auditions. La santé de Lise Thouin connaîtra une amélioration rapide qui étonnera les médecins et l'actrice sera choisie pour interpréter le rôle de Nicole Gagnon, la femme du hockeyeur joué par Marc Messier.

Hélène Robitaille est la responsable du casting. Avec son aide, le réalisateur doit faire un premier choix d'acteurs et d'actrices puis me soumettre ce choix. À cette étape, il est fréquent que plus d'un acteur soit retenu pour un même rôle. J'invite les auteurs à s'impliquer et Réjean participe de très près à cette étape. Le choix des candidats doit ensuite être communiqué à Radio-Canada pour approbation finale.

Jean-Claude veut donner plusieurs des rôles principaux à de jeunes acteurs sans grande expérience. Pour éviter de faire des mauvais choix, les acteurs sélectionnés passent des tests devant une caméra. Le nombre de tests filmés finit par dépasser les normes habituelles et les tests s'étendent jusqu'aux petits rôles. De cette manière, CBC et Radio-Canada sont en mesure d'apprécier le talent de ces jeunes acteurs et d'approuver notre choix.

Les tests ont lieu dans une petite salle ayant comme seul accessoire une chaise. C'est souvent la responsable du casting qui donne la réplique aux acteurs. Ceux-ci ont reçu deux scènes, d'une intensité dramatique différente, qu'ils ont le choix d'apprendre par cœur ou de lire avec les textes en main. Dans un premier temps, le réalisateur les laisse interpréter la scène comme ils la ressentent. Il leur demande ensuite de reprendre la même scène, cette fois-ci en suivant ses directives. C'est sa manière de procéder, et chaque réalisateur a sa méthode propre. Nous devons aussi nous assurer que les comédiens se débrouillent bien en anglais.

Une des conditions qui s'est ajoutée pour que la CBC participe au financement de notre projet est de tourner une version originale en anglais en plus de la version prévue en français. Les scénarios n'ont cependant pas été conçus en fonction d'un tournage dans les deux langues. Idéalement, il faudrait créer une véritable adaptation en anglais, mais le temps manque et nous ne pouvons faire qu'une simple traduction.

En plus de savoir jouer la comédie et de se débrouiller en anglais, il est impératif que les comédiens qui joueront des hockeyeurs aient déjà une certaine aisance sur la glace et ils devront le prouver. Jean-Claude veut une série où les détails seront irréprochables. Selon lui, tous les Québécois sont des experts de hockey et si on leur montre un match dont les jeux ne sont pas parfaits, nous irons droit à l'échec.

Pour vérifier le talent des acteurs sur des patins, nous avons engagé un spécialiste du hockey, Pierre Ladouceur, journaliste à *La Presse*. Nous avons loué un aréna pour que les acteurs montrent ce qu'ils sont capables de faire. Impossible de tricher! Ceux qui ont le moins de potentiel sont immédiatement décelés et éliminés. Un classement sérieux est fait pour déterminer les rôles principaux et les rôles secondaires. Nous sélectionnons aussi des hommes qui serviront de doublures pour les acteurs sur la glace, au cas où ces derniers auraient besoin d'urgence de renfort ou pour tourner les jeux plus complexes.

Un premier groupe d'une trentaine de jeunes comédiens, qui aspirent à jouer le rôle principal de Pierre Lambert, se présente aux auditions. Dès le départ, la commande est lourde : les auteurs veulent un héros imparfait, un leader de vingt ans, capable de faiblesses et de grandeurs, beau, bilingue et habile patineur. Nous faisons rapidement face à quelques déceptions, comme le raconte Réjean Tremblay :

> « L'image finale, c'était celle du comédien qu'on trouverait. Les Pierre Lambert ont commencé à défiler en audition. Ils étaient blonds, grands, petits, bruns, ils avaient vingt ans, trente ans, ils étaient bons, médiocres… mais ils n'étaient pas Pierre Lambert[1]. »

Réjean visionne des vidéos en noir et blanc dans lesquelles on voit jouer les acteurs, et deux semblent ressortir du lot : Carl Marotte et Jean Harvey. Mais il est difficile de juger par ces bandes vidéo. Le scénariste explique :

> « On ne savait pas ce que ça pouvait donner en action. Un samedi, je me suis retrouvé à l'aréna de Brébeuf. Plus de soixante-dix comédiens étaient sur la patinoire. En voyant la tête bouclée de Carl Marotte, j'ai su que c'était lui[2]. »

Le jeune acteur a tout ce dont Pierre Lambert a besoin : une belle tête, un regard allumé, un sourire narquois, l'air à la fois d'innocence et de défiance au visage. C'est un acteur de talent et il sait même jouer au hockey! Le peu de technique qu'il lui manque dans ce sport, d'autres se chargeront de le lui enseigner. Pendant six semaines, Carl Marotte et Jean Harvey, choisi pour le rôle de Denis Mercure, s'entraîneront avec les Bisons de Granby. L'entraîneur de l'équipe, Georges Larivière, insiste sur les tirs, les passes et le patin. Quand le réalisateur donnera le premier signal du tournage sur la glace de l'aréna de Drummondville, Carl Marotte sera fin prêt. Il sera devenu le capitaine des Dragons de Trois-Rivières et sera mûr pour le repêchage par le National de Québec.

---

1. « Recherché : Pierre Lambert », par Réjean Tremblay, *Album-Souvenir Lance et Compte,* vol. 1, n° 1, Les éditions Publimag, 1988.
2. *Idem.*

Nous avons d'autres coups de cœur pendant les auditions. Parmi les plus mémorables se trouve Marina Orsini. Même si son jeu au cours des auditions n'est pas toujours égal, la jeune femme est d'un naturel qui désarme et perce l'écran. C'est toute la fougue de Suzie Lambert qui prend vie sous nos yeux quand nous la regardons jouer.

La coproduction avec TF1 prévoit que nous devrons attribuer des rôles à des acteurs français. Le dirigeant, Philippe Lefebvre, est d'accord pour que les trois rôles français soient interprétés par des actrices, comme nous l'avons prévu. Nous devons donc trouver quelqu'un pour jouer la mère de Pierre Lambert (Maroussia), la copine designer de Suzie (Marilou) et la femme médecin amoureuse de Pierre (Lucie).

Il n'est pas facile de dénicher des actrices françaises qui maîtrisent bien l'anglais ! Un petit accent français est tolérable pour la CBC, voire agréable. Mais pour eux, si tous les acteurs québécois et français ont un accent prononcé dans la série, le résultat sera trop lourd. Malgré les difficultés, le réalisateur réussit à découvrir trois très bonnes actrices françaises qui se débrouillent bien en anglais.

Pour taquiner Carl Marotte et pour voir à qui il a affaire, Jean-Claude décide de lui jouer un tour. Il lui montre la photo d'une femme plutôt repoussante et lui dit qu'il s'agit de l'actrice qu'il a trouvée à Paris pour interpréter Lucie Baptiste, dont Pierre Lambert devra tomber follement amoureux. Carl, toujours un peu réservé, hoche simplement la tête sans oser se prononcer. Le réalisateur en remet et lui dit qu'elle n'est peut-être pas jolie mais que Carl verra bientôt qu'elle est très gentille et qu'elle a beaucoup de talent. Il le fait marcher comme ça pendant un moment puis lui révèle enfin qu'il s'agit d'une blague. Le comédien rit, soulagé, et se rend compte qu'il aura à se surveiller avec ce réalisateur imprévisible !

Les scénarii prévoient certaines scènes intimes impliquant des actrices. Jean-Claude insiste pour que ces scènes soient réalistes, comme au cinéma. Les actrices concernées devront donc accepter de jouer nues. Une fois leur consentement obtenu, il faut négocier avec leur agent le montant additionnel à payer. La négociation dépend du degré de nudité demandé à l'actrice.

Radio-Canada est au courant qu'il y aura des scènes plus osées et les dirigeants sont un peu nerveux. Le réalisateur doit expliquer d'avance au délégué de la SRC comment il compte traiter les séquences qui soulèvent de la controverse pour des raisons de nudité ou de violence. Mais sur le plateau de tournage, il aura droit à beaucoup de liberté.

Il n'y a pas que le sexe qui pourrait nous causer des ennuis. Les problèmes de niveau de langage et de jurons font l'objet de longues discussions entre les scénaristes et la direction de Radio-Canada. Réjean réussit tant bien que mal à défendre le fameux « sacrament » de Pierre Lambert :

> « J'étais très content de mon passé d'enseignant en rétorquant : "Sacrement est un terme générique : ce qui pourrait être un sacre serait 'les 7 sacrements!'" On a mené une grande bataille sémantique. Est-ce que "instrument liturgique" est un sacre ? Non. Le calice, le ciboire, oui[1]. »

Ces libertés que s'offre le texte nous garantissent le réalisme auquel nous aspirons avec cette série et lui donnent une bonne partie de sa saveur. Il serait difficile d'imaginer le personnage de Marc Gagnon sans ses nombreux jurons, et c'est vrai aussi pour plusieurs autres personnages. Je demande tout de même aux auteurs qu'ils fassent des efforts pour en limiter l'utilisation aux moments où ils le jugent vraiment essentiel.

Il ne faut pas perdre de vue que la série s'adresse à un public large et qu'elle sera diffusée à des heures de grande écoute. Nous nous devons aussi de respecter l'inquiétude des commanditaires. Ils ne veulent pas être associés à un produit qui pourrait ternir leur image. De plus, si le contenu trop controversé de la série nous force à la diffuser en fin de soirée, les commanditaires verront leur investissement diminué en se retrouvant dans une case horaire où il y a moins de téléspectateurs.

---

1. « Réjean Tremblay : Au sujet de *Lance et Compte* », par Michel Buruiana, *24 images,* n° 33, printemps 1987.

Il n'en reste pas moins que les balises de la censure sont assujetties à l'interprétation de chaque individu de même qu'à celle des mœurs des pays où la série sera diffusée. D'ailleurs, quand la diffusion démarrera en Europe, les Français s'étonneront de voir Pierre Lambert et Marilou revêtus de maillots alors qu'ils flottent dans un bain spécial rempli d'eau salée!

En tant que réalisateur de longs-métrages, Jean-Claude est habitué à un système de censure qui utilise la classification par catégories, ce qui n'existe pas à la télévision. Pour éviter les discussions interminables qui risquent de survenir avec le réalisateur à l'étape du montage, je m'engage personnellement auprès du diffuseur et des commanditaires à respecter leurs critères et, si nécessaire, à intervenir auprès du réalisateur. Le droit au dernier mot sur la copie finale de diffusion m'appartient, comme c'est d'ailleurs précisé dans le contrat signé avec le réalisateur.

Heureusement, il ne me sera jamais nécessaire de brandir le contrat pour régler les quelques crises que nous traverserons au montage. Lui et moi réussirons toujours à nous entendre.

●

La série s'annonce comme la plus importante jamais produite au Canada et plusieurs acteurs sont prêts à tout pour en faire partie.

Réjean possède une liste de contacts personnels impressionnante qu'il n'hésite pas à consulter pour obtenir de l'information. Ces contacts l'aident à vérifier des faits et à s'assurer de la plausibilité des intrigues qu'il propose dans le scénario. Il peut par exemple téléphoner à un policier qu'il connaît afin de vérifier la procédure au moment de l'arrestation d'un individu ou encore appeler un médecin pour connaître les effets de l'utilisation d'une drogue chez un joueur de hockey. Il a établi cette liste de contacts au cours des années au prix de plusieurs faveurs, en se gagnant la confiance des gens. C'est du donnant-donnant : le journaliste reçoit des informations et offre son aide en retour dans des domaines où il possède de l'information.

Depuis son immersion dans le merveilleux monde de la télévision, le journaliste sportif s'est trouvé une nouvelle vocation, qu'il affectionne tout particulièrement. Il aime s'impliquer dans la distribution des rôles ou casting. Il adore faire miroiter aux jeunes actrices son implication dans la série *Lance et Compte*. Mais ses interventions ne se limitent pas à la gent féminine. À un certain moment, il intervient même pour que l'humoriste André-Philippe Gagnon auditionne pour le rôle de Pierre Lambert !

Maintenant qu'il a une nouvelle amoureuse, Réjean nous a habitués à ses disparitions mystérieuses. Nous savons, parce qu'il ne s'en cache pas, qu'ils aboutissent souvent dans un grand hôtel de Montréal où il obtient directement du directeur de l'établissement des rabais substantiels sur le prix des chambres. Le directeur est ravi de lui rendre ce service, car il reçoit en contrepartie des informations diverses, souvent inoffensives, sur le progrès de la série et sur les potins qui accompagnent la nouvelle tâche de casting que le coscénariste s'est attribuée.

Après avoir entendu dire que nous sommes à la recherche d'un acteur d'expérience pour jouer le rôle du gérant général du National de Québec, le directeur de l'hôtel demande tout bonnement à Réjean d'intervenir pour qu'un de ses amis obtienne ce grand rôle. C'est un acteur bien connu du public québécois dont je tairai le nom. Réjean lui dit que c'est une bonne idée et lui promet de s'occuper personnellement de ce dossier.

Le problème, c'est que Jean-Claude a déjà choisi le comédien Michel Forget pour jouer ce rôle et je suis parfaitement d'accord avec ce choix. Le gérant général du National est un homme malin, manipulateur mais aussi respecté et très direct. Lorsqu'il s'agit du choix d'acteurs, les décisions dépendent souvent de nuances minces, parfois même de simples intuitions. L'acteur qui est proposé par le directeur d'hôtel est un bon comédien, mais pour nous il ne se classe que deuxième.

Le directeur de l'hôtel est très déçu d'apprendre que nous avons donné le rôle sans tenir compte de son ami l'acteur. À sa demande, Réjean m'organise un déjeuner avec lui au restaurant Les Primeurs. Nous bavardons d'abord de manière anodine, un peu de la série puis de politique. Cet homme est un organisateur du parti au pouvoir à Ottawa à cette époque.

Il se lance finalement dans son sujet et se met à me vanter les qualités de son ami acteur. Je lui explique que notre choix est bien arrêté sur Michel Forget et que, même si le contrat n'est pas encore signé, il n'est pas question pour nous de changer d'idée. Son ton se modifie. Il m'explique qu'il a des amis bien placés et que, s'il le décide, il peut exercer des pressions auprès de Téléfilm Canada pour qu'on ne nous accorde pas de financement. Je suis renversé! Je suis en train de subir des menaces?

Ma réponse est claire. Je préférerais abandonner le projet plutôt que d'avoir à me plier à ce genre de pressions. Réjean est surpris lui aussi. L'atmosphère devient très lourde et le repas se termine abruptement.

De retour au bureau, alors que je me prépare à partir pour la fin de semaine, je reçois un appel téléphonique du directeur de l'hôtel. Il insiste à nouveau et reprend les arguments qu'il m'a lancés au dîner. Lui et son ami acteur ont des contacts importants. Nous pourrions compromettre la série en refusant de collaborer. Je ne bronche pas. Nous n'avons rien d'autre à nous dire.

Je passe un bien mauvais week-end. J'appréhende le retour au bureau lundi, convaincu de recevoir un autre appel téléphonique ou, pire, une lettre de Téléfilm Canada m'annonçant la mauvaise nouvelle sous un prétexte officiel. Je vois déjà la lettre : «Après révision du dossier, nous sommes dans le regret de vous informer, etc. » Mais les jours passent et je ne reçois rien concernant cette histoire. Pas un mot du charmant directeur d'hôtel. Pas un son du côté de Téléfilm Canada. L'incident semble clos et Réjean en est quitte pour une bonne engueulade!

J'ignore, encore aujourd'hui, si cet homme avait véritablement l'intention de mettre ses menaces à exécution. Une chose est certaine : considérant l'ampleur de son désarroi devant la perte du rôle, il ne fait aucun doute que *Lance et Compte* est devenue LA série de l'heure!

Bien sûr, l'acteur en question n'a pas travaillé avec nous pendant de longues années…

Une étape importante vient d'être franchie : tous les comédiens et comédiennes sont choisis !

Lance et Compte sera pour plusieurs jeunes acteurs le tremplin qui leur permettra de se faire connaître. Qu'ils soient devenus de grandes vedettes ou qu'ils aient disparu de la vue du public après la diffusion de la série, leur participation précieuse marquera la série et contribuera à son immense succès. Voici les rôles principaux :

Carl Marotte :

Quand il saute sur la glace pendant les auditions, c'est Pierre Lambert qui prend vie sous nos yeux. Il correspond tellement au rôle que plusieurs croiront que celui-ci a été créé pour lui ! Carl a vingt-six ans et de l'expérience en théâtre et au cinéma, mais il est encore peu connu du public. Il est loin de se douter que son visage se retrouvera rapidement sur la couverture de tous les magazines, journaux et guides télévisuels partout au pays.

Marc Messier :

Pour jouer le rôle du hockeyeur étoile du National, Marc Gagnon, nous décidons de nous appuyer sur un acteur d'expérience, d'autant plus qu'il sait patiner ! Marc Messier est l'une des vedettes de *Broue,* le grand succès du théâtre québécois qui dure depuis des années. Son Marc Gagnon est le leader de son équipe et une légende du hockey. C'est aussi un père de famille avec un faible très prononcé pour la gent féminine.

Michel Forget :

Il interprète le rôle de Gilles Guilbeault, directeur général du National. Il a eu plusieurs succès au théâtre et il est bien connu du public pour son rôle de l'inoubliable Mario dans *Du tac au tac.*

Macha Méril :

L'actrice française d'origine russe devient Maroussia Lambert, veuve et mère de trois enfants. Cette actrice est bien connue en Europe, où elle a joué dans de nombreux films et séries télévisées, dont *Les uns et les autres* et *Au nom de tous les miens.*

Marina Orsini :

Elle incarne la sœur du héros, Suzie Lambert. La jeune fille de dix-sept ans a travaillé comme mannequin et a suivi des cours d'art dramatique. La série est son premier rôle professionnel et lui fera prendre une place importante dans le cœur des Québécois.

Denis Mercure :

Il en est à sa première expérience devant les caméras dans le rôle du hockeyeur Jean Harvey, ami et concurrent de Pierre Lambert. Il a étudié la musique pendant plusieurs années et il est étudiant en art dramatique.

Marie-Chantal Labelle :

Elle joue le rôle de Ginette Létourneau, la petite amie de Pierre Lambert. Marie-Chantal a décroché son premier rôle à l'âge de quatre ans et elle a participé à plusieurs téléséries, dont *L'or du temps*.

Yvan Ponton :

Il s'est fait connaître du public principalement par son rôle marquant d'arbitre dans la Ligue nationale d'improvisation, où son stoïcisme est devenu légendaire. Il sera pour nous Jacques Mercier, l'entraîneur du National au langage coloré qui est prêt à tout pour mener ses joueurs à la victoire.

Sylvie Bourque :

Elle incarne la journaliste aux propos acerbes, Linda Hébert. Sylvie est comédienne depuis onze ans et c'est la quatrième fois qu'elle tourne avec Jean-Claude Lord.

Denis Bouchard :

Le reporter Lucien « Lulu » Boivin est incarné par ce jeune comédien qui fait de son personnage un homme drôle et extrêmement sympathique. Denis est connu du public québécois depuis son rôle à la télévision dans *Terre humaine*.

France Zobda :

L'actrice d'origine martiniquaise joue le rôle de Lucie Baptiste, le médecin qui soignera Pierre Lambert et deviendra son amie de cœur. Ses yeux multicolores (sept couleurs dans un et quatre dans l'autre) ont fait parler d'elle à l'émission américaine *That's Incredible*, de même que dans le livre des Records Guinness. Elle a joué dans plusieurs films en Europe avant de se joindre à notre équipe.

La distribution de la première série compte aussi Michel Daigle (Nounou le soigneur), Éric Hoziel (Mac Templeton),

Sophie Renoir (Marilou), Benoît Girard (Luc Sigouin), Jean-Sébastien Lord (Hugo Lambert), Lise Thouin (Nicole Gagnon), Robert Marien (Robert Martin), Jean Deschênes (Paul «Curé» Couture), Annette Garant (Maryse Couture), Andrew Bednarski (Jimmy Mercier), Mary Lou Basaraba (Judy Mercier), Michel Goyette (Francis Gagnon), Véronique Poirier (Marie-France Gagnon) et de nombreux autres.

11

SILENCE, ON TOURNE... ENFIN!

Tous les services concernés par la production de l'émission pilote de *Lance et Compte* sont prêts. Le tournage officiel débute le 27 août 1985. Je choisis de le commencer même si j'attends encore quelques signatures officielles. Le contrat avec la Brasserie O'Keefe sera enfin signé le 5 septembre, celui avec Téléfilm Canada le 6 septembre et celui avec Radio-Canada le 8 septembre. Difficile de ne pas être nerveux quand tout est aussi serré en termes de délai!

Par souci d'économie et parce que nous manquons de temps pour trouver des lieux de tournage, Jean-Claude nous offre d'utiliser sa maison pour les scènes ayant lieu chez les Lambert.

La première journée de travail de Marina Orsini restera mémorable à la fois pour le réalisateur et pour l'actrice. Ce matin-là, la comédienne débutante se présente chez le réalisateur avec trois heures de retard! Furieux, il choisit de ne pas adresser la parole à Marina de la journée. Il se contente de diriger les scènes et Marina est extrêmement mal à l'aise. Ce n'est qu'à la fin de la journée que Jean-Claude lui parle enfin : «Ne fais plus jamais ça» sont ses seuls mots. Ceux-ci n'auront pas été prononcés en vain! Au cours des années qui suivront, Marina Orsini rapportera cette anecdote à plusieurs reprises aux médias en expliquant que cette mésaventure lui a fait réaliser jusqu'à quel point elle était sans expérience. La leçon reçue au cours de cette première journée a influencé son comportement professionnel tout au long de sa carrière.

La jeune comédienne n'est pas la seule qui apprend à ses dépens que les retards ne sont pas tolérés par Jean-Claude. Comme le raconte Réjean Tremblay :

«Moi, je suis un retardataire incorrigible. Lors du premier meeting avec Jean-Claude, je suis arrivé à neuf heures trente, alors que le rendez-vous était fixé à neuf heures. J'ai senti qu'il ne fallait pas exagérer. La seconde fois, je suis arrivé à neuf heures quinze. Le café était déjà froid. Il m'a lancé :
"Tant pis pour toi ; chez nous on sert le café à neuf heures."
[...]
Grâce à Jean-Claude, je suis arrivé à l'heure pendant un an[1]. »

Le tournage est entièrement bilingue, c'est-à-dire que les acteurs donnent leur texte en français puis le jouent ensuite en anglais. Ils reçoivent donc un double cachet : d'abord celui qui est accordé selon les règles de l'Union des artistes pour leur travail en français, puis celui accordé selon les règles de l'Actors Guild pour le travail en anglais. Les règles de ces deux associations diffèrent sur plusieurs points : le nombre de pauses, le nombre d'heures dans la journée ou le repos entre les journées de travail, les droits de suite, etc. Imaginez le casse-tête de gestion !

Il peut y avoir facilement plus de sept prises en français et encore davantage en anglais. Les séquences sont refaites plusieurs fois et ce n'est pas toujours la faute de l'acteur. Plusieurs choses peuvent forcer l'interruption d'un tournage : un mauvais mouvement de caméra, une lampe qui s'éteint, une ombre incongrue sur le visage d'un personnage, un bruit imprévu ou deux dialogues qui se chevauchent et qui rendent le son inutilisable, le maquillage qui fond sous la chaleur et la coiffure qui tombe, les accessoiristes qui se trompent d'accessoires ou l'automobile qui ne démarre pas, la personne responsable de la continuité qui se rend compte que

---

1. «Réjean Tremblay : Au sujet de *Lance et Compte*», par Michel Buruiana, *24 images*, n° 33, printemps 1987.

la cigarette est trop courte par rapport à la scène précédente... Tout tournage est complexe, alors imaginez quand il doit se faire en deux langues! Le réalisateur est souvent sous pression pour arriver à respecter le plan des tournages prévus pour la journée. Le lendemain il sera dans un autre décor, avec d'autres acteurs, à tourner une autre liste de scènes. On ne peut pas déroger au plan sans entraîner des coûts importants. Il est impératif de respecter l'horaire.

Jean-Claude se rend vite compte que Marina et Carl sont plus à l'aise en anglais et il commence souvent à tourner leurs scènes dans cette langue (au contraire de ce qu'il fait avec les autres acteurs). Carl trouve le tournage en alternance particulièrement stressant, car la traduction des textes en langue anglaise n'est pas la reproduction exacte du texte en langue française. La scène est jouée entièrement en anglais, avec les déplacements des acteurs dans le décor, puis on la reprend en français. Comme le geste que le comédien exécute pendant le premier tournage n'arrive pas exactement au même endroit durant le tournage en français, une confusion s'ensuit.

Ce qu'il faut comprendre, c'est qu'un acteur, pour des raisons de montage entre les plans larges et les plans rapprochés, doit toujours faire le même geste ou prononcer les mêmes mots au même moment dans chaque prise. Par exemple, s'il doit dire «merci» en s'assoyant et en levant sa tasse de café, dans chacune des prises – en plan large ou en plan rapproché, dans un angle ou un autre – le texte doit correspondre au geste. Le débit des textes anglais et français étant différent, le mot «merci» peut finir par être prononcé avant que l'acteur ait réussi à s'asseoir comme dans la version précédente, ce qui déroute le comédien.

J'ai engagé un directeur de production, Bill Wiggins, pour me seconder dans le quotidien et sur le plateau pendant que je rassemble les signatures au bas des contrats et que je me promène en Europe pour consolider l'entente avec TF1. Les responsabilités de Bill pendant le tournage consistent à gérer les dépenses des différents services de la production tout en satisfaisant autant que possible leurs exigences. Les services artistiques sont en étroite relation avec le réalisateur, dont les demandes dépassent parfois les budgets prévus.

Le rôle crucial de Bill consiste à tenter d'« éteindre les feux » avant qu'ils ne deviennent incontrôlables. Il se retrouve souvent coincé entre l'artistique et la production. Il ne doit faire appel à moi qu'en cas d'urgence ou si quelque chose ne se règle pas. Le directeur de production n'est pas toujours la personne la plus populaire sur le plateau, mais celui-ci s'acquitte de ses responsabilités avec beaucoup de tact, de patience et d'humour. Les points les plus délicats concernent l'approbation des heures supplémentaires, les dépassements aux heures des repas et le contrôle du nombre de figurants prévus. Malgré le respect que l'équipe lui voue, certains dossiers se retrouvent sur mon bureau.

Fidèle à mes habitudes, je suis très peu présent sur le plateau au cours des premières journées de tournage. Il me paraît important que le réalisateur puisse prendre son envol sans que le producteur le surveille par-dessus son épaule. Je veux aussi qu'il n'existe aucun doute dans l'esprit de l'équipe et des acteurs quant à l'identité du patron sur le plateau. Si j'ai des observations à faire, je les fais en dehors des lieux de tournage et loin de l'équipe. Je me plais dans le rôle de celui qui apporte la bonne nouvelle de la journée : un commentaire favorable sur les scènes ou les montages que j'ai visionnés ou le succès d'un premier montage qu'on vient de terminer. Je reste très discret et tente de détendre l'atmosphère.

Le tournage de l'émission pilote, commencé depuis quelques jours, se déroule sans trop de difficultés. Nous sommes soulagés de voir que les compressions apportées au budget pour réduire le prix du pilote n'affectent pas le look de la série. Des décors d'intérieur dont le tournage était prévu initialement en dehors de la ville ont été ramenés à Montréal, à l'intérieur du périmètre déterminé par les conventions, ce qui nous évite d'avoir à payer des frais de déplacement. Nous ne voulons cependant pas bouger les intérieurs considérés comme incontournables, tels l'aréna de Drummondville ou le Colisée de Québec.

Drummondville est notre premier test de tournage avec des milliers de figurants. Nous ne savons pas encore comment procéder pour trouver tous ces figurants qui, sans être payés, viendront pendant plusieurs heures assister au tournage d'un spectacle qui n'en est pas réellement un puisqu'il est sans surprise et que les mêmes séquences seront reprises plusieurs fois. Assister à une partie de hockey dont on connaît les résultats peut-il intéresser la population ?

Nous avons heureusement pu bénéficier des précieux conseils de l'organisation des Nordiques concernant la manière d'attirer les gens dans un aréna. Comme on nous l'a expliqué, nous devons créer un véritable événement autour de cette soirée de tournage. Il faut offrir aux gens qui se déplacent une participation au spectacle de même que certains autres incitatifs, comme des prix de présence ou la distribution de souvenirs.

Nous avons eu une prime inespérée en nous associant à la Brasserie O'Keefe. Elle possède un service du marketing dont une des activités consiste à appuyer, financièrement mais aussi par des ressources humaines, des événements de toutes sortes partout au Québec. Cela peut aller d'un match de baseball avec des joueurs de hockey à un festival de montgolfières, un concours de pêche, un concert ; tout, dans les limites de leurs moyens. L'idée derrière ces associations promotionnelles, c'est que ce qui est bénéfique pour les organisateurs d'un événement le devient aussi pour la Brasserie.

L'équipe de la Brasserie O'Keefe, composée de Lise Dandurand et d'Alain Cloutier, sous les directives de Bernard Côté, se joint à nous pour l'élaboration d'un plan. Ils connaissent la province et possèdent un impressionnant réseau de collaborateurs. Ils s'occuperont de l'impression de billets, de pancartes, de même que de trouver des prix de présence. Ils aideront la régie et fourniront d'immenses tentes. Ils organiseront des conférences de presse et, naturellement, ils fourniront la bière ! Celle-ci servira de base à un genre de troc.

La distribution des affiches est faite avec l'aide des représentants locaux de O'Keefe. Ce sont eux qui vont placarder nos posters dans les endroits où ils vendent leurs produits : restaurants, magasins d'alimentation, bars, etc. C'est là que le troc commence. Pour convaincre le propriétaire du commerce, les représentants de la Brasserie offrent de la bière (gratuitement ou à rabais, je ne l'ai jamais su). Plus il y a d'espace alloué pour nos posters dans son commerce, plus la Brasserie doit augmenter le nombre de caisses offertes au commerçant. Le troc est efficace. La ville se retrouve placardée d'affiches annonçant notre tournage et demandant la collaboration de participants pour remplir les estrades.

L'équipe de Bernard Côté, en collaboration avec notre attachée de presse, avait imaginé un blitz d'entrevues avec les acteurs et le réalisateur, à la télévision, à la radio et dans les journaux. Tous les médias collaborent bien à nos demandes. L'équipe monte des promotions avec un journal et une station de radio de la région de Drummondville pour nous aider à publiciser l'événement. Ils offrent des billets pour permettre aux auditeurs et aux lecteurs d'assister au tournage. Impossible d'ignorer que nous sommes en ville !

Avant le départ pour Drummondville, la femme de Jean-Claude lui signale qu'ils ont un problème. Leur fils Jean-Sébastien, que le réalisateur a choisi pour interpréter le rôle du petit frère de Pierre Lambert, ne veut plus continuer le tournage. Son père le rejoint dans sa chambre et tente de comprendre ce qui se passe. Le garçon s'est convaincu qu'il est responsable de la lenteur de certains tournages car son anglais est mauvais, ce qui force le réalisateur à recommencer ses scènes à plusieurs reprises. Jean-Claude tente de le rassurer, lui expliquant qu'il n'est pas le seul acteur à avoir des problèmes avec le jeu en anglais et lui rappelant que le tournage a été en retard cette journée-là pour des raisons qui n'avaient rien à voir avec le garçon. Il ne veut tout de même pas forcer la main de son fils et conclut un marché avec lui : Jean-Sébastien viendra avec eux au tournage à Drummondville et si l'expérience est toujours aussi désagréable pour lui, son père ne l'obligera pas à continuer le travail. L'adolescent est d'accord. L'expérience de tournage à Drummondville se révélera beaucoup plus agréable et le garçon fera donc partie de la distribution des treize premiers épisodes.

Le tournage à l'aréna de Drummondville a lieu dans la soirée du 6 septembre 1985. C'est le premier événement public important de la série. Nous avons organisé une partie de hockey de la Ligue junior majeur du Québec durant laquelle deux équipes s'affrontent en finale pour la coupe. Les comédiens Carl Marotte et Jean Harvey sont de l'équipe locale et plusieurs de nos joueurs-acteurs sont intégrés dans les deux équipes. Les jeux que le réalisateur veut filmer ont été soigneusement élaborés et répétés sous la direction de Pierre Ladouceur. Fait cocasse, parmi les véritables joueurs d'une des équipes de Drummondville se trouve Marc Bureau. Vingt ans plus tard, c'est lui qui servira d'entraîneur de hockey aux acteurs pour la série *Lance et Compte : La Revanche*.

La production tourne d'abord, en après-midi, des séquences de dialogue avec des acteurs et une cinquantaine de figurants payés. Nous sommes tous nerveux et nous appréhendons la participation du public en soirée, chacun y allant de ses pronostics. L'aréna peut contenir environ cinq mille personnes. Jean-Claude est ambitieux ; il veut voir l'aréna rempli ! Le reste de l'équipe se considérera comme satisfait si trois mille personnes se présentent. La campagne de sensibilisation s'est bien déroulée, les affiches ont été placées bien en vue et, selon la distribution importante de laissez-passer, il nous est permis de croire que le nombre de participants à la soirée sera considérable. La quantité de billets donnés à chaque personne est limitée à dix, mais il est impossible d'exercer un contrôle très serré. S'il manque de figurants, nous songeons à déplacer les spectateurs d'un seul côté de la patinoire. Faire venir les gens à l'aréna est un défi, mais les garder pendant tout le temps nécessaire au tournage en est un autre !

Les portes s'ouvrent et l'aréna de Drummondville se remplit rapidement. Nous estimons à près de quatre mille le nombre de personnes présentes pendant la soirée. Le réalisateur réussit à tourner tout ce qui est prévu à l'horaire. Pour une première, la soirée est un succès ! Nous faisons tout de même le point sur l'événement en vue d'un tournage semblable au Colisée de Québec, à beaucoup plus grande échelle. Nous constatons que les prix de présence ne sont pas assez importants et en assez grande quantité pour retenir la foule.

Les gens sont venus en famille avec de jeunes enfants et comme c'était en soirée, plusieurs ont dû partir avant la fin.

Il vaut donc mieux organiser nos tournages en aréna pendant la fin de semaine et pendant le jour. Jean-Claude s'est révélé très habile pour parler aux spectateurs et leur expliquer à la fois ce qu'il tourne et ce qu'il attend d'eux. Nous avons cependant pu constater qu'il perd un peu le contact avec le public lorsqu'il doit se concentrer sur la direction des comédiens et sur l'action. Il ne peut pas s'occuper du tirage des prix de présence. Nous prévoyons donc engager un animateur qui pourra s'assurer que la passion de la foule restera constante. Les prix de présence devront augmenter en qualité et en quantité. Il est décidé que le prix le plus important sera une automobile, pour laquelle un tirage aura lieu à la toute fin de la journée de tournage, ce qui motivera les gens à rester sur les lieux.

Le tournage de l'émission pilote – qui deviendra éventuellement l'épisode un de la série – se termine le 16 septembre. Nous avons prévu garder toutes nos équipes actives et continuer la préparation pour le tournage des épisodes deux à sept qui doit débuter dès le 7 novembre 1985, si le pilote est approuvé, bien sûr.

Si nous voulons commencer le tournage du premier bloc et respecter notre échéancier, le visionnement du montage, même sommaire, s'impose. C'est à la suite de ce visionnement que la CBC décidera de s'impliquer ou non dans la série, puisque c'est elle qui a exigé le pilote. Radio-Canada aura aussi son mot à dire, évidemment.

Le monteur que nous avons engagé pour la série, Yves Langlois, a la responsabilité de base d'assembler les images mais aussi de créer tout le rythme de l'émission. Il a travaillé à plusieurs de mes projets de film et nous a même accompagnés, mon frère et moi, pendant plusieurs mois lors d'un tournage en Israël. C'est d'ailleurs dans ce pays qu'il a rencontré son épouse. Il sera également le monteur du film *Jacques Brel is alive and well and living in Paris,* tourné à Nice.

Yves Langlois visionne avec le réalisateur les centaines d'heures de matériel tourné, choisit avec ce dernier la prise qui sera jugée la meilleure, aligne les séquences les unes à la suite des autres en tenant compte du scénario, cela va de soi, mais son travail demande aussi une bonne dose de créativité. Le produit final sera constitué de treize émissions d'environ quarante-huit minutes, le reste de l'heure étant consacré à la publicité pendant la diffusion. La série sera l'équivalent de neuf longs-métrages. Un travail colossal!

Monteur d'excellente réputation, et fidèle à celle-ci, Yves Langlois fait le montage du pilote en un temps record. Nous voulons tellement séduire à tout prix les preneurs de décision que nous choisissons la populaire musique du film américain *Karate Kid* dans le montage de cette version temporaire du premier épisode. Nous organisons le visionnement dans un laboratoire de films où il y a un grand écran de cinéma. En général, les diffuseurs n'aiment pas voir les produits destinés à la télévision dans ce type de conditions, car le grand écran et l'excellent système acoustique faussent les données. Ils veulent des conditions comparables à celles que le spectateur moyen trouve chez lui, devant son petit téléviseur. Au diable les conventions! Nous voulons avoir toutes les chances de notre côté et leur en mettre plein la vue!

Les premiers à voir l'émission pilote sont Richard Martin et Jean Salvy, du secteur des dramatiques à Radio-Canada. Leur réaction est positive et cela nous encourage. Nous nous tournons ensuite vers nos décideurs anglophones. John Kennedy, de la CBC, ne nous fait pas languir longtemps après la projection. Il a quelques critiques à faire, mais il affirme bien aimer ce qu'il a vu. Ses confrères francophones lui ont certainement communiqué leur opinion sur l'émission, car l'annonce de la participation de la CBC nous arrive très rapidement.

Un pépin cependant : les accents prononcés des acteurs québécois qui ne parlent pas très bien l'anglais agacent les dirigeants de la CBC. On nous demande de faire doubler la série en studio par des anglophones après le tournage. Cela représente des coûts additionnels substantiels, mais nous acceptons tout de même de procéder au doublage en postproduction.

De son côté, Marcel Aubut a réussi à signer des ententes avec certains clubs de hockey de la Ligue nationale qui nous permettront d'utiliser leur nom et leurs couleurs. De nos jours, négocier de pareils contrats serait impensable en termes légal et financier! C'est un beau tour de force et cela rendra un énorme service à la série au cours des années.

Lance et Compte est officiellement lancé! Son succès dépend dorénavant de tous les artisans en place dans les divers services : scénarisation, réalisation, interprétation, direction artistique, prise de l'image et du son, montage, musique et mise en marché. Les diffuseurs devront reprendre le flambeau à la livraison du produit final et préparer une stratégie de diffusion pour que la série soit un succès sur les ondes. Nos commanditaires nous apporteront aussi un sérieux coup de main en matière de promotion.

12

TOUR DE BABEL
ET TOUR DE FORCE !

L a structure du financement de *Lance et Compte* est une des
plus complexes jamais montées dans l'histoire de la télévision au Québec.

L'émission pilote, considérée par les autorités comme un film,
possède son propre groupe d'investisseurs. On retrouve dans la
structure de son financement : Téléfilm Canada, Radio-Canada,
la CBC, la Brasserie O'Keefe et la Société générale du cinéma du
Québec. Dans un premier temps, la Société générale a été appro-
chée pour participer au financement de la série mais a refusé parce
que son mandat se limite à l'investissement dans les films. Maintenant que nous produisons un pilote et que celui-ci peut être
considéré comme un film, la Société générale accepte notre demande de financement et offre son appui au pilote.

Pour compléter la structure financière pour le reste de la série,
nous sollicitons la collaboration d'un groupe restreint d'investisseurs québécois. Par le passé, les investisseurs privés ont toujours
boudé l'industrie du cinéma et de la télévision, qu'ils considèrent
comme trop risquée. Nous leur proposons une formule qui réduit
leur risque et dont le principal attrait réside non pas dans les
profits éventuels mais dans l'amortissement fiscal déductible de
leurs revenus. La notion de risque est quasiment éliminée, mais
pour que l'investissement soit accepté par Revenu Canada, les
principales prises de vue doivent être terminées dans la même

année que l'investissement. Comme il nous est impossible de tourner toute la série avant la fin de l'année, nous décidons alors de scinder le tournage en deux blocs : un premier bloc pour les épisodes deux à sept, puis un autre pour les épisodes huit à treize.

Dans le premier bloc se retrouvent donc le groupe d'investisseurs privés, Téléfilm Canada, Radio-Canada et CBC – dont l'apport est considéré en partie à titre d'investissement et en partie en licence – ainsi que O'Keefe, qui est à la fois commanditaire et investisseur. Ce groupe d'investisseurs participe au financement des deux versions (anglaise et française), alors que la télévision française TF1, considérée comme diffuseur, et la SFP, la branche de production de TF1 considérée comme coproducteur, participent uniquement à la version française.

Vous me suivez jusqu'ici ? Je vous avais prévenus que ce serait complexe !

Nous avons monté une structure différente pour le bloc des épisodes huit à treize. Au groupe d'investisseurs du premier bloc s'ajoute la pétrolière Ultramar, à titre d'investisseur et de commanditaire, et la Société générale du cinéma, dont le mandat s'est élargi et qui peut dorénavant investir en télévision.

Les avocats forment pour chaque bloc – soit le pilote, les épisodes deux à sept et les épisodes huit à treize – des compagnies distinctes, administrées et comptabilisées séparément. Les dépenses sont imputées séparément et requièrent un système de comptabilité complexe. Les coûts des décors, des costumes et de la publicité et autres éléments de ce genre sont amortis au prorata du nombre d'épisodes selon le nombre de jours utilisés. Les auteurs de même que le réalisateur, les comédiens et les techniciens signent trois contrats différents pour chaque bloc (dont l'émission pilote).

Il est obligatoire de maintenir une comptabilité distincte pour chaque bloc. Contrairement au diffuseur et au commanditaire, les investisseurs détiennent dans leur bloc des droits de propriété qui leur donnent une participation au prorata de leur investissement sur les revenus futurs des ventes de la série. Ils récupèrent en priorité leur investissement puis touchent un pourcentage sur les profits, si profits il y a. Nous devons également procéder à des calculs précis lorsqu'une vente à l'étranger est faite, puisque le contrat de vente concerne toute la série, alors que l'investisseur ne touche des revenus que sur certains épisodes. Naturellement, il n'est pas question de compliquer les choses pour l'acheteur de la série en rédigeant plusieurs contrats. Le partage se fera à l'interne.

C'est la tour de Babel du financement télévisuel ! Un cauchemar de complexité pour les comptables et pour les avocats – qui finiront cependant par y trouver leur compte – et un véritable casse-tête pour nous, qui avons le mandat de gérer le tout.

13

TOURNAGE DES ÉPISODES
DEUX À SEPT

En octobre 1985, je suis dans la ville de Québec pour préparer une conférence de presse qui annoncera officiellement le tournage de *Lance et Compte*. La veille de la conférence, j'assiste à une partie des Nordiques contre les Canadiens. Marcel Aubut m'a invité à partager le banc du président, juste derrière celui des joueurs. On m'offre généreusement de faire une mise au jeu symbolique et j'accepte avec plaisir. Je dépose la rondelle entre les deux capitaines puis la partie commence. Le premier but est rapidement compté par les Canadiens de Montréal. Ma réaction est instinctive. En partisan enthousiaste des Glorieux depuis ma tendre enfance, je lève les deux bras en signe de victoire! Je sens le regard de Marcel Aubut et de dix mille partisans des Nordiques peser sur moi... Constatant la gaffe que je viens de commettre, je redescends les bras le plus rapidement possible. J'ai droit à quelques bonnes taquineries de Me Aubut, à qui je promets de mieux contrôler mes émotions devant le public de sa ville!

Nous offrons aux journalistes de Montréal le transport par autobus pour assister à la conférence de presse qui a lieu au club Les 3 Étoiles du Colisée de Québec. Le but de la conférence est de souligner le début du tournage, dont le premier bloc aura lieu le 7 novembre prochain. Avec l'aide des médias présents à la conférence de presse, nous voulons aussi inviter la population de Québec à venir brandir les bannières du National aux véritables parties des Nordiques qui auront lieu le 30 novembre et le 6 décembre.

Une centaine de personnes se sont jointes à nous pour la conférence de presse, dont les comédiens de la série, les auteurs, le réalisateur, le ministre des Communications, Jean-François Bertrand, et les représentants des Nordiques et de la Brasserie O'Keefe. Nous leur présentons une courte projection de cinq minutes montrant des scènes tirées de l'émission pilote (maintenant devenue le premier épisode de la série). Je remercie la Brasserie O'Keefe de son soutien puis passe la parole à Marcel Aubut. Il est ravi de se trouver au cœur de l'action et, micro en main, il prédit que *Lance et Compte* sera le *Dallas* et le *Dynastie* du Québec! Nous souhaitons tous qu'il ait raison! Ces émissions sont la référence en matière de succès télévisuel en dehors des téléromans québécois classiques. Véritable exploit: nous avons obtenu pour le tournage au Colisée l'authentique coupe Stanley de la Ligue nationale et nous lui avons bien sûr réservé une place de choix pendant la conférence de presse. Il faut voir les yeux de Marcel Aubut lorsqu'il aperçoit ce trophée qui constitue son principal objectif depuis sept ans! Toujours au micro, il ajoute qu'il «ressent des chatouillements juste du fait de [se] trouver à quelques pieds de cette coupe»!

Nous avons cent cinquante jours de tournage prévus pour les treize épisodes de la série, ce qui représente une moyenne de douze jours de tournage environ par épisode. Le plan de travail est établi sur la base de la disponibilité des décors. Toutes les scènes qui se déroulent dans le même décor sont regroupées. Le plan de travail tient aussi compte des disponibilités des comédiens. Contrairement au système américain où l'acteur négocie un cachet global et devient exclusif à la maison de production, nous n'avons pas les moyens financiers de nous réserver l'exclusivité des acteurs pendant plusieurs mois. Nous payons plutôt pour des journées de tournage précises dont les dates sont incluses dans le contrat. L'acteur a le droit de prendre d'autres engagements entre les dates réservées pour nous.

Tout cela devient un véritable casse-tête pour l'assistant-réalisateur qui est chargé d'établir le plan de travail. À cause de ce type de planification, les scènes sont tournées dans le désordre, sans tenir compte de l'épisode dans lequel elles se situent et, souvent, sans tenir compte de l'évolution de la trame dramatique du personnage. Ainsi, un acteur qui joue le rôle d'un hockeyeur peut se voir échangé avant même d'avoir été recruté!

Il est impossible que les comédiens mémorisent tous les textes de la série en entier des semaines à l'avance. Par contre, le réalisateur s'attend à ce que les comédiens arrivent sur le plateau prêts pour leur journée de tournage, avec le texte du jour mémorisé. Ce n'est pas facile pour certains acteurs habitués aux téléromans qui peuvent en général compter sur des répétitions en studio la veille du tournage. Jean-Claude se rend compte que certains acteurs arrivent sur son plateau sans connaître leur texte et le tournage s'en trouve ralenti, car on est obligé de beaucoup répéter. Il doit intervenir à plusieurs reprises et ne pas tolérer ces comportements pour éviter qu'ils ne se généralisent.

À ce rythme et avec les auteurs qui ne sont pas toujours disponibles, l'écriture se met à prendre du retard. Réjean est très consumé par sa nouvelle flamme, à qui il consacre plusieurs de ses soirées, et finit par écrire ses scénarios la fin de semaine. Il vient de faire l'acquisition d'une voiture Volkswagen Jetta Turbo et place l'énorme disquette de huit pouces et demi contenant ses textes sur le sol du côté du passager. Comme il n'a pas d'imprimante à la maison, il doit partir de chez lui, à Saint-Bruno en banlieue de Montréal, pour se rendre chez Louis Caron à Longueuil, un trajet d'environ vingt minutes. Quand il arrive chez Louis, un problème les attend : ils n'arrivent pas à ouvrir les documents sauvegardés sur le disque apporté par Réjean! Les fichiers semblent avoir été corrompus.

Ce problème se répète à plusieurs reprises et on finit par engager un technicien qui réussit à récupérer les fichiers en question. Le co-scénariste croit enfin découvrir le grand coupable : c'est sa voiture! Il est persuadé que la disquette est tellement fragile que le puissant moteur turbo de l'automobile bousille les fichiers en les démagnétisant.

Jean-Claude se permet parfois de réécrire des séquences sans soumettre ces changements aux auteurs. Il n'y a pas une minute à perdre. Il faut allouer du temps pour la traduction, car notre tournage se fait toujours simultanément dans les deux langues. Le processus d'approbation des textes auquel nous devrions nous soumettre s'en retrouve fréquemment court-circuité. Nous avons en effet l'obligation d'envoyer les textes à Radio-Canada pour approbation de même qu'à Téléfilm Canada, qui doit nous faire parvenir des commentaires. Mais tout va tellement vite que souvent les approbations et les commentaires nous reviennent une fois la scène déjà tournée! Ce n'est pas de la mauvaise volonté de notre part. Les délais sont trop courts et nous devons garder le rythme. Il arrive souvent, sur le plateau, que des séquences soient modifiées par le réalisateur ou par les acteurs qui adaptent les dialogues pour mieux se les mettre en bouche.

Tous les plans rapprochés doivent être tournés dans les deux langues. Pour gagner du temps, les plans éloignés sont tournés en français seulement. On se préoccupe moins des plans éloignés parce que le mouvement des lèvres n'est pas très apparent, ce qui facilite le doublage à l'étape de la post-production.

Par souci de réalisme, Jean-Claude s'est donné le défi de présenter les nombreuses scènes de hockey de la série sans y ajouter de description des jeux à mesure qu'ils se déroulent. Sans cette voix des commentateurs sportifs (que l'on retrouve habituellement pendant la télédiffusion des matchs), les téléspectateurs auront donc davantage l'impression d'être au Colisée en train d'assister à une véritable partie. Mais les acteurs doivent offrir un jeu convaincant sur la glace.

Le journaliste Pierre Ladouceur a d'abord été engagé pour mettre les comédiens en forme en préparation du tournage. Il se rend cependant vite compte que les acteurs sont plutôt du niveau «bantam fort», comme il s'amuse à les décrire, et qu'il est difficile de les transformer en véritables hockeyeurs. La stratégie doit donc être modifiée. Le journaliste embauche de vrais joueurs, qui exécuteront le gros de la besogne sur la glace. Certains athlètes sont aussi engagés spécifiquement pour servir de doublure à un acteur donné.

L'entraîneur lit d'abord le scénario, dans lequel certains éléments de base des jeux sont décrits, certains plus en détail que d'autres. Il invente alors une véritable chorégraphie et, à l'aide de crayons de couleurs variées, il dessine un tracé pour chacun des joueurs présent dans la scène. Les acteurs et vrais hockeyeurs doivent ensuite répéter la chorégraphie en entraînement, ce qui permet aussi au réalisateur de déterminer le meilleur emplacement pour les caméras afin de saisir à la fois le jeu et la réaction du public. Rien n'est laissé au hasard. Les batailles comme les simples mises au jeu sont orchestrées dans les moindres détails, ce qui inclut les positions des joueurs et même celles des arbitres. Le succès des journées de tournage au Colisée dépend de l'efficacité de ces répétitions. Pierre Ladouceur visionne aussi les archives de jeux de hockey tournés lors de parties régulières pour reproduire les même jeux avec les acteurs afin qu'on puisse mélanger le tout. Une scène finale de hockey telle que les téléspectateurs la verront à la télé peut donc comporter trois éléments différents assemblés au montage : les comédiens au jeu, les vrais hockeyeurs sur la glace et des images d'archives tirées de vrais matchs. C'est un tour de force de s'assurer de la vraisemblance d'un tel mélange et c'est beaucoup de travail pour le fameux «gars des vues»!

Pendant le tournage, Pierre Ladouceur se retrouvera parfois derrière le banc de l'équipe adverse comme entraîneur. Il peut ainsi communiquer plus facilement avec les joueurs et être plus rapidement sur la patinoire pour préparer les prochains jeux. Lorsqu'on lui demande comment il évalue le talent de hockeyeur des comédiens québécois, il raconte :

«Le meilleur, c'est Robert Marien qui joue le rôle de Robert Martin. Mais celui qui a le meilleur sens du hockey, c'est Marc Messier. On voit qu'il a beaucoup joué dans sa jeunesse. Le pire, c'est le gardien Martin Grignon. Les vrais joueurs ont même réussi à lui faire croire à trois reprises qu'il avait mis ses jambières à l'envers. Le plus dur, le plus résistant, c'est Carl

Marotte. Il s'est fait tabasser, a subi des contusions aux côtes, s'est fendu un pied et a reçu un coup de poing sur la gueule lors d'une bagarre simulée[1]. »

Tous sont conscients de l'importance de la qualité des scènes de hockey pour la série, et les comédiens et leur entraîneur travaillent fort à la préparation des tournages en aréna.

Nous nous rendons une première fois au Colisée en novembre. La glace est disponible pour les comédiens de vingt-trois heures à une heure du matin pour une répétition et Jean-Claude, qui pousse la machine un peu fort, en tombe d'épuisement après une première séance de travail. Il raccourcit la pratique le lendemain pour s'assurer que tout le monde puisse y survivre, à commencer par lui !

Nous profitons de cette visite pour tourner des images pendant une véritable partie des Nordiques contre les Bruins de Boston. Le réalisateur veut accumuler des plans précis de foule au cas où notre journée spéciale de tournage en après-midi n'attirerait pas assez de monde. Dès leur arrivée, les spectateurs reçoivent une feuille leur expliquant qu'un tournage est prévu pour une nouvelle série de télé et que leur collaboration sera sollicitée. Nous distribuons des pancartes et des bannières portant l'insigne du National et nous demandons aux spectateurs de les brandir pendant la partie pour que nous puissions les filmer… malgré un règlement municipal qui interdit les pancartes au Colisée. Nos comédiens sont aussi stratégiquement placés parmi la foule. On accorde au réalisateur la possibilité de s'adresser à la foule avant le match pendant quelques minutes. Il se rend donc au milieu de la patinoire, explique rapidement aux gens ce qu'il espère obtenir de ce tournage, puis il leur demande de scander le nom de la vedette du National. L'expérience est inoubliable :

---

1. « Du hockey arrangé avec le gars des vues », par Jean-Luc Duguay, *Album-souvenir Lance et Compte,* vol. 1, n° 1, Les éditions Publimag, 1988.

« J'ai éprouvé une sensation de puissance incroyable ! Je suis devant quinze mille personnes qui m'obéissent au doigt et à l'œil pendant trois ou quatre minutes. Ils se sont mis à crier : "Lambert ! Lambert !" et ils ne connaissaient même pas la série et encore moins son héros ! Pendant toute cette partie, je me suis tenu derrière le banc des Nordiques et à chaque arrêt du jeu, je stimulais la foule et les encourageais à réagir. »

Le réalisateur réussit à obtenir des spectateurs qu'ils restent en place après le match pour applaudir les joueurs étoiles de la soirée… tous des joueurs du National qui n'ont nullement pris part au match ce soir-là ! La foule est plus que coopérative et les joueurs des Bruins de Boston sont consternés. Ils n'y comprennent rien ! Qui est ce Lambert dont tout le monde chante le nom ?

Nous tournons à nouveau des scènes de foule au cours d'un deuxième match véritable, cette fois contre les Islanders de New York. Même scénario : un feuillet explicatif est remis aux spectateurs, puis Jean-Claude a droit à quelques minutes avant le match pour s'adresser à la foule. Il a à peine le temps de s'adresser aux spectateurs pendant une minute qu'il se fait vite chasser par des joueurs de l'équipe des Islanders venus envahir la patinoire. Ils ont entendu dire que le réalisateur a tellement soulevé la foule lors d'un récent match que les Nordiques en ont remporté la partie ! Ils veulent donc s'éviter le même sort, et il en est quitte pour retourner derrière le banc des Nordiques sans avoir eu le temps de terminer son discours de présentation.

C'est une chose de tourner des images avec une foule déjà présente à un vrai match, mais réussirons-nous à attirer assez de spectateurs pour notre tournage du 8 décembre ? Cet après-midi-là, ce seront nos joueurs-acteurs, inconnus du public, qui se retrouveront sur la glace pour une partie fictive du National de Québec.

Ce tournage complexe demande beaucoup de préparation de la part de toute l'équipe. Les acteurs ont répété les scènes de jeu et sont prêts à sauter sur la glace. Bénéficiant de l'expérience acquise lors du tournage à l'aréna de Drummondville, nos techniciens ont inventé, pour les séquences sur la patinoire, une sorte de traîneau sur lequel trône une chaise où doit prendre place Bernard Chentrier, notre excellent directeur-photo, en plus d'une lampe d'éclairage utilisée pour les gros plans. Le traîneau est poussé par un machiniste chaussé de patins et se déplace rapidement pour pouvoir suivre les joueurs de près sur la patinoire, à la hauteur de la glace.

Lorsqu'il a été question de choisir un directeur-photo qui cumulerait également le poste de cameraman, j'ai suggéré Bernard Chentrier qui l'a été sur plusieurs de mes productions. Il a commencé son métier dans les films publicitaires et les documentaires pour ensuite faire le saut au cinéma. Un des premiers films sur lequel nous avons collaboré est *Quelques arpents de neige,* réalisé par mon frère Denis. Il se distinguait des autres films de l'époque par ses innovations techniques. Bernard a utilisé les caméras et les lentilles de la compagnie américaine Panavision pour créer un format en cinémascope. Les images de ce long-métrage étaient tout simplement magnifiques. Notre collaboration s'est poursuivie sur plusieurs autres films et le choix de travailler avec lui pour *Lance et Compte* allait de soi. Il sera derrière la caméra pour toutes les premières séries et les téléfilms.

Comme nous tournerons plusieurs «faux» matchs pendant la journée, nous devons varier les publicités sur les bandes de la patinoire. Pour faciliter ces changements, les panneaux publicitaires sont montés sur des cartons et fixés à la bande à l'aide d'aimants. Le changement peut donc être effectué en quelques minutes.

Le réalisateur veut du réalisme dans les moindres détails. Pour que les acteurs personnifiant les journalistes aient l'air de vrais pros, Jean-Claude s'assure que leurs carnets de note soient tout chiffonnés. Réjean ira même jusqu'à leur prêter les vieux calepins qui lui ont servi à prendre des notes lorsqu'il a couvert les Jeux olympiques de Los Angeles! Les ordinateurs utilisés par les comédiens sont aussi de vrais ordinateurs de journalistes.

Les uniformes de chaque équipe de la Ligue sont différents de la tête aux pieds : casques, chandails, pantalons, etc. Même les bas sont uniques et ne peuvent être interchangés. Les changements de costumes pendant le tournage doivent pourtant se faire rapidement et il faut éviter que les acteurs aient à retourner au vestiaire, enlever leurs patins, etc. Le service des costumes a donc mis au point un système ingénieux d'une grande efficacité. Des pièces d'uniforme ont été coupées et sont retenues en place par du Velcro. Les changements se font directement sur le banc des joueurs, en quelques secondes. Ils n'ont plus qu'à changer de chandail et de casque.

Jean-Claude demande une répétition générale en soirée, la veille du tournage avec le public. On découvre tout à coup qu'il manque les bas pour les joueurs fictifs des Bruins de Boston qui doivent être sur la glace le lendemain! Le directeur de production, Bill Wiggins, et la responsable des costumes vérifient chacune des caisses d'équipement pour s'assurer que les bas n'ont pas été simplement égarés. Pas de chance. L'équipe quitte les lieux et Bill se retrouve seul… sans les bas noir et jaune des Bruins. Il est minuit. Tous les magasins de sport sont fermés. Il faudrait qu'il obtienne le numéro de téléphone personnel du plus gros marchand d'équipement de sport à Québec. Qui peut-il joindre à cette heure pour lui venir en aide? Bill décide de ne pas se laisser abattre et se dit que les policiers de Québec pourraient être une bonne ressource!

Il appelle donc la police de Québec et explique son problème à un agent. Il se heurte d'abord à un refus, puis le policier se rend compte qu'il s'agit du fameux tournage au Colisée auquel sa femme et son fils prévoient assister le lendemain! Le policier ne veut pas révéler le numéro de téléphone mais promet de joindre un marchand d'équipement de sport et de lui demander de rappeler Bill.

Il est une heure du matin quand le téléphone sonne. C'est le propriétaire d'un grand magasin de sport et Bill lui expose son problème. L'homme lui répond qu'il a beaucoup de cran pour faire une telle demande à cette heure, mais il l'invite tout de même à le retrouver immédiatement à son magasin. En pleine nuit, les deux hommes entrent dans la boutique mais ne découvrent que deux paires de bas de la bonne couleur. Mais nous avons besoin d'au moins trois ou quatre paires de plus! Le propriétaire décide alors d'appeler un de ses compétiteurs et de lui expliquer le problème… à deux heures du matin. La réaction de cet homme est la même que celle de son compétiteur : d'abord l'incrédulité, puis la générosité! Le directeur de production a enfin six paires de bas pour le tournage du lendemain matin. On trichera pour les autres joueurs des Bruins assis sur le banc!

Pour notre plus grand bonheur, le tournage tant redouté du dimanche après-midi est un beau succès. Environ neuf mille personnes occupent les gradins du Colisée pendant que notre équipe s'affaire sur la patinoire. Jean-Claude répète son excellente performance des tournages précédents et manie la foule avec doigté. Il leur demande d'applaudir, de protester, de rire, de huer, de chanter, de faire la vague et de scander le nom des joueurs. Le public répond à ses commandes pendant des heures sans se lasser. Nos acteurs n'en reviennent pas et, portés par l'énergie de la foule, ils réussissent des jeux qu'il leur était difficile d'accomplir pendant les pratiques. Bernard Chentrier et son équipe de caméraman se démènent comme des diables pour tout capter, des réactions des joueurs à celles de la foule. La population de la ville de Québec collabore au-delà de nos espérances. À la fin de la journée, les milliers de personnes présentes font même une ovation émouvante au réalisateur pour le remercier! Il en perd la voix et, une fois sorti de la patinoire, il pleure comme un enfant sous le coup de la fatigue et de l'émotion.

Le premier bloc de production arrive à sa fin et tout le monde est fatigué. Le tournage qui se déroule ce jour-là dans des décors intérieurs prend du retard. À l'heure du lunch, Jean-Claude demande aux membres de l'équipe de lui donner une heure de plus de leur temps pour qu'il arrive à tourner toutes les scènes prévues. Les comédiens et l'équipe technique refusent de lui accorder cette heure supplémentaire. Le réalisateur se fâche au point d'en perdre le contrôle, comme il le décrit :

« J'ai piqué une colère qui a duré trois jours. C'était infernal. Nos horaires se sont débalancés. Nous n'arrivions plus à rien.

Dans ce genre de travail, tu apprends un peu ton métier sur le tas. Mon côté colérique était ressorti, combiné avec de l'insécurité et de la fatigue après ces nombreux jours de tournage. Au bout de trois jours d'une colère qui n'en finissait plus, je me suis rendu compte que j'étais ridicule. J'avais toujours eu la réputation auprès des équipes d'être colérique, intolérable, difficile à satisfaire. La première personne que je détruisais au fond, c'était moi, et je détruisais par le fait même tout le reste de l'équipe.»

Jean-Claude décide donc d'écrire une lettre d'excuse à l'équipe. Il leur explique qu'il sait qu'il a commis une bêtise et que, s'ils le désirent, il ne reviendra pas pour la deuxième moitié du tournage de la série. Les membres de l'équipe acceptent ses excuses et l'expérience les rapproche. Le réalisateur décrira le deuxième bloc de tournage comme étant radicalement différent du premier. «Le paradis», explique-t-il tout simplement.

14

TOURNAGE DES ÉPISODES
HUIT À TREIZE

C'est une belle journée du printemps 1986 et je suis en train de manger un sandwich dans un restaurant situé dans l'ouest de la ville de Montréal. Pendant mon repas, je regarde passer le défilé qui souligne la victoire des Canadiens de Montréal. À la surprise de plusieurs, ils ont gagné la coupe Stanley! Il m'est impossible de ne pas rêver à l'impact que ce défilé aurait pu avoir sur la série si l'entente de collaboration s'était conclue avec le Canadien, comme nous l'avions souhaité au départ. Un demi-million de personnes assistent au défilé et j'imagine autant de figurants qui acclameraient les joueurs du National. La belle scène que nous aurions pu filmer avec ces milliers de drapeaux aux couleurs du National brandis par cette foule en délire!

Retour à la réalité. C'est avec les Nordiques que nous collaborons. Nous en sommes déjà au tournage du dernier bloc d'épisodes et tout se déroule très bien.

Nous retournons au Colisée de Québec avec notre équipe. Nous avons réussi à obtenir la véritable coupe Stanley afin de l'utiliser dans le cadre de *Lance et Compte*. À la fin de la série, le National remporte les séries éliminatoires et devient détenteur de la coupe. Nous voulons nous assurer de la présence d'une foule importante pour ce tournage avec la coupe, alors nous décidons de tourner pendant une véritable partie des Nordiques, en utilisant à nouveau les nombreux spectateurs déjà présents pour le match.

Entre deux périodes, notre équipe technique et nos acteurs envahissent la glace et nous leur faisons porter la fameuse coupe victorieuse pour quelques tours de patinoire. C'est l'euphorie! La foule de supporters des Nordiques se soulève et encourage bruyamment l'équipe du National, aidée par des comédiens dispersés dans les estrades et soutenue par l'éternel meneur de claque du Colisée, Jean Gravel, toujours présent aux parties des Nordiques. On ne soupçonne pas l'effet que peut avoir la présence d'une coupe Stanley dans les parages! Nos comédiens sont véritablement émus et veulent la porter tour à tour. Même Michel Forget se laisse prendre par l'action, à un point tel qu'il en essuie de vraies larmes. C'est un rêve de jeunesse pour lui, qui a déjà été gardien de but au hockey junior.

Les seuls qui gardent leurs mains éloignées de la coupe sont les vrais hockeyeurs professionnels que nous engageons comme joueurs-figurants. La coupe Stanley, c'est sacré pour eux, et ils ne peuvent la toucher que s'ils l'ont méritée en la gagnant pour vrai!

Le lendemain, la photo de Carl Marotte portant la coupe se retrouve à la une de nombreux journaux québécois. Vingt ans et six téléséries plus tard, c'est ce moment précis que le comédien choisira quand on lui demandera ce qui l'a le plus marqué de toutes ses années de tournage pour *Lance et Compte*. Être celui qui a compté le but gagnant en période supplémentaire, tenir la coupe Stanley devant une foule debout qui l'acclame, quelle sensation incroyable! Voilà un souvenir qui occupera toujours une place de choix dans la mémoire du comédien.

Nous avons prévu une autre journée de tournage au Colisée en avril devant des spectateurs venus juste pour nous. Le temps est radieux ce jour-là et nous craignons que les gens jugent qu'il fait trop beau pour aller s'enfermer dans un aréna. Nous sommes inquiets jusqu'à la dernière minute mais, petit à petit, les gradins se remplissent. Une nouvelle fois, la population de la ville de Québec est au rendez-vous pour nous appuyer et pour jouer la comédie avec Jean-Claude comme maître d'œuvre. La foule est un peu moins nombreuse qu'en décembre, mais près de sept mille personnes se présentent. Notre réputation nous a suivis et la foule nous paraît encore plus enthousiaste, heureuse de se prêter au jeu avec nous.

Les lieux sont couverts de bannières à l'effigie du National et certains spectateurs ont même fait des affiches portant le nom de leur joueur préféré!

Nous restons encore quelques jours à Québec pour filmer des séquences dans les rues et autres endroits de la ville afin de bien situer notre histoire d'un point de vue géographique. Ces déplacements de toute notre équipe montréalaise vers Québec nous coûtent cher en frais de transport, de déplacement et de logement. Mais même si nous aurions pu faire des économies en restant à Montréal, je suis conscient que c'est sur un autre plan que nous aurions beaucoup perdu. Jamais nous n'aurions obtenu ce type de résultats à Montréal. Pendant toutes les années que durera la série, la collaboration des gens de Québec ne cessera de nous étonner et de nous ravir. La série *Lance et Compte* doit une fière chandelle à la population de Québec, et tous les artisans de la série lui en sont reconnaissants.

Mais il n'y a pas que les habitants de Québec qui sont généreux avec nous. Notre équipe se rend ensuite au Centre Georges-Vézina de Chicoutimi. Nous devons y tourner un match de la Ligue de hockey junior majeur devant un public venu pour nous. Dans l'intrigue de la première saison, Pierre Lambert doit retourner jouer au junior pendant une courte période de temps. Chicoutimi nous réserve un bel accueil : quatre mille personnes se présentent pour participer comme figurants à notre tournage du dimanche après-midi. La Brasserie O'Keefe a accompli un autre travail de promotion remarquable. C'est le journaliste de sport de CKRS, Claude Lussier, qui est chargé de coordonner les séquences de hockey avec les joueurs des équipes des Saints et des Inuk.

Les joueurs-figurants prennent leur travail tellement au sérieux que, pendant une bataille générale organisée pour les besoins du tournage, deux hockeyeurs commencent à se bousculer avec un peu trop d'énergie. L'équipe doit tourner plusieurs prises et à la cinquième – celle qui sera choisie au montage – les deux joueurs se battent pour vrai! L'un deux se retrouve avec une dent cassée et l'autre avec une côte défoncée.

Mis à part cet incident, le tournage se déroule très bien. Jean-Claude renoue avec le public du Saguenay, un beau lien qui a commencé lors d'un tournage précédent dans la région pour son film *Toby McTeague*. À la fin du tournage à l'aréna, le réalisateur remercie chaleureusement le public et promet de revenir dans la région à la première occasion. Cette relation entre le public et Jean-Claude partout où nous tournons avec les foules est exceptionnelle. Il a beaucoup de reconnaissance et de respect pour les gens qui se déplacent et lui offrent leur temps et leur énergie. Les images qui résulteront de ces tournages seront sans pareil dans l'histoire de la télévision québécoise.

Pendant sa première saison avec le National, Pierre Lambert se retrouve à l'hôpital. Pour lui changer les idées et lui montrer qu'il fait vraiment partie de l'équipe, ses coéquipiers du National engagent une danseuse exotique qui vient donner un petit spectacle privé au hockeyeur dans sa chambre.

Pour les besoins de la scène, Jean-Claude et la responsable du casting se rendent donc au centre-ville de Montréal afin de recruter une danseuse qui serait prête à se montrer nue à l'écran. Ils rencontrent plusieurs candidates et quelques filles acceptent jusqu'à ce qu'elles se rendent compte qu'il ne s'agit pas d'un long-métrage mais plutôt d'une série destinée à la télévision. Elles craignent qu'il soit plus facile de les reconnaître au petit écran qu'au cinéma.

Ils trouvent enfin une danseuse prête à tourner la scène pour la télévision. Quelques jours à l'avance, elle rencontre des membres de l'équipe de même que quelques comédiens. Tout se passe bien. Mais quand le tournage de la scène débute, Jean-Claude doit rapidement arrêter la caméra. La jeune femme n'arrive pas à se dévêtir, elle est complètement bloquée! Jean-Claude comprend que la tâche lui est beaucoup plus difficile sur le plateau à cause de l'intimité des lieux et parce qu'elle connaît maintenant des membres de l'équipe. Sur scène, elle a droit habituellement à un certain degré d'anonymat.

Le réalisateur est coincé. Il a alors l'idée de faire appel à un ami chorégraphe pour venir en aide à la danseuse. Celui-ci s'installe avec la jeune femme dans une chambre d'hôpital et prépare très rapidement une petite chorégraphie pour elle. C'est le moment que choisit le directeur de l'hôpital pour entrer dans la chambre sans frapper! Pas besoin de dire qu'il en ressort immédiatement! Dans l'après-midi, le tournage reprend et, cette fois, la danseuse effectue sa petite chorégraphie sans problème. Nous nous doutons un peu que la scène va faire jaser…

Le tournage n'est pas tout à fait achevé et la diffusion n'a pas encore eu lieu que je mène déjà simultanément des pourparlers avec Radio-Canada et la CBC pour renouveler la série. Les discussions portent sur une autre saison complète de *Lance et Compte,* soit treize nouveaux épisodes.

Notre équipe d'experts, avec Yves Langlois en tête, s'attaque au montage de la série. Le rythme est rapide et le monteur garde les séquences courtes pour un maximum d'impact. Le style fera sa marque à la télévision québécoise.

Au même titre que le montage serré, la musique contribue à maintenir le rythme et à tenir le spectateur en haleine. Les intrigues s'entrecoupent et se déplacent sans répit d'un décor à l'autre dans un style cinématographique qui est conforme à nos promesses de départ. La musique sert à relier le tout. Elle est sous la responsabilité de Guy Trépanier et de Normand Dubé, qui composent les chansons des génériques d'ouverture et de fermeture, des thèmes pour souligner l'état d'esprit des personnages principaux de même que de la musique d'atmosphère pour les séquences de suspense, d'humour et de romance.

Le «Go! Go! Go!» utilisé dans la chanson du générique de début va vite devenir la marque de commerce de *Lance et Compte.* Nos compositeurs lanceront d'ailleurs en novembre la trame sonore de la série. Ils ont écrit deux cent cinquante minutes de musique pour la série, dont ils ont extrait quarante minutes pour produire le disque avec WEA Musique du Canada. On y retrouve le thème principal, *We are all heroes,* chanté par Carlyle Miller, de même que plusieurs chansons interprétées par Nathalie Carsen.

Les chansons de la série sont composées dans les deux langues et font l'objet de désaccords avec Radio-Canada. Nous préférons celles chantées en anglais, car nous considérons que les textes en sont meilleurs. Les paroles en anglais appuient mieux les images et expriment plus habilement les sentiments des personnages. Radio-Canada accepte, malgré certaines inquiétudes, que nous utilisions la chanson anglaise pendant le générique. Notre victoire sera cependant de courte durée, car après la diffusion de six épisodes, la société d'État se ravisera et nous demandera d'utiliser la version française. Nous ferons un compromis en choisissant plutôt la version instrumentale pour accompagner le générique final.

Nous déciderons cependant d'être un peu délinquants pour le treizième épisode! C'est la grande finale de la série et le National remporte la coupe Stanley. Nous ne pouvons résister : nous remettons la chanson en anglais sur la scène finale et le générique sans demander le consentement de Radio-Canada. En bon maître d'école patient, la société d'État fermera les yeux, et je suis certain qu'elle aurait été prête à défendre notre choix si les protestations avaient été trop grandes. Mais ce ne sera pas nécessaire, car il n'y aura aucune réaction véritablement négative à ce geste.

Comme la CBC nous a demandé de doubler la série en anglais parce que les accents québécois des acteurs sont trop lourds pour eux, à la fin du tournage nous devons aller en studio pour procéder à un enregistrement sous la supervision d'un directeur de plateau. L'opération coûte plusieurs milliers de dollars, que je consens à investir en me disant que cette copie me servira pour les ventes mondiales, dont le marché américain. Les ventes internationales sont confiées à Gérald Ross, qui possède une compagnie spécialisée dans la vente dans divers pays, y compris les États-Unis. Il aura le titre officiel de producteur associé pour la première série.

L'opération doublage pour la série *Lance et Compte* est quelque chose de mémorable et de fort coûteux. Nous procédons d'abord, à la demande de la CBC, à un premier doublage en anglais, doublage fait par les acteurs de la série eux-mêmes coachés par Mark Blandford, de la CBC. Gérald Ross montre cette copie de la série aux Américains, mais ils résistent car les accents sont trop prononcés pour eux.

Nous procédons alors à un autre doublage mais cette fois-ci avec des acteurs spécialisés de langue anglaise. Gérald Ross repart rencontrer des acheteurs potentiels pour le marché américain, mais il se fait dire que les Canadiens anglais qui ont doublé la version ont des expressions et des accents trop canadiens!

Nous retournons en studio et fabriquons une nouvelle version, doublée par des acteurs américains. Encore une fois, Gérald Ross va sonder le pouls du marché américain : on lui répond que le spectateur de ce pays n'écoute jamais les versions doublées! Il ne trouve donc pas d'acheteur américain pour la série. Les États-Unis représentent un marché fermé très difficile à percer alors que les Américains, eux, réussissent à imposer leur culture partout dans le monde.

De son côté, le diffuseur français exige que la série soit doublée en français dit «parisien». Il se charge de faire lui-même la version avec des acteurs français. Cela me cause un problème : selon un règlement de l'Union des artistes au Québec, il est interdit de doubler un acteur dans sa propre langue. L'UDA considère qu'il n'y a pas de différence entre la langue française du Québec et celle parlée en France et refuse de nous donner l'autorisation de faire doubler nos acteurs. Leur décision reste irrévocable malgré plusieurs démarches. C'est un dossier chaud pour l'Union, qui se bat contre le blocus de la France, laquelle refuse d'acheter les versions de séries américaines doublées en français au Québec. Vu l'ampleur du marché français par rapport au Québec, les producteurs américains n'hésitent pas à sacrifier ce dernier pour privilégier la France, d'autant plus qu'ils réussissent tout de même, au bout du compte, à vendre leurs séries au Québec.

On trouve une solution pour acquiescer à la demande de TF1 et contourner le règlement : comme l'Union des artistes n'a aucune juridiction sur la version anglaise de *Lance et Compte* produite selon les règles de l'ACTRA[1], c'est cette version en anglais que nous

---

1. L'équivalent de l'Union des artistes au Canada anglais.

livrerons à la France pour qu'elle la double elle-même en français parisien! Cette version sera aussi utilisée par la Suisse et la Belgique.

La série *Lance et Compte* sera doublée dans plusieurs langues, dont l'allemand, le portugais, l'italien, le russe, et l'espagnol. Le doublage espagnol comportera les mêmes difficultés que celles rencontrées en France. En effet, il faudra faire deux versions en langue espagnole, une pour l'Espagne et l'autre pour le Mexique et les pays d'Amérique du Sud. La production sera également vendue en Finlande, en Italie, en Argentine, au Paraguay, au Chili et à la Martinique. J'imagine les petits Chiliens et les petits Martiniquais en train de jouer au hockey dans les rues de leur pays après la diffusion de la série!

Dans un article de *La Presse,* le journaliste Raymond Bernatchez racontera qu'une de ses collègues au journal est allée en vacances à Carthagène, en Colombie. Sur place, elle a décidé de regarder la télé et elle a été stupéfaite d'y voir *Lance et Compte* en espagnol! Au cours des années, nous entendrons beaucoup d'anecdotes du même genre relatées par des connaissances qui sont tombées sur des reprises de la série en diverses langues dans les contrées les plus exotiques. Qui aurait cru que le hockey pouvait voyager aussi bien?

15

GRAND LANCEMENT

Pour le lancement de la série, le service du marketing chez O'Keefe a l'idée d'organiser un tournoi de golf. Du golf pour lancer une série sur le hockey? La série *Lance et Compte* se veut différente. Le lancement doit donc être original lui aussi! En fait, l'événement, baptisé le Tournoi de golf Lance et Compte-Koho, nous donne l'occasion de remercier le fabricant d'équipement de hockey Koho pour sa coopération dans la série comme fournisseur d'équipement et de chandails. Nous souhaitons aussi mettre un peu de baume sur les plaies toujours ouvertes à la suite de notre différend avec les dirigeants des Canadiens. Le célèbre défenseur de l'équipe, Larry Robinson, est donc le président d'honneur du tournoi. L'événement nous permet également de faire sortir les journalistes des salles d'hôtel et de créer une atmosphère plus décontractée qu'avec une conférence de presse traditionnelle.

Nous incluons en outre dans le tournoi des comédiens et comédiennes ainsi que des personnalités canadiennes de diverses disciplines sportives et artistiques. Le «foursome» avec lequel je joue inclut Pierre Lacroix, agent de joueurs de hockey. Il deviendra plus tard le directeur général de l'Avalanche du Colorado lorsque l'équipe des Nordiques déménagera aux États-Unis. Malheureusement, la star de notre série, Carl Marotte, n'impressionne personne avec un cinquante-cinq en neuf trous… Nous assurons les journalistes qu'il est bien meilleur au hockey qu'au golf!

Le tournoi de golf du 28 août 1986 est suivi d'un banquet et du visionnement des deux premiers épisodes de la série dont la diffusion doit débuter le 9 septembre à Radio-Canada. La diffusion à la CBC suivra deux semaines plus tard.

La réaction des journalistes à ce premier visionnement est très positive. Les critiques québécois de langue française sont unanimes à prédire que la série a d'excellentes chances de devenir le succès de la rentrée d'automne. Leurs confrères anglophones sont plus hésitants, mais ils prédisent eux aussi un certain succès à la série malgré les risques liés au doublage anglais. Ils croient que l'aspect nouveau de même que les scènes osées sauront attiser la curiosité du public. Mais celui-ci restera-t-il fidèle tout au long de la série?

Pour fidéliser les spectateurs, nous organisons avec les commanditaires un concours hebdomadaire qui permet aux gagnants de s'envoler vers l'Autriche sur les ailes de KLM avec cinq mille dollars offerts par O'Keefe. Il y a aussi la possibilité de gagner un bon de mille dollars pour l'achat d'essence chez Ultramar. Le grand prix final est de dix mille dollars. Quatre millions de coupons sont imprimés et distribués dans les stations-service d'Ultramar ou dans le journal *La Presse*.

La station de radio CKAC et le quotidien *La Presse,* qui sont associés au concours, auront reçu à la fin de celui-ci un million de bulletins remplis par les téléspectateurs! C'est un taux de participation de vingt-cinq pour cent, du jamais vu dans ce type de promotion.

Notre publicitaire nous remet un plan de match ambitieux qui prévoit la distribution de milliers d'affiches-souvenirs en vente dans les stations-service. D'autres affiches de plus petite taille sont distribuées par la Brasserie O'Keefe et par Radio-Canada. Des panneaux publicitaires géants sont suspendus à l'extérieur des pétrolières. On retrouve aussi des publicités de *Lance et Compte* à l'arrière des camions de la Brasserie. Il est prévu aussi de créer une série d'albums-souvenirs qui seront vendus à petit prix chez Ultramar. Ils sont conçus comme de véritables magazines imprimés sur du papier glacé et incluant photos et entrevues avec les principaux artisans de la série. En plus de faire plaisir aux fans, ils servent aussi bien sûr à fidéliser les clients des stations d'essence. Les commanditaires s'impliquent beaucoup et nous faisons tout pour qu'ils en retirent le plus de bénéfices possible.

La relation entre la série et ses commanditaires est tellement fusionnelle qu'elle viole carrément les directives et les traditions de Radio-Canada. La directrice de la production extérieure de Radio-Canada, Andréanne Bournival, admettra devant les journalistes que les messages publicitaires présentés dans le cadre de notre série échappent effectivement aux normes, mais elle se défendra en expliquant que l'approbation a été donnée par le service de la publicité, qui n'est pas très au courant du contexte dans lequel ces publicités sont utilisées et jusqu'à quel degré elles sont intégrées dans l'émission. De plus, elle expliquera que *Lance et Compte* est produite par un producteur indépendant sur lequel la société d'État n'a pas un contrôle absolu.

La réalité et la fiction se mélangent avec astuce. Certains personnages se retrouvent dans des spots publicitaires diffusés pendant l'émission. Pierre Lambert fait la promotion de l'équipement de hockey Koho et des magasins Canadian Tire, Jacques Mercier celle de Loto Hockey International et Suzie Lambert celle de la loterie Sélect 42.

Nous connaissons les règles internes qui interdisent d'afficher et de nommer des produits dans le cadre d'une émission. Par exemple, les productions internes de Radio-Canada ne peuvent pas montrer la marque de la bouteille de bière ou celle des croustilles que le personnage consomme. Nous défions tout de même ces règles en sollicitant des fournisseurs qu'ils acceptent de nous payer en retour d'une exposition de leur produit dans la série.

Nous sommes toutefois conscients qu'il y a des limites à cette pratique. Il ne faut pas utiliser le placement de produits dans les émissions au détriment du déroulement de l'intrigue. Il faut que l'utilisation des produits soit un complément naturel à l'histoire. Dans tous les vestiaires de hockey de la Ligue nationale, les bouteilles de bière et d'eau gazeuse sont alignées sur un comptoir et mises à la disposition des joueurs. Il est donc «naturel» que l'étiquette de la Brasserie O'Keefe soit visible sur les bières dans le vestiaire de l'équipe fictive du National. Nous faisons de même avec les autres produits consommés par nos personnages dans leur quotidien. La marque du pain que la famille Lambert mange au petit-déjeuner, par exemple, peut être clairement montrée aux téléspectateurs.

Ces pratiques sont beaucoup plus courantes à la télévision aujourd'hui, mais à l'époque, la série *Lance et Compte* fait figure de précurseur dans cet usage de la publicité, ce qui cause quelques remous. Nous n'en sommes pas à une vague près!

La première diffusion de *Lance et Compte* a enfin lieu le mardi 9 septembre 1986 à vingt heures. Nous avons confiance d'avoir du succès, mais nous ne savons pas encore que le résultat des cotes d'écoute nous surprendra semaine après semaine : une moyenne hebdomadaire de un million neuf cent quatre-vingt-treize mille spectateurs! Moins d'un mois après sa mise en ondes, la série réussit à obtenir une cote d'écoute supérieure à celle de l'émission américaine *Dallas* diffusée au Québec. Même les éventuelles reprises déjoueront les prédictions les plus optimistes, avec une moyenne de un million quatre cent mille spectateurs.

Le succès d'une émission de télévision s'évalue en cotes d'écoute, que l'on compare avec celles des autres émissions, par groupe d'âge et selon le sexe. Ces cotes d'écoutes ne génèrent pas de revenus additionnels pour les auteurs, le réalisateur ou le producteur, bien que nous en retirions de la satisfaction personnelle et de la notoriété. Elles déterminent cependant les tarifs que les commanditaires paieront pour la publicité associée aux futures diffusions. Les cotes d'écoute ont aussi des retombées sur les négociations futures avec les acteurs et l'équipe, dont les cachets augmentent si la série connaît un grand succès. Avec ces bons résultats, je me retrouve dans une meilleure position face au diffuseur pour négocier une suite dont l'écriture des scénarios est d'ailleurs déjà commencée.

La série fait beaucoup parler d'elle chaque semaine et les critiques semblent l'apprécier de plus en plus à mesure que la saison avance. Comme le raconte Paul Cauchon, du journal *Le Devoir*: «Le Québec a un nouveau héros, Pierre Lambert, recrue-vedette du National de Québec. Si vous êtes perdus en lisant ce qui précède, vous n'avez sûrement pas ouvert la télé depuis un mois. [...] Ces treize épisodes devraient se tailler la part du lion dans les sondages BBM d'automne : tout le monde semble regarder la série, du prolo à l'intello. Après avoir visionné quatre émissions, on se dit que la formule était simple, évidente... mais qu'il fallait le courage et les moyens de l'appliquer, qualités rarissimes à la télévision québécoise. [...] Et puis un rythme haletant, un montage serré, des images rapides sur fond de musique rock, plein d'extérieurs, un traitement normal pour une série qui se veut de qualité, un traitement qui n'a absolument rien à envier à n'importe quelle série américaine moyenne, mais qui nous change radicalement des décors de fonds de cuisine et des meubles de styrofoam auxquels on nous a habitués.»

Les cotes d'écoute de *Lance et Compte* révèlent un phénomène intéressant : la présence des jeunes de dix-huit à trente-quatre ans. Même les adolescents regardent la série en grand nombre puis en discutent le lendemain dans les cours d'école. Selon les services de recherche de Radio-Canada, ce groupe de jeunes adultes représente quarante-neuf pour cent de l'auditoire adulte total de la série. Ce public constitue pour le diffuseur et pour le commanditaire le groupe le plus difficile à atteindre et le plus convoité. Fidéliser ce public précis pour qu'il revienne devant le petit écran à chaque diffusion est extrêmement difficile. *Lance et Compte* réussit pourtant à le faire semaine après semaine. Les thèmes de la série, comme le désir de gagner et l'audace, de même qu'un phénomène d'identification aux héros et la présence de sexe et d'humour contribuent de toute évidence au succès auprès de ce groupe d'âge.

Au-delà des résultats des excellentes cotes d'écoute, la diffusion de la série soulève des discussions passionnées. Comme nous l'avions prévu, un débat public s'amorce et les journalistes tentent de deviner si les histoires sont directement inspirées de la réalité. Les radios font des lignes ouvertes sur le thème : «Le téléroman *Lance et Compte* est-il représentatif du hockey?» On s'interroge : Marc Gagnon aux mœurs légères représente-t-il Guy Lafleur? La fougue de Pierre Lambert est-elle celle de Pierre Larouche, son cœur celui de Mario Tremblay? Est-ce que les auteurs se sont inspirés de Scotty Bowman pour inventer Jacques Mercier? De Liza Frulla pour Linda Hébert?

Une chose est certaine, la série dérange le milieu du hockey professionnel! Certains joueurs s'inquiètent du traitement que Réjean Tremblay leur réserve, lui qui connaît bien les odeurs des vestiaires. Certaines femmes de hockeyeurs se mettent soudainement à interroger leur mari. Ceux-ci se débrouillent tant bien que mal pour expliquer à leur épouse qu'il ne s'agit que d'une fiction…

Un joueur du Canadien s'est d'ailleurs fait prendre au piège à cause d'un épisode de *Lance et Compte* pendant lequel Marc Gagnon force Pierre Lambert à sortir de la chambre d'hôtel qu'ils partagent. Gagnon a besoin de s'y retrouver seul pour pouvoir passer du temps avec une de ses maîtresses qui vient le rejoindre quand il est de passage à Winnipeg. Lambert se fait surprendre par l'entraîneur dans les couloirs de l'hôtel alors que l'heure du couvre-feu est déjà passée.

Deux jours après la diffusion de cet épisode, le Canadien se retrouve sur la route. La veille du match, un des joueurs de l'équipe fait la fête dans un bar et rate le couvre-feu. On l'empêche donc de participer au match du lendemain. Quand sa femme, qui regarde la partie à la télé, se rend compte que son mari ne joue pas ce soir-là, elle l'appelle à l'hôtel et lui pique une colère monstre! Elle prévient son mari qu'elle a regardé *Lance et Compte* et qu'elle sait maintenant comment ça se passe véritablement quand les joueurs sont sur la route! Plus moyen de lui raconter des histoires!

Des vedettes de hockey craignent pour leur image et les journalistes s'amusent à sonder l'opinion des joueurs professionnels. Guy Lafleur affirme que la série ne le dérange pas et qu'il n'est pas offusqué du rapprochement qu'on fait entre lui et le personnage de Marc Gagnon. Il s'étonne cependant de voir des joueurs fêter au champagne avant une partie de hockey, ce qui n'est jamais arrivé au sein de son équipe. Il trouve les dialogues parfois vulgaires et il affirme ne jamais avoir vu de joueur traiter sa femme comme les hockeyeurs le font dans la série! Il précise d'ailleurs que sa femme n'a pas raté un seul épisode depuis le début de la saison.

Patrick Roy prétend pour sa part que la série ne représente qu'une fraction de la réalité et trouve triste l'impact qu'elle risque d'avoir auprès des jeunes. Même son de cloche du côté de Guy Carbonneau, qui concède cependant que c'est une série importante mais regrette qu'elle ne fasse pas une bonne réputation aux joueurs auprès du public. Gaston Gingras pense qu'on y voit trop de sexe, mais il est très heureux que la série traite des difficultés d'un joueur junior à s'adapter au sein d'une équipe. Il est aussi content que grâce à *Lance et Compte,* les gens réalisent que la vie d'un joueur n'est pas toujours facile et qu'il ne s'agit pas simplement de savoir patiner pour réussir dans ce milieu. Mario Tremblay regrette aussi qu'il y ait trop de scènes de « fesses » mais avoue en riant qu'il aurait bien aimé que ses coéquipiers invitent une jolie danseuse dans sa chambre d'hôpital, comme on l'a fait pour le joueur fictif Pierre Lambert! De son côté, l'entraîneur Jean Perron rebaptise la série en l'appelant « Lance et couche! ».

16

CACHEZ CE SEIN...

Au début de ma carrière, j'étais associé à mon frère Denis Héroux, qui avait créé, avec les producteurs André Link et John Downing, un important phénomène au cinéma avec le film *Valérie* (mettant en vedette Danielle Ouimet). Denis osait déshabiller une petite Québécoise à l'écran ! Le film avait soulevé un tollé de protestations et nous avions eu droit (surtout Denis, le réalisateur) à des menaces d'excommunication de la part de certains curés qui souhaitaient sans aucun doute que nous nous retrouvions au fond des enfers. Mais c'était en 1969... Le Canada et le Québec ont pris depuis un tournant radical. Ils sont devenus plus libéraux et ouverts dans leurs idées et dans leurs actions. Je suis donc loin de soupçonner que *Lance et Compte* va me faire revivre à la télévision ce que j'ai vécu au cinéma !

Lance et Compte présente plusieurs scènes où l'on voit des couples au lit et il arrive que les seins d'une actrice soient visibles à l'écran. Le dialogue est souvent cru et l'on fait parfois des allusions à des actes sexuels. Choquée par l'heure de diffusion de la série, une mère de famille de Repentigny décide de rassembler des signatures et envoie une pétition de six cents noms à Radio-Canada pour demander que cette série, qui présente des « scènes disgracieuses », soit modifiée avant sa diffusion.

Ma surprise est d'autant plus grande que je ne crois pas que la série soit aussi osée que le prétendent certaines personnes. Le réalisateur avait déjà fait part au délégué de la société d'État de la manière dont il prévoyait tourner certaines scènes plus intimes ou présentant de la violence verbale ou physique. Il a même dû tourner certaines séquences en quatre versions : deux pour apaiser les inquiétudes de Radio-Canada et de la CBC, et deux pour les différentes versions anglaises et françaises ! Malgré ces précautions et bien qu'elle ait déjà été prévenue du contenu des scènes en question, Radio-Canada cède sous la pression – pas très forte pourtant – et nous demande de modifier certains scènes à venir.

Cela fait tout de même une bonne publicité pour la série, mais je suis contrarié de l'attitude et de la décision de la société d'État. Si on peut douter du bon goût de ces séquences, je ne crois pas qu'on ait besoin d'intervenir et de refaire du montage.

De toute évidence, je ne suis pas le seul à penser ainsi. Pour répliquer à ce geste de censure, de simples citoyens décident de lancer une autre pétition en se servant des médias. Jean Tourignan, de Belœil, un annonceur publicitaire de profession et probablement le fan le plus déterminé de notre série, décide de mener lui-même sa propre campagne en faveur de *Lance et Compte*. Il contacte des stations de radio, des journaux et des chaînes de télévision. Il invite les gens à lui écrire pour lui donner leur opinion sur le sujet. Ce supporter veut permettre à la majorité silencieuse de s'exprimer et combattre la censure dont est victime non seulement la série mais aussi la télévision en général. Plusieurs lettres soutenant ce point de vue sont publiées dans les journaux ; malgré cela, la décision de Radio-Canada est irrévocable.

Interviewé dans le cadre de l'émission *Présent Midi*, Jean-Claude dit qu'il croit que la décision de censure vise les plus de quarante ans. Selon lui, ce ne sont certainement pas les jeunes qui sont étonnés ou choqués de ces propos ou d'une scène de nu qui dure trente secondes. Nous sommes en 1986, et l'époque où l'on voulait tout cacher aux enfants est révolue.

De son côté, dans l'hebdomadaire *Échos Vedettes*, Réjean explique la difficulté d'avoir à faire parler des joueurs de hockey de façon authentique tout en évitant un langage trop cru :

« La série *Lance et Compte* n'est pas facile à écrire. Dès la conception du projet, Caron et moi nous sommes mis d'accord sur un point. L'écriture serait française. Populaire, mais française. […] Comment faire parler un joueur de hockey qui reçoit un coup de coude sur le nez en plein cœur d'un match chaudement disputé : "Je vous en prie, monsieur de Boston, veuillez ne pas recommencer!" Bien sûr que non. Alors? Il faut utiliser des mots qui dégagent une énergie très forte. Comme : "Mon maudit sale! M'en vas te crever les deux yeux!" Et ce n'est rien à côté de ce qu'un joueur de hockey dirait vraiment à son ennemi sur la glace!»

Du côté du Canada anglais, où l'on diffuse la série avec un délai de deux semaines par rapport à la diffusion en français, les réactions à la nudité et au langage cru sont pires encore. Les journaux anglophones publient des lettres de citoyens outrés par ce qu'ils ont vu à l'écran.

«Comment un réseau de télévision peut-il se permettre de diffuser de telles ordures? Une scène d'amour de basse classe montrant des seins fait de la première de cette émission la pire des choses que nous ayons eu le malheur de voir depuis des années. Qui d'autre que la CBC pourrait s'en tirer à diffuser pareille pornographie?» demande un lecteur de Régina dans une lettre ouverte aux quotidiens de langue anglaise.

Les vives réactions du public anglophone amènent la CBC à nous faire couper la fameuse scène de l'effeuilleuse dans la chambre d'hôpital de Pierre Lambert. Celle-ci avait pourtant été tournée dans un éclairage tamisé et présentée avec humour. La tendance de l'époque est d'engager des danseurs de sexe féminin ou masculin dans des soirées privées pour célébrer un enterrement de vie de garçon ou les fiançailles d'une jeune fille. Nous sommes quand même bien loin de la pornographie!

Il fallait s'y attendre : la série ne fonctionne pas aussi bien au Canada anglais qu'au Québec même si la CBC lui avait accordé un bon battage publicitaire. Le premier épisode attire sept cent cinq mille téléspectateurs, alors qu'on en espérait plus d'un million. La majorité des critiques semblent pourtant apprécier la série, mais tous détestent le doublage et reprochent à la CBC sa décision de ne pas montrer la version originale en anglais avec les véritables voix des acteurs. Jim Bawden, du *Toronto Star,* qui aime beaucoup *Lance et Compte* et encourage souvent ses lecteurs à le regarder, blâme le producteur d'avoir pensé que les voix des acteurs devaient à tout prix être post-synchronisées et que l'accent québécois francophone allait déplaire : « Le producteur ne sait-il pas jusqu'à quel point le bilinguisme canadien a évolué depuis vingt-cinq ans ? »

Le journaliste ignore que la décision ultime de faire un doublage est revenue au diffuseur et non pas au producteur, mais son article ainsi que ceux de plusieurs autres de ses confrères influencent la CBC. Elle cède donc aux critiques et, à partir du neuvième épisode, elle reprend la diffusion de la version originale anglaise interprétée par nos acteurs. Les critiques avaient raison : les cotes d'écoute remontent au Canada anglais et atteignent ce soir-là un million deux cent mille téléspectateurs, alors que l'épisode précédent (doublé) n'en avait rejoint que sept cent soixante-dix mille.

●

Le dernier épisode de la première série est diffusé le mardi 2 décembre 1986. Pour l'occasion, je me joins à plusieurs comédiens et membres de l'équipe de production qui se réunissent au salon O'Keefe afin de regarder l'épisode final sur grand écran. Le journaliste Paul Villeneuve, du *Journal de Montréal,* est présent et il décrit ainsi l'esprit qui règne dans les lieux :

« Tous les yeux sont rivés sur l'écran et, au début, on blague à la moindre occasion. [...] Au fur et à mesure que l'intrigue devient plus tendue, les rires font place au silence. On croirait que l'assistance ignore tout du contenu des dernières minutes de l'épisode. Dès la dernière séquence, on commence à applaudir. À s'applaudir. À applaudir le public qui a fait le succès de la télésérie. À applaudir un Jean-Claude Lord visiblement ému et un Claude Héroux qui déclare que *Lance et Compte* demeurera l'un de ses plus beaux souvenirs. [...] *Lance et Compte* a atteint son but et... c'est à suivre ! »

Les Québécois se sont attachés à la série et même s'il est question de faire une suite bientôt, plusieurs sont tristes à l'idée de ne pas revoir leurs personnages favoris pendant plusieurs mois. La critique de télévision du journal *La Presse,* Louise Cousineau, fait partie de ces fans. Elle est aussi une collègue de Réjean Tremblay, qui lui révèle parfois le déroulement des épisodes avant leur diffusion. Elle titre son article du 28 novembre : «Une larme, deux même pour *Lance et Compte.*»

«Quelle série! Regardez attentivement, dans ce dernier épisode, les séquences de hockey. Des vraies beautés. Du jeu effrayant, avec des mises en échec écœurantes, et la bande sonore qui vous envoie des bing bang presque comme dans les films de Bruce Lee. [...] Je ne vous dis qu'une chose; si le vrai hockey était aussi excitant que les matchs dans le dernier épisode de *Lance et Compte,* le vrai hockey irait chercher, comme le téléroman, ses deux millions de téléspectateurs.

Nous allons donc assister mardi soir prochain (je dis nous, parce que je vais la regarder encore une fois) à une finale enlevée. Encore une fois, on va succomber. Les finales se joueront sur la glace et dans les chambres d'hôtel. [...] Regardez bien cette émission de mardi soir prochain : c'est la dernière, et on ne verra pas de télévision locale aussi excitante avant un bon bout de temps. Depuis septembre, les mardis soirs, on avait congé de cuisines et de dialogues étirés à la corde.

J'ai hâte à *Lance et Compte II* mais j'ai terriblement peur aussi. Comme on dit dans la langue des chansons internationales, *it's gonna be a tough act to follow.* Et en québécois : on peut-tu scorer une deuxième fois avec autant de brio?»

La diffusion de notre première série se termine en beauté : selon la maison de sondages Nielsen, le soir du 2 décembre, deux millions sept cent cinquante-six mille personnes ont choisi de regarder *Lance et Compte,* hissant l'émission au cinquième rang du palmarès des émissions les plus regardées au Québec. Saurons-nous répéter cet exploit?

17
L'ULTRAQUIZ

S'il y a un chapitre que j'aimerais vraiment pouvoir éliminer, c'est bien celui qui traite de l'*Ultraquiz Lance et Compte*. J'ai été accusé d'avoir voulu presser le citron jusqu'à la dernière goutte avec cette production et je crois que quelques précisions sont nécessaires.

Claude-Michel Morin, de Publi-Cité, l'agence responsable de trouver des commanditaires et d'élaborer les plans publicitaires de la série, est emballé après le succès de *Lance et Compte I*. Il convainc le principal commanditaire, la pétrolière Ultramar, de continuer sur cette lancée et d'en profiter jusqu'au bout. Il conçoit un quiz qui sera diffusé entre la première et la deuxième saison et qui permettra à l'univers de *Lance et Compte* de rester présent dans la mémoire des téléspectateurs. D'autres commanditaires présents dans la série feront aussi partie du jeu-questionnaire.

Le titre choisi est l'*Ultraquiz Lance et Compte*. Ultra pour la pétrolière, bien sûr, mais ultra aussi pour l'ampleur des prix : des voitures de luxe, des voyages, cinq mille dollars de bons d'achat d'essence, un condo en Floride, etc. En tout, plus de huit cent mille dollars de prix.

Ni ma compagnie ni moi ne sommes directement impliqués dans le projet. À la demande du producteur (Claude-Michel Morin) et des commanditaires, j'autorise que le nom de la série soit utilisé. La production sera assumée à l'interne par Radio-Canada.

Ils bâtissent les plus gros décors jamais vus pour un jeu-questionnaire québécois, des décors comme on en voit chez les Américains. La première diffusion a lieu le 3 février 1987. L'action se déroule sur une patinoire. Dominique Michel coanime le quiz chaque semaine avec l'aide d'un des comédiens de la série. Les équipes sont composées de gens des médias et du public. Malheureusement, les règles sont confuses et les questions sont bizarres ou trop pointues pour intéresser le grand public.

Un conflit éclate alors entre Radio-Canada et le SEPQA (Syndicat des employé(e)s de la production du Québec et de l'Acadie), qui représente entre autres les machinistes. Le conflit affecte plusieurs émissions et on cible les gros noms comme *Lance et Compte*. Ce sont cependant le producteur Claude-Michel Morin et la société d'État elle-même qui écopent. Le conflit s'envenime rapidement et Radio-Canada procède à un lock-out sélectif visant une trentaine d'employés de ce syndicat. Le prétexte du litige est un problème de juridiction entre les employés du secteur privé qui travaillent dans les studios de Radio-Canada et les employés de la Société qui n'ont pas le droit de travailler au privé. Ceux-ci réclament un droit réciproque.

Le lock-out place Claude-Michel Morin dans une situation difficile, en particulier face à ses commanditaires. Des centaines de milliers de dollars ont été dépensés pour la fabrication d'un immense décor et pour la promotion du quiz. Le président de Radio-Canada, Franklin Delaney, adopte une attitude ferme. Les syndicalistes sont remerciés et l'on choisit de confier la production de l'émission à une maison privée.

J'accepte la tâche pour venir en aide à Claude-Michel Morin, qui a accompli pour nous un excellent travail dans le passé. Je veux aussi le faire pour les commanditaires, avec qui je souhaite maintenir une bonne relation. Jean-Claude Lord se charge de la réalisation du quiz et essaye tant bien que mal d'apporter des correctifs dans les courts délais accordés.

Les résultats ne sont pas très concluants et les journalistes portent un jugement sévère sur le concept du quiz et sur les motivations trop commerciales du projet. Louise Cousineau, de *La*

Presse, titre son article sur cette histoire «Le danger d'en avoir ultra-marre», alors que Daniel Lemay, du *Journal de Montréal,* intitule le sien «Ultraquiz lance… à côté». André Rufiange, du même journal, offre le « Prix Citron à Ultraquiz » : «Avec le plus gros budget de son histoire pour un quiz, Radio-Canada a été incapable d'en créer un qui ait de l'allure […] Un bide!»

Le public n'est pas dupe et ne s'intéresse pas au quiz malgré les efforts publicitaires et les prix à distribuer. Il refuse de se faire manipuler.

Je tire plusieurs leçons de cette expérience, dont la plus importante est le respect du public. Les téléspectateurs ne s'achètent jamais, même à coups de milliers et de milliers de dollars. Je pourrais me défendre en disant que je n'étais pas l'instigateur du projet, mais le point n'est pas là! *Lance et Compte* est désormais un personnage, une marque de commerce, et la série se doit d'être protégée. Il faut éviter son utilisation sans discernement, à toutes les sauces. Je refuserai plus tard un concept proposé par ce même groupe de publicitaires pour une comédie, *Super sans plomb,* en grande partie pour cette raison.

Heureusement, les malheurs de l'*Ultraquiz Lance et Compte* n'auront pas d'effet négatif sur l'intérêt du public pour la deuxième saison.

18

LES PREMIERS GÉMEAUX

L'Académie canadienne du cinéma et de la télévision décide de doter la partie francophone du pays de son propre Gala des Gémeaux et de réserver celui des Gemini aux productions télévisuelles en anglais. La première célébration a lieu à Montréal en février 1987.

Les candidatures sont proposées par ceux qui détiennent les droits sur les émissions, principalement les diffuseurs, et un jury formé des membres de l'Académie détermine, après des séances de visionnement, qui sera mis en nomination dans les diverses catégories. Seuls les membres en règle de l'Académie (environ trois cents au Québec à cette époque) peuvent voter pour attribuer les Gémeaux.

Ce premier gala ne fait pas l'unanimité. Les membres de l'Académie sont en grande partie des gens de Radio-Canada et ils ont une certaine influence sur le déroulement des événements et sur le vote. Ce sont même eux qui diffusent le gala! La société d'État remporte la majorité des prix ce soir-là, laissant ses concurrents loin derrière. En outre, on oublie carrément plusieurs catégories importantes, pour lesquelles on ne remet pas de prix. Télé-Métropole ne remporte rien et menace de boycotter les Gémeaux l'année suivante.

De plus, il y a une certaine confusion à propos des dates. Le gala de 1987 récompense les productions diffusées lors de la saison 1985-1986, ce qui mélange un peu tout le monde. *Lance et Compte,* dont la diffusion a débuté en septembre 1986, a en quelque sorte « raté » la date limite, comme un enfant qui est né en octobre et qui doit attendre un an de plus avant d'entrer à l'école!

Cette méthode d'attribution des prix ne me rend pas très heureux et c'est résolument amer que je quitte la salle à la fin du Gala en compagnie de Louise, mon épouse. Je croise alors deux personnes du service des dramatiques de Radio-Canada qui tentent de me faire retrouver ma bonne humeur en m'expliquant qu'il fallait absolument reconnaître le travail exceptionnel de l'équipe du *Temps d'une paix* cette année et que *Lance et Compte* aura sa chance l'an prochain.

Comme on dit, on ne perd rien pour attendre!

deuxième période

19

LE POIDS D'UNE SUITE

A u cours d'une conférence de presse en décembre 1986, j'annonce que nous allons entreprendre le tournage de l'an deux de *Lance et Compte* avec les épisodes quatorze à vingt-six. Le défi est grand et l'objectif est, bien sûr, de dépasser le succès de la première série.

Les grands succès, quels qu'ils soient, sont de véritables locomotives pour les diffuseurs, qui s'en servent afin d'attirer les annonceurs. En effet, le spectateur s'installe habituellement devant son téléviseur quelques minutes avant le début de l'émission et y reste quelques minutes après la fin pour voir ce qu'on présentera ensuite. Ces précieuses minutes d'attention se négocient à fort prix et se vendent bien, particulièrement aux commanditaires qui n'ont pas les moyens de faire diffuser leurs publicités pendant l'émission, car les tarifs y sont les plus élevés.

Pourtant, malgré le succès des treize premiers épisodes, Radio-Canada tarde à signer les contrats pour l'an deux. Tout le bruit autour de *Lance et Compte* et de son aspect novateur crée des pressions à l'interne dans la société d'État. Même chose pour la controverse provoquée par les histoires de censure. Le climat dans lequel la SRC se retrouve à cause de notre série est bien résumé dans un article publié par un quotidien en France et écrit par Jean-Pierre Desaulniers, professeur d'anthropologie et de sociologie des communications à l'UQAM :

«*Lance et Compte* régénère et révolutionne le feuilleton télévisé au Québec, petit pays pourtant déjà fort gâté. [...] La série est devenue de la dynamite. Elle est en train de faire sauter les seuils du "normalement acceptable" et du "bon goût de bon aloi devant les enfants", suscitant la curiosité du plus gros public jamais attiré pour une première apparition sur les ondes au Québec et soulevant une énorme et passionnée controverse. Les uns en appellent à la censure devant les scènes osées, le langage ordurier et les comportements machos. Les autres se braquent pour défendre l'intégralité de l'œuvre. Pétitions contre pétitions défilent, impliquant des milliers de signataires. [...] Fini le nationalisme du renfermement folklorique à la télévision québécoise. »

J'apprends à cette époque à composer avec les rouages d'une grosse boîte sensible à la moindre polémique et gérée par des fonctionnaires prudents qui ne veulent surtout pas se retrouver dans des situations qui pourraient nuire à leurs carrières. Les décisions ne sont pas prises par un seul dirigeant. Chaque lettre que je reçois atteste, dans sa signature au bas de la page, de la présence insoupçonnée de chefs de différents services que je n'ai jamais rencontrés depuis mes premières négociations et que je n'aurai pas le plaisir de croiser dans le futur. Ce type de retard dans les décisions crée une lourde inquiétude et ajoute une pression indue sur les épaules du producteur, qui doit faire face quotidiennement à un échéancier précis, engage des dépenses et signe des ententes à long terme qui deviennent ingérables si le château de cartes s'écroule.

À force d'appels téléphoniques et de rencontres personnelles, j'obtiens enfin en décembre une lettre d'engagement de la Société Radio-Canada signée par Jacques Blain, chef de la production extérieure. Elle est assortie de plusieurs conditions, dont une concernant la langue de l'indicatif musical et une autre qui nous dit qu'il nous faudra éviter, dans la mesure du possible, toute identification de marque et de produit.

Le tournage commence au début de janvier 1987 et le contrat de production avec Radio-Canada est daté du 13 février suivant !

Le budget pour cette nouvelle télésérie est de taille pour une production québécoise : onze millions de dollars, soit trois millions de plus que la première année. La participation de Radio-Canada s'élève à vingt pour cent de notre budget. Ce montant représente pour la société d'État l'équivalent du budget total consacré habituellement à la production d'une de ses séries à l'interne. Il est difficile de comprendre son hésitation alors que, pour le même investissement, *Lance et Compte* lui offre une facture visuelle largement supérieure et des possibilités de retour plus importantes qu'avec ses séries maison. L'ampleur du budget classe notre télésérie dans une catégorie sélecte que les Français aiment appeler des productions de haut de gamme. Ce terme aura aussi sa place au Québec désormais.

Premier gros changement qui en surprend plusieurs : Jean-Claude Lord ne réalisera pas la nouvelle série. Le long tournage des épisodes un à treize l'a épuisé et des problèmes de santé l'ont mené à s'intéresser à d'autres sujets, dont l'univers des guérisseurs, qu'il a envie d'explorer au cinéma. Afin d'expliquer sa décision au public qui l'a suivi fidèlement dans cette aventure, le réalisateur a fait parvenir une lettre au *Journal de Montréal* :

«Quand j'ai accepté de travailler à l'écriture et à la réalisation de cette série, je me suis fixé un but : montrer de l'intérieur la passion et l'obsession du hockey et de la victoire au sein d'une équipe, en demeurant le plus fidèle possible à l'esprit du milieu, compte tenu des impératifs et des contraintes imposées par un spectacle télévisé. Je considère aujourd'hui avoir atteint cet objectif. Je suis très fier de *Lance et Compte*. Les personnages de *Lance et Compte* [...] sont des héros qui sont un miroir fidèle de nos aspirations, de nos frustrations, de nos rêves, en un mot de ce que nous sommes.»

Une page est tournée. Il faut quelqu'un à la hauteur pour le remplacer, quelqu'un qui connaît bien la série et qui en comprend tous les enjeux. Cette personne prête à prendre la relève avec dévouement, c'est Richard Martin, celui-là même qui a conçu la série à l'origine. Pour réaliser *Lance et Compte* et parce qu'il a envie de retourner à ce type de travail, il abandonne son poste de directeur des émissions dramatiques et se joint à notre équipe. Il prend ainsi un risque important en quittant Radio-Canada, où il a eu plusieurs emplois de 1960 à 1986. Il démissionne pourtant, même s'il est conscient que l'industrie privée n'engage pas de réalisateurs de façon permanente. Le projet *Lance et Compte II,* si l'on inclut la préparation, le tournage, la finition et la mise en ondes, l'occupera pendant une année entière. Mais Richard adore travailler étroitement avec les auteurs. C'est un homme d'une grande patience. En prenant le relais de Jean-Claude, il relève un énorme défi, celui d'avoir à maintenir le rythme, la qualité et la densité dramatique de la série. Il doit garder l'auditoire au-dessus de la barre des deux millions de téléspectateurs. C'est quelqu'un que j'apprécie beaucoup et il peut compter sur mon appui.

L'écrivain Louis Caron ne participe plus à la scénarisation de la série depuis environ le huitième épisode et nous devons trouver un coscénariste pour Réjean Tremblay. L'auteur Claude Jasmin s'acquitte de la tâche pendant environ trois semaines, mais ça ne colle pas entre les deux auteurs. Nous arrêtons finalement notre choix sur l'auteur Jacques Jacob, qui a quelques longs-métrages à son crédit, dont *Henri.* Jacques est revenu il y a quelque temps de la Californie, où il a habité dans une commune près de San Francisco. Ses cheveux bouclés et son petit sourire constant lui donnent un air décontracté d'éternel vacancier. Il s'entend bien avec Réjean et les deux scénaristes organisent leurs séances de travail au Café Cherrier, rue Saint-Denis. Ils développent pour chacun des épisodes une structure qu'ils inscrivent sur les serviettes de papier du café.

Le nouveau réalisateur n'a pas l'intention de faire sa marque en voulant tout changer. Bien au contraire, les personnages devront rester fidèles à ce qu'ils étaient la première saison et être tout aussi authentiques. Il ne veut surtout pas les assagir. Nous participons à des réunions hebdomadaires d'écriture où il devient de plus en plus évident qu'il apporte beaucoup au développement des personnages et qu'il prend la place qui lui revient dans son équipe.

Je prévois coproduire avec l'Europe et augmenter le nombre de pays participants. Les scénaristes doivent donc encore une fois intégrer des personnages européens au récit. Réjean et Jacques s'inspirent de la fuite de joueurs tchécoslovaques vers le Canada (les frères Stastny) pour développer l'intrigue autour de la défection des Russes qui aura lieu dans la nouvelle série. L'homme qui a collaboré à la défection des Stastny, Marcel Aubut des Nordiques, devient une personne-ressource de premier plan.

Les auteurs veulent que les intrigues développées soient vraisemblables mais, pour créer de l'intérêt et du suspense, il faut parfois jouer sur les détails. Réjean et Jacques veulent, par exemple, bâtir une intrigue autour d'une histoire de drogue qui aurait lieu pendant le voyage de Pierre Lambert en Russie. Celui-ci transporterait de la cocaïne à son insu. Mais après avoir consulté un journalise russe installé à Montréal, Réjean apprend que la Russie n'est pas aussi stricte que le Canada quant à la possession de drogue par un étranger. Dans la série, Pierre Lambert est arrêté par les douaniers moscovites et mis en prison pour trafic de drogue. Dans les faits, selon ce journaliste, les autorités soviétiques n'auraient probablement pas gardé Pierre Lambert. Ils l'auraient mis à bord du premier avion pour le renvoyer au Canada, où les autorités se seraient occupées de son cas. Pour les besoins de l'intrigue, Réjean préfère tout de même que les douaniers russes gardent Lambert pendant trois ou quatre jours. La vraisemblance est donc importante, mais la réalité n'est tout de même qu'un point de départ!

Certains ont reproché aux auteurs d'avoir eu peur de la censure en évitant de montrer un joueur de hockey qui consommerait de la drogue et en faisant plutôt de Pierre Lambert la victime d'un simple malentendu dans cette histoire de stupéfiant. Mais les auteurs se défendent bien d'écrire en fonction de la censure. Dans ce cas-ci, selon Réjean, c'est une question de temps qui a motivé ce choix. Il aurait été invraisemblable que Lambert ait le temps de s'enfoncer dans une dépendance à la cocaïne pour ensuite se remettre sur pied en quelques semaines dans les limites temporelles de la série.

Les auteurs s'assurent que rien dans leur écriture n'est gratuit. Que ce soit pour une aventure extraconjugale ou une crise de colère impliquant des jurons, il y a toujours une motivation psychologique qui colle à la vérité du personnage. Toute action d'un personnage doit faire avancer la trame principale, y compris les petits gestes du quotidien. Par exemple, pourquoi montrerait-on Pierre Lambert glissant la trousse de toilette de la photographe Dominique Cartier (Macha Grenon) dans sa propre valise avant de partir pour Moscou si on ne prévoit pas que ce geste aura une conséquence?

Jacques Jacob est un auteur très conscient des problèmes de production. De toute manière, comme il se plaît à l'expliquer, s'il s'oublie et se laisse aller à inventer des situations dont les coûts de tournage seraient trop élevés, il se fait vite rappeler à l'ordre! Pas besoin d'argumenter longtemps avec Jacques, qui est une personne de nature conciliante. Il réécrit en fonction de ce qu'on lui demande et, comme il le dit aux journalistes, il tricote aussi serré que possible pour que le réalisateur n'ait pas trop de trous à boucher.

20

COMPLEXITÉ DE LA COPRODUCTION

E n plus de l'histoire des frères Stastny qui leur sert d'inspiration à l'intrigue principale, les deux scénaristes veulent profiter des matchs des hockeyeurs russes contre une équipe formée de Canadiens dans le cadre de l'événement Rendez-vous 87, qui se déroule au Colisée de Québec. Ces matchs pourraient nous être fort utiles au tournage. Je suis conscient que ce point de départ profitable à notre histoire nous permettra de tourner dans plusieurs pays coproducteurs, y compris la Russie, qui commence justement à ouvrir ses frontières.

Mon but est d'internationaliser la suite de la série, d'abord dans l'histoire et son contenu, puis pour les ventes de la série à l'étranger. Plusieurs groupes de distribution américains comme The Silverback-Lazarus Group, New Century Communications et Blair Entertainment ont critiqué le doublage et mentionné le nombre d'épisodes comme un problème majeur à leur achat de la série. Selon eux, *Lance et Compte* n'a pas l'attrait qu'il faut pour les grandes chaînes américaines. Notre représentant, Gérald Ross, attaque plutôt le marché de la *syndication* (le marché des indépendants regroupés) en utilisant ces distributeurs américains. Dans ce marché, il est extrêmement difficile de vendre moins d'une trentaine d'heures de télévision, mais avec la production de nouveaux épisodes, nous nous acheminons lentement vers ce chiffre magique. Nous avons un problème semblable avec l'Italie et la Chine.

Au début de décembre 1986, je rencontre à Montréal le consul de Russie en poste à Ottawa, Kanadi Cartnatchef, pour lui exprimer notre désir de tourner la suite de *Lance et Compte* dans son pays. La rencontre pourrait très bien se passer à Moscou tant la tempête de neige est violente ce jour-là ! J'apprends pendant notre conversation que le consul a un jeune fils qui joue au hockey pour une équipe locale en Russie. Les images des joueurs de hockey montrent souvent des Soviétiques chaussés de patins et d'équipements désuets. Je décide d'offrir au jeune garçon pour la fête de Noël qui approche une paire de nouveaux patins. Après le repas, nous partons dans la tempête. Je vais acheter les patins et les lui offre pour son fils. Le consul est ravi !

Un peu plus d'un mois après mon repas avec le consul et après qu'il a visionné un épisode de la première série, une rencontre a lieu au restaurant le Mas des Oliviers, à Montréal, entre le directeur de la télévision soviétique, Herman Solomatyn, Robert Roy, de Radio-Canada, Peter Pearson, directeur de Téléfilm Canada, Richard Martin et moi-même. C'est la première fois que les Soviétiques s'intéressent à une émission de télévision produite au Canada, et le thème du hockey n'est certainement pas étranger à cette curiosité. Le directeur de la télévision soviétique repart vers Moscou avec les synopsis des nouveaux épisodes que nous préparons et nous promet de nous communiquer rapidement son intérêt.

La réponse tarde à venir. Un télégramme formel arrive enfin et nous avise en quelques mots que la télévision soviétique ne participera pas à notre production. Aucune raison n'explique cette décision.

Qu'à cela ne tienne. Je compte remplacer la Russie par la Finlande et coproduire avec la France, l'Autriche et la Suisse. Je choisis l'Autriche parce que j'ai déjà travaillé avec un producteur autrichien qui m'avait exprimé, lors du Marché de la télévision à Cannes au MIP, son intérêt de coproduire avec le Canada. Il a déjà les synopsis en main lorsque nous le rencontrons, Richard et moi, à son domicile en banlieue de Vienne. Il nous explique les démarches qu'il a faites et doit malheureusement nous annoncer le refus des diffuseurs autrichiens de mettre en ondes une série sur le hockey.

Une bonne nouvelle m'attend tout de même à mon retour à l'hôtel : le soir même, je reçois un appel du Canada m'annonçant le résultat des cotes d'écoute pour le dernier épisode de la première série. (Elles mettent toujours quelques semaines à être compilées.) Grâce à cet épisode, nous avons franchi le cap tant désiré des deux millions de spectateurs! *Lance et Compte I* est un énorme succès. Aussi ouvrons-nous une bouteille de champagne sur la terrasse de l'hôtel Sacher, à Vienne, pour fêter l'événement. Le cadre est enchanteur et nous pouvons entendre l'opéra dont la présentation vient de commencer de l'autre côté de la rue.

Nous nous déplaçons ensuite vers la Finlande, à Helsinki. L'accueil est chaleureux et on nous offre de coproduire avec nous, mais nous découvrons vite que les moyens financiers de la télévision finlandaise sont tellement faibles qu'il n'y a aucun intérêt à déplacer là-bas une équipe de production et des acteurs canadiens.

Nous pensons trouver les décors qui nous permettront de faire croire que nous sommes en Russie dans la partie germanique de la Suisse, dont la participation nous est assurée. Les complexes sportifs de cette partie du pays pourraient rappeler ceux des Soviétiques. Au besoin, nous pourrons modifier le scénario et profiter au maximum de notre présence en Suisse. Elle regorge d'anciens joueurs professionnels et même d'entraîneurs québécois. L'histoire peut s'appuyer sur ces faits en plus de toucher le public suisse lorsque la série sera diffusée. C'est ainsi que Jacques Mercier quitte le Canada et devient l'entraîneur de l'équipe de Fribourg, en Suisse. D'ailleurs, le véritable coach de cette équipe est québécois! Je me rendrai dans quelques semaines à Genève pour signer les contrats avec la Télévision suisse romande et j'en profiterai pour discuter du tournage.

De Helsinki, nous allons en France. L'entente de coproduction avec TF1 et son producteur exécutif, SFP (Société française de production), est plus importante que pour la première série et son apport financier représente presque le double de celui de l'année précédente. En France, plus de quinze pour cent de l'auditoire écoute la première année de *Lance et Compte* tous les samedis à dix-sept heures trente, ce qui signifie des cotes d'écoute d'environ six millions de téléspectateurs. La série rebaptisée *Cogne et Gagne* a été placée dans un créneau bien précis, où se retrouve un public jeune et familial. Une émission de fiction est considérée comme un échec si elle attire moins de dix pour cent de téléspectateurs et un triomphe si elle dépasse vingt pour cent.

Le système français qui sert à calculer l'auditoire, appelé là-bas l'audimat, permet de connaître de façon très exacte le nombre de spectateurs devant le petit écran par tranches de quinze minutes. C'est ainsi que nous savons que *Cogne et Gagne* avait une audience de onze pour cent après le début de la première émission et de quatorze pour cent pour le dernier quart d'heure de la même émission. La diffusion en fin d'après-midi le samedi est un bon choix pour toucher un grand nombre de téléspectateurs mais elle ne risque pas de créer un événement médiatique.

Les habitudes françaises en matière de télévision sont bien différentes de celles des Québécois. Par exemple, les journalistes ont été invités au « visionnage » de la première série (comme on dit en France) et ils sont venus en bon nombre. Leur réaction a été généralement très positive et ils ont trouvé que la série avait du rythme, des allures très professionnelles et plus de profondeur que les séries américaines diffusées en France. Mais après ces premiers commentaires, nous n'avons plus rien lu ni entendu. Aucun article, aucune critique dans les journaux. Les espaces réservés pour les critiques d'émissions de télévision étant limités dans les journaux français, seules les émissions présentées aux heures de grande écoute en soirée méritent d'être couvertes. Les émissions en après-midi sont considérées comme de la consommation courante. Prix de consolation pour nous : il en ressort tout de même, de l'avis des experts, que la chaîne TF1 a misé davantage sur *Cogne et Gagne* qu'elle ne l'a fait pour toute autre série québécoise depuis longtemps.

L'apport financier de TF1 étant plus important cette année que pour la première série, le tournage en France devra être considérable et s'échelonnera sur plusieurs semaines. Le nombre d'acteurs doit aussi augmenter et Richard et moi devons nous rendre dans l'Hexagone pour nous occuper de ces questions.

Nous apprenons seulement la veille de notre départ de Helsinki que la France a décrété que les Canadiens ont dorénavant besoin de visas pour entrer dans ce pays! Le réalisateur et moi nous présentons au consulat français dès son ouverture le lendemain matin pour demander nos visas. Nous les obtenons sans problème mais tout le temps pris par cette démarche risque de nous faire manquer notre vol. Ce n'est habituellement pas si grave de rater l'avion, mais le lendemain matin nous avons des séances d'audition prévues avec des comédiens français pour interpréter le rôle des hockeyeurs russes. Il s'agit de rôles importants dans la nouvelle série. Le responsable des auditions nous a assurés que les acteurs présélectionnés savent patiner. Richard tient malgré tout à les voir en action et il a exigé que les candidats chaussent les patins devant lui. Après une course folle dans l'aéroport, nous entrons les derniers dans l'avion à destination de Paris!

Il n'y a pas beaucoup de patinoires à Paris, mais la SFP nous a trouvé un aréna en banlieue. Le premier acteur, Andrzej Jagora, un Polonais d'origine qui doit interpréter Sergei Koulikov, arrive sur la glace chaussé de patins. Il fait quelques pas « sur la bottine » puis s'élance sur la glace et se laisse glisser jusqu'au bord de la bande en gardant pendant toute cette manœuvre spectaculaire un très grand sourire aux lèvres. Il est tout fier de l'exploit qu'il vient d'accomplir pour nous! La responsable des auditions a elle aussi un sourire fier aux lèvres quand elle s'adresse au réalisateur : « Pas mal, n'est-ce pas? » Un après l'autre, les candidats sautent sur la glace et le même phénomène se produit. Ils arrivent à peine à se tenir debout sur leurs patins!

C'est la catastrophe et le réalisateur n'est pas d'humeur aux célébrations. Le champagne n'est pas au menu ce soir-là! Comment faire pour transformer ces comédiens en joueurs de hockey et, surtout, pour arriver à faire croire qu'ils sont les meilleurs de la planète? Impossible d'en faire des étoiles dans les délais dont nous disposons. Mais nous n'avons pas le choix et Andrzej Jagora et Antoine Mikola se disent prêts à tout pour s'améliorer. J'ai d'ailleurs rarement vu des acteurs aussi déterminés! Ils s'entraînent avec Pete Laliberté, un Québécois qui s'occupe de hockey en France, afin d'arriver à personnifier de grands joueurs de hockey. Cela donne lieu à des situations cocasses, comme le décrit notre entraîneur Pierre Ladouceur, qui montera cette année encore toutes les chorégraphies de hockey :

> «Andrzej a fait rire tout le monde en mettant son casque protecteur à l'envers, si bien qu'il ne voyait plus clair. Pour une séquence, truquée bien entendu, il a fallu prévenir ses coéquipiers de ne pas le féliciter trop fort pour ne pas le faire tomber. Pendant tout le temps qu'Andrzej célèbre son but, un joueur le tient par le fond de culotte. Quant à Antoine, j'ai été surpris de le voir apparaître à la cafétéria de l'hôtel à sept heures du matin, revêtu de tout son uniforme. Quand je lui ai demandé ce qu'il faisait dans cette tenue, il m'a répondu avec son drôle d'accent qu'il s'habituait à la sensation de porter ces accessoires inhabituels[1]…»

Richard choisit l'acteur français Hugues Profy pour jouer le rôle de Patrick Devon, un prodige qui aspire à devenir le premier joueur de hockey français à être sélectionné par le National de Québec. Il patine légèrement mieux que les acteurs polonais, mais ses performances seront trop faibles pour l'ampleur du rôle et nous devrons l'éliminer le plus rapidement possible. Les scénaristes modifieront le scénario et ce personnage deviendra plutôt le grand amour de Suzie Lambert, qui apprendra qu'il est atteint de leucémie. Il se jettera contre un camion avec sa moto sous les yeux de son amoureuse qui le regarde du balcon de la chambre où ils viennent juste de vivre un beau moment intense.

Richard est récompensé dans le choix des autres acteurs. Il s'assure la participation d'acteurs français et suisses de grande qualité en la personne d'André Oumansky (Kerensky) et de Vania Vilers (Frédéric Tanner). Il est gâté avec la ravissante Alexandra Lorska pour le rôle de Natasha Mishkin, rôle qui fera parler le Québec, soulèvera encore une fois des protestations et provoquera la censure de certaines scènes par la CBC.

---

1. « Du hockey arrangé avec le gars des vues », par Jean-Luc Duguay, *Album-souvenir Lance et Compte,* vol. 1, n° 1, Les éditions Publimag, 1988.

Le casting est complété. Nous verrons cette année plusieurs nouveaux visages, dont ceux de Macha Grenon, qui jouera la photographe Dominique Cartier, et d'Isabelle Miquelon, qui sera Patricia O'Connell, le nouvel amour de Pierre Lambert. La distribution des rôles inclut aussi : Bob Harding (Eric Murdoch), Léo Ilial (Constantin Kasanovsky), Walter Massey (Bill Simpson), et de nombreux autres.

21

ENCORE LES ACCENTS

L a CBC n'envisage pas d'utiliser une version doublée pour la diffusion de la deuxième série. La mauvaise expérience de la première année a suffi pour qu'elle décide dorénavant de diffuser la version originale anglaise tournée par nos comédiens. Certains acteurs québécois maîtrisent difficilement la langue anglaise, mais en général ils ont l'oreille. Les acteurs français, polonais et russes que nous avons choisis parlent cependant peu l'anglais et leur accent rend leur dialogue incompréhensible. En plus d'un coach pour améliorer leur patinage, voilà qu'il faut aussi fournir un coach pour tourner la version anglaise !

À mon passage en Suisse pour faire le repérage des lieux de tournage et signer les ententes, je participe, à la demande de Raymond Vouillamoz, le directeur des productions extérieures de la Télévision suisse romande, à une rencontre avec des journalistes. Après le visionnement de deux épisodes tirés de la première série, les journalistes doivent donner leur avis sur la possibilité de diffuser dans leur pays la série dans sa langue originale en « québécois », comme ils disent.

Le visionnement démarre et je reste debout derrière, trop nerveux pour m'installer parmi eux. Les réactions durant la projection sont bonnes, mais elles sont souvent un peu décalées par rapport à l'image. En présence de ce public européen, les dialogues résonnent tout à coup différemment à mon oreille. Je comprends alors qu'on puisse avoir de la difficulté à suivre notre accent et à saisir les expressions québécoises.

Le visionnement se termine et la discussion démarre. Le comportement des Suisses est bien différent de celui des Français : ils sont gentils ! Ils ne veulent pas me froisser mais arrivent tous à la même conclusion, malheureuse pour nous : ils croient que la version québécoise nuira à la diffusion et au succès de la série en Suisse. Trop occupé à comprendre les dialogues, le spectateur ne suit plus le fil de l'histoire et perd rapidement son intérêt. Pas moyen d'éviter le doublage. Les Suisses me disent de ne pas m'inquiéter, car leur auditoire est habitué aux doublages, souvent nécessaires en Europe. Les productions nationales sont tournées dans la langue de chaque pays puis doublées selon les exigences des marchés locaux.

L'histoire la plus incroyable à ce sujet nous a été racontée par le célèbre réalisateur Sergio Leone lors d'une entrevue que notre compagnie de production a tournée un jour avec lui. Il nous a expliqué que pour préparer ses films au doublage, il demande à ses comédiens sur le plateau de jouer leurs scènes en comptant tout haut des chiffres, avec des pauses et des intonations. Ces chiffres n'ont aucune autre utilité que de donner un mouvement aux lèvres des acteurs. Leone écrit ensuite les dialogues sans se préoccuper de savoir si le texte sera synchronisé au mouvement des lèvres. Les véritables dialogues sont ensuite enregistrés par les acteurs au doublage. C'est difficile à croire, mais venant de la bouche de ce grand metteur en scène italien, c'est très convaincant !

La réaction des journalistes suisses me confirme au fond ce que je savais déjà : il est très difficile d'exploiter les productions québécoises dans notre langue et avec notre accent, que ce soit en France ou dans les autres pays francophones. Rares sont les exceptions, autant à la télévision qu'au cinéma.

La diffusion de *Lance et Compte I* en Suisse (version doublée) obtient de vingt-trois à vingt-quatre pour cent de l'auditoire, alors qu'une série américaine à succès en obtient habituellement environ vingt-six pour cent. Le 22 janvier 1987, le journal suisse *24 heures* titre : « Du hockey à la sauce Hamburger » :

« *Lance et Compte* contient tous les ingrédients du succès : sun, sexe et puck. [...] Car le hockey est la toile de fond devant laquelle se déroulent les épisodes "tirés de la réalité et collectés par un journaliste spécialiste de ce sport de masse", comme l'explique le réalisateur de la deuxième treizaine. Un sport qui masse, en quelque sorte. Mais du hockey à la sauce hamburger, le fast-food qui séduit de plus en plus les Européens.»

De son côté, le journal *La Suisse* du 21 janvier 1987 titre «Superfeuilleton» et explique à ses lecteurs :

«La première série, dont un épisode a été présenté hier à Fribourg, ne sera pas diffusée dans sa version originale, en français canadien. L'accent est en effet si fort qu'il a été nécessaire de doubler en français européen!»

Le problème de l'accent est une réalité dans tous les pays francophones européens et nous y faisons face depuis le début. En effet, dès octobre 1986, le responsable du service film de la télévision belge, Georges Jetter, avait répondu par télex à notre offre de vente de la série dans son territoire en disant : «Notre décision finale est conditionnée par l'établissement d'une version française et non canadienne.»

On ne s'en sort pas!

22

TOURNAGE
SUR DEUX CONTINENTS

L e tournage de la deuxième série se déroule du 1er janvier au 10 septembre 1987, ce qui représente environ cent quatre-vingts jours de tournage sur deux continents, dont neuf semaines en France et en Suisse.

Le tout commence en Suisse. Les locations de tournage dans ce pays incluent une station de ski à Davos où se dispute chaque année pendant la période de Noël un tournoi de hockey pour la coupe Spengler. Cette station de ski est aussi réputée grâce à une immense patinoire extérieure en forme de cerceau qui fut le théâtre de poursuites invraisemblables dans le film de James Bond, *The Spy Who Loved Me*. Dix ans auparavant, j'ai d'ailleurs produit une cascade pour la séquence d'ouverture de ce film montrant un parachute orné de l'Union Jack.

Une équipe soviétique participe chaque année à ce tournoi et elle gagne fréquemment la coupe. L'équipe russe affrontera aussi une équipe de la Suisse, composée d'ailleurs de plusieurs anciens joueurs canadiens. Nous avons l'intention d'utiliser cet événement et de prétendre, pour les besoins de notre tournage, qu'il s'agit de la Coupe du monde et qu'on y verra le Canada jouer contre la Russie.

La Télévision suisse romande a réussi à convaincre les organisateurs du tournoi de permettre que la véritable équipe de la Suisse porte les chandails de l'équipe du Canada, et ce, même pendant les parties régulières du tournoi. Il s'agit des mêmes chandails qui seront utilisés au Colisée de Québec pendant l'événement Rendez-vous 1987. Les organisateurs acceptent aussi que les joueurs de l'équipe du National qui, dans notre fiction, représentent le Canada à la Coupe du monde, s'intègrent à la véritable équipe suisse pour les besoins du tournage. Nous avons aussi l'autorisation de l'équipe de la Russie de filmer leurs joueurs et d'utiliser leurs chandails, qui seront portés par nos acteurs qui personnifient des Russes. Enfin, les organisateurs du tournoi nous autorisent également à utiliser la patinoire pour pratiquer les jeux qu'a besoin de filmer le réalisateur.

Nous avons été gâtés au Québec pendant les tournages au Colisée, mais l'engouement n'est pas le même dans le stade de Davos où nous tournons. Certains joueurs figurants qui doivent être payés ne reçoivent pas d'argent directement et les montants vont plutôt à leur équipe, ce qui n'aide pas au manque d'intérêt des athlètes pour notre tournage. Davos est aussi une ville de millionnaires, alors la promesse de «prix de présence» n'attire pas facilement les gens vers la figuration.

L'expérience est différente au stade de Fribourg, qui est une ville plus ouvrière. Nous y organisons une journée de tournage modelée sur celles que nous préparons habituellement au Québec. La réponse du public suisse est en tout point comparable à celle de notre public québécois et la foule se présente en très grand nombre, attirée par nos caméras et par la présence du joueur-vedette local, le Québécois Jean-François Sauvé, un ancien des Nordiques. Lui et son confrère Corado Micalef, un ancien des Red Wings de Detroit, nous donnent un sérieux coup de main pour cette journée de tournage. L'aréna de Fribourg est plein à craquer de fans de Gottéron, l'équipe locale, pour cette soirée spéciale promue par la chaîne de télévision suisse et les journaux locaux. L'ambiance est déchaînée. Le public européen appuie le spectacle en criant continuellement et en brandissant de grands drapeaux aux couleurs de l'équipe qu'il supporte.

Le tournage en France se fait à Paris et à Deauville, une station balnéaire très réputée située à quelque cent kilomètres de Paris.

Curieusement, ce sont des intérieurs que nous y tournons! L'hiver, la station est désertique et il est relativement facile d'obtenir les autorisations pour tourner dans les hôtels, ce qui n'est pas le cas à Paris. Nous logeons aussi les équipes et les acteurs à des prix tout à fait raisonnables dans le même hôtel que celui utilisé pour le tournage.

Une complicité s'établit lentement entre l'équipe de tournage française et l'équipe québécoise. Notre équipe doit cependant s'adapter au rythme de nos cousins, car les Français ne sont pas habitués au style de tournage effréné des plateaux nord-américains!

Dans la mesure du possible, Richard choisit des décors européens magnifiques qui sont superbement rendus par le travail du directeur de la photographie, Bernard Chentrier. Même si leur intérêt visuel est un critère de sélection important, les sites ne sont pas choisis pour cette seule raison et ont toujours un lien plausible avec l'intrigue. Une séquence sur un bateau-mouche parisien pour élaborer la fuite d'athlètes des pays de l'Est et la course vers l'ambassade canadienne est à la fois vraisemblable et très agréable à regarder!

Le directeur de production Bill Wiggins continue son travail en Europe, alors que je dois revenir au Québec pour régler un problème financier. Le ministre des Finances au fédéral, Michael Wilson, propose d'abolir les abris fiscaux dans sa nouvelle réforme. Ceux-ci représentent dans le financement de la série quatre millions six cent mille dollars. Notre série s'est ouverte pour la première fois à l'investissement public, relançant la tendance aux abris fiscaux dans le domaine du film pour lesquels bien des investisseurs avaient été échaudés dans les années soixante-dix.

Considéré par certains courtiers, dont Pierre-Yves Pelland de Midland Doherty, comme un «blue chip[1]» des sociétés en

---

1. Selon l'Office de la langue française, l'expression anglaise *blue chips*, inspirée des jetons de casinos, les bleus ayant la plus grande valeur, désigne par analogie les sociétés les plus appréciées des investisseurs privés ou professionnels à un moment donné. Habituellement, les actions de telles sociétés constituent un placement sûr.

commandite, *Lance et Compte* a tout de même des chances de survivre à cette tempête générée par le gouvernement fédéral. Le succès de la série contribue bien sûr à intéresser les investisseurs, mais c'est davantage le montage financier conservateur et peu risqué qui les attire. Nous assurons à l'investisseur des pourcentages logiques pour le fisc canadien et des retours sur les profits très raisonnables. Les unités ou parts en question sont très recherchées par les investisseurs.

Pour la protection de nos investisseurs – avant le projet de loi du ministre Wilson – nous avions obtenu de Revenu Canada un avis anticipé sur la structure de notre financement public. À cause de cet avis écrit, nous avons droit à une clause grand-père[1] et les ministères respectent ce qu'ils nous ont promis sur papier. Le financement de la série *Lance et Compte* ne sera donc pas affecté par ces modifications fiscales. On prédit cependant des changements pour l'an prochain !

Je peux donc dormir en paix pour le moment et compter sur l'apport de l'abri fiscal pour compléter le financement des onze millions et demi que coûte la nouvelle série.

Une fois toute l'équipe rentrée au Québec à l'été, nous tournons des scènes au Colisée de Québec mais aussi à l'aréna Maurice-Richard à Montréal, qui se transforme en stade moscovite pour les besoins du tournage ! Le réalisateur utilise aussi ce lieu pour représenter un stade de hockey français, ce qui complique la vie à notre directeur-photo de même qu'à notre chorégraphe de jeux, Pierre Ladouceur :

« Nous avons tourné sur la même patinoire des séquences soviétiques et françaises car certains matchs préliminaires à la Coupe du monde sont disputés à Paris. D'un côté, la bande était placardée d'affiches en russe, de l'autre d'affiches en français. Je devais donc tenir compte de ce double facteur dans

---

1. Clause de droits acquis.

mes chorégraphies. La caméra ne pouvait montrer pour les séquences moscovites le côté parisien de la patinoire et vice versa. Cette situation a exigé quelques petites acrobaties. De plus, pour respecter les dimensions des patinoires européennes, il a fallu repeindre les lignes des buts pour donner plus d'espace derrière le filet[1]. »

Le tournage de la série s'échelonne sur cent quatre-vingts jours pratiquement sans interruption, sauf pour les deux journées hebdomadaires statutaires. Plusieurs services roulent à un rythme de six ou sept jours par semaine. J'apprécie beaucoup la qualité du travail de Richard et le fait qu'il ait réussi à respecter l'horaire. Pas une journée de retard, et le matériel que je visionne au fur et à mesure est excellent!

Mais le réalisateur et tous les membres de l'équipe sont fatigués et ils ont trouvé le tournage bien long. Ils devaient vivre loin de leur famille, maintenir le rythme, endurer les petits traits de caractère des uns et des autres et se soutenir constamment pour que le résultat soit à son meilleur. «Voir ton fils deux jours par mois, c'est pas facile», explique aux journalistes un Carl Marotte exténué. À la fin du tournage, Richard raconte au *Journal de Montréal* :

> «C'est la plus belle expérience et aussi le plus gros job de ma vie que je viens de réaliser. Il y a dix ans, je n'aurais jamais pu faire un travail pareil. Tu vois, on a terminé à cinq heures cet après-midi et j'ai déjà les bleus. Le feeling du tournage me manque. Après vingt ans de Radio-Canada, le timing était bon pour moi. J'étais prêt à faire autre chose. Je ne renie pas mes années à la Société, mais jamais je n'ai autant aimé travailler. »

Le travail de Jean-Claude Lord a été couronné par la critique et le public, et je peux dire que celui de Richard, qui a bravement

---

1. «Du hockey arrangé avec le gars des vues», par Jean-Luc Duguay, *Album-souvenir Lance et Compte,* vol. 1, n° 1, Les éditions Publimag, 1988.

relevé ce défi, est absolument superbe. L'essence de la série reste québécoise malgré l'intrigue internationale et les nouveaux sites de tournage européens.

Il ne nous reste plus qu'à assembler ces images et ces sons! Le monteur de la première mouture, Yves Langlois, est d'abord et avant tout un professionnel du long-métrage que j'avais convaincu de faire une incursion en télévision. L'univers du cinéma lui manque et il a maintenant envie d'y retourner. Nous devons donc le remplacer.

Les délais de livraison de la série sont tellement courts que nous décidons de faire appel à deux équipes de monteurs. La première est dirigée par Michel Arcand, un monteur réputé qui a travaillé entre autres sur *Un zoo la nuit* et *Anne Trister*. C'est sa première expérience pour la télévision. L'autre équipe est confiée à Jean-Marie Drot. J'ai fait sa connaissance à l'occasion de *Clémence Aletti,* une coproduction avec la France. Sa technique et son attitude me plaisent. Il est intéressé à relever le défi et je n'hésite pas à lui fournir l'occasion de démontrer ses capacités de monteur. La tâche est énorme, car elle exige parfois près de huit cents coupes par bloc de quarante-cinq minutes. Il y a autant de plans dans un épisode de la série que dans un long-métrage. Le travail des monteurs est crucial mais il se fait souvent dans l'isolement, alors que le reste de l'équipe est en Europe. Comme l'explique Michel Arcand :

> « Au tout début, tu es euphorique : c'est le départ d'une grande aventure! Puis tu deviens de moins en moins confiant. Tu regardes ton matériel sept jours par semaine, de neuf heures le matin à deux heures le lendemain matin, tu te questionnes, tu ne vois presque plus ta famille. Puis tu reprends tranquillement confiance, jusqu'à ce que tu aies effectué la moitié du boulot. Dès lors, le vent tourne : il ne te reste qu'à descendre l'autre versant de la colline[1]! »

La complicité entre les équipes est à toute épreuve. Le montage de *Lance et Compte* sera d'ailleurs honoré par plusieurs prix Gémeaux, une belle reconnaissance de l'industrie pour ces gens de talent.

---

1. « Les gars de la bande », par Richard Martineau, *TV Hebdo Grand Format*, vol. 1, n° 3, mars-avril 1988.

23

RETOUR À L'ANTENNE

La diffusion de la deuxième série doit commencer en janvier 1988 et sera présentée tous les jeudis à vingt heures. Je me bats pour que nous retournions à la case du mardi, car tradition-nellement le jeudi n'est pas un bon soir pour les cotes d'écoute. Mais les patrons de Radio-Canada ne veulent pas bouger sur ce sujet. Ils ont toujours en tête ce débat «production interne contre production privée» et celui-ci s'amplifie. On réserve les bonnes soirées d'antenne pour des productions maison comme *Des dames de cœur* ou *L'héritage*.

Une semaine avant la première émission, nous avons organisé notre lancement officiel en nolisant un train. Dans une tempête de neige typique de cette période de l'année, le train quitte la gare Centrale de Montréal à destination de la ville de Québec pour amener les journalistes à une conférence de presse. Ils sont accom-pagnés à bord par les auteurs, les acteurs, le réalisateur, et les membres clefs de la production. Tenir cet événement dans la capi-tale québécoise est notre façon de reconnaître que la série appar-tient aux gens de Québec et de les remercier de leur soutien. Un arrêt à Drummondville est prévu pour permettre aux fans de la série de saluer les vedettes. Mais il est tôt le matin et la ville est envahie par la neige. Un petit nombre de braves admirateurs se sont tout de même déplacés pour l'occasion et les comédiens signent quelques autographes.

À l'arrivée à la gare du Palais à Québec, une équipe de télé-vision nous attend afin d'enregistrer deux émissions pour *Le p'tit détour* avec les personnalités de la série. Après une courte pause au buffet, les comédiens vont dans une école rencontrer une quarantaine d'enfants handicapés. Les acteurs, émus, offrent aux enfants un dépouillement d'arbre de Noël. C'est une rencontre très touchante et plusieurs comédiens ne peuvent retenir leurs larmes devant l'accueil de ces joyeux enfants.

Vient ensuite un cocktail au Château Bonne Entente, en banlieue de Québec. Nous invitons les journalistes au visionnement des deux premiers épisodes de la nouvelle série. Faire une suite à une série qui a connu beaucoup de succès est un défi de taille, car la barre est haute. Richard a un trac fou. Il a voulu que les personnages masculins de la série qui évoluent dans le sport aient la vie dure cette saison-ci et l'intrigue ne les épargne pas. Il a aussi voulu faire des personnages féminins de cette deuxième saison des femmes de tête, des professionnelles, indépendantes. Les journalistes, généralement avares de commentaires directement après la séance de visionnement de presse, sont unanimes à nous affirmer que la magie est toujours là. C'est pour nous un très beau compliment!

L'article de Paul Cauchon, dans *Le Devoir* du 17 décembre 1987, est dans la même ligne positive :

«Dès le générique, même musique, et le charme opère encore. [...] La deuxième série sera-t-elle aussi populaire que la première? Je gagerais que oui. Les personnages sont bien installés, on les connaît et on explore maintenant plus avant leurs émotions et leurs ressources psychologiques. C'est peut-être là le seul changement vraiment notable entre la réalisation de Richard Martin et celle de Jean-Claude Lord l'année dernière. [...] Mais il est assuré que le public se reconnaîtra encore dans ces nouveaux héros qui le font rêver comme rarement une série québécoise a pu le faire.»

Même son de cloche dans l'article de Louise Cousineau dans *La Presse* :

«J'y allais, je l'avoue, sans grand espoir. Ayant adoré le premier, j'étais sûre d'éprouver des déceptions. Laissez-moi vous dire qu'au milieu de la deuxième heure, quand quelqu'un est venu me déranger, j'ai dit : "Achale-moi pas!" Parce qu'une fois de plus la magie est là. »

Elle se fera plus critique cependant vers la fin de la saison et affirmera que trop de scènes ne sont pas crédibles et que l'écriture et la réalisation se font plus «décousues et molles».

Avant la première émission, Radio-Canada présente, le soir du 24 décembre, le réveillon de Noël de *Lance et Compte*. Il s'agit d'un spectacle de variétés préenregistré au Spectrum de Montréal devant six cents personnes invitées grâce à un concours organisé par O'Keefe. Vingt-huit comédiens y participent, dont Robert Marien qui fait connaître ses talents de musicien et d'auteur-compositeur, Carl Marotte qui présente un sketch comique, Marina Orsini qui chante, Jean Harvey qui joue du saxophone, France Zobda qui interprète un hymne de Noël martiniquais et Éric Hoziel ainsi que Marie-Christine Doucet qui exécutent un numéro de danse acrobatique. L'émission spéciale permet aussi aux téléspectateurs de découvrir quelques-uns des nouveaux comédiens de la série.

L'an un de la série a aussi été présenté en rediffusion pendant les semaines précédentes de sorte que les téléspectateurs sont fin prêts pour les nouveaux épisodes.

La première de *Lance et Compte II* diffusée le 7 janvier 1988 nous réserve une grande surprise : deux millions six cent vingt et un mille téléspectateurs choisissent de nous regarder! Aucune autre série auparavant n'a attiré autant de monde pour sa première. Ce nombre représente huit cent soixante et onze mille personnes de plus que notre plus proche rival, *Des dames de cœur*. Notre résultat fait la preuve qu'une bonne émission peut forcer les gens à rester chez eux, même le jeudi! Il suffit de se promener dans les centres commerciaux plutôt déserts pour se rendre compte que les clients habituels sont restés devant leurs postes de télévision. On nous dit que même les bars sont déserts les jeudis soirs à l'heure de la diffusion!

La série atteindra des pointes d'écoute incroyables et maintiendra une étonnante moyenne (2 481 000) plus importante encore que celle de la première saison (1 993 000). Elle est suivie en tête de liste pour la période de sondages BBM de septembre 1987 à mai 1988 de l'émission *Entre chien et loup* (1 558 000) diffusée sur les ondes de Télé-Métropole et de *Chop Suey* (1 521 000), aussi à CFTM.

24

L'INCIDENT
DU « BOOBGATE »

L a CBC veut maximiser cette fois-ci les chances de succès de
la version anglaise de *Lance et Compte II* (*He Shoots! He
Scores!*) en ne décalant pas les épisodes par rapport à Radio-
Canada et en les diffusant la même semaine.

L'effort est louable, mais la stratégie pose un problème dans son
application concrète. La CBC développe l'idée de diffuser la série
avant ou après la partie de hockey le samedi soir en variant selon les
diverses provinces. L'émission *Hockey Night in Canada* (l'équivalent
de *La soirée du hockey*) a une longue tradition et une bonne cote
d'écoute d'un océan à l'autre. Mais le Canada est un grand pays! En
accrochant la diffusion de la série à une émission qui passe à heure
fixe mais à des heures différentes selon les fuseaux horaires, on rend
la promotion ingérable. De plus, les provinces qui diffusent
l'émission après la partie ne peuvent jamais prévoir exactement
quand *He Shoots! He Scores!* va démarrer, puisque cela dépend de la
durée du match de hockey qui le précède.

Tom Curzon, directeur des relations publiques de la CBC, est
convaincu que le hockey est un « lead-in » naturel, c'est-à-dire une
bonne amorce à la diffusion dans les provinces de l'ouest du
Canada. Je suis en désaccord total et accuse ce dernier d'avoir sa-
boté nos chances de succès. Qui peut arriver à regarder trois
heures de hockey en direct puis rester à l'antenne pour une heure
d'une fiction qui se déroule elle-même dans le monde du hockey?

Avec *Lance et Compte,* nous réalisons ce que le CRTC dit souhaiter : diffuser une production pancanadienne adoptée par les téléspectateurs d'un océan à l'autre. Je suis donc déçu de constater que je n'ai pas l'appui sincère de tous les intervenants impliqués dans ces décisions.

Le premier épisode en anglais est présenté à vingt heures quinze en Colombie-Britannique, à vingt et une heures quinze en Alberta, et à vingt-deux heures quinze au Manitoba et en Saskatchewan. La diffusion des épisodes suivants varie selon les matchs de hockey et leur durée. À l'autre extrémité du Canada, dans les provinces Atlantiques, les heures changent aussi de semaine en semaine.

La première présentation de l'émission attire tout de même le très respectable chiffre de un million trois cent mille téléspectateurs. C'est trois fois plus que la série *Mount Royal* qui entre en ondes à la même époque.

Radio-Canada et la CBC avaient eu des problèmes avec les questions de nudité dans la première série. Les dirigeants francophones avaient décidé de réduire la durée de certaines scènes jugées trop explicites alors que la CBC les avait coupées sans faire trop de bruit.

Ivan Fecan est le nouveau stratégiste de la CBC. Il est dans la jeune trentaine et vient d'arriver de Californie, où il a travaillé au réseau NBC. Sa mission est de dynamiser la programmation canadienne anglaise. Il visionne les épisodes de *Lance et Compte* et décide que la présence de poitrines féminines dans certains épisodes est gratuite et qu'elle n'est pas nécessaire à l'intrigue. Il décide donc de couper ces séquences.

Les anglophones ne voient donc rien de la scène d'amour entre le joueur de hockey soviétique et la jolie interprète de l'équipe. Elle est cependant diffusée intégralement pour le public français de Winnipeg, Vancouver et les autres grands centres au Canada. Le même sort attend l'épisode où Lucie Baptiste et Pierre Lambert se retrouvent dans un bain à remous. Ils ont pourtant de l'eau jusqu'au cou! La scène ne montre pas de nudité explicite mais est considérée comme inacceptable à partir du moment où Lucie s'approche de Pierre et appuie sa tête sur son épaule. On entrevoit pendant une seconde à peine la courbe de son sein.

Les journalistes apprennent que les francophones voient la version intégrale de *Lance et Compte* alors que les Canadiens anglais, eux, sont jugés trop prudes par la CBC pour avoir droit à toutes les scènes. Les réactions ne se font pas attendre et des dizaines et des dizaines d'articles écrits par des journalistes opposés aux coupures se mettent à pleuvoir dans les journaux partout dans le pays. C'est la colère! La décision de la CBC est ridiculisée par de nombreux éditorialistes anglophones dans des articles aux titres ironiques comme *No sex please, we're English* (S.v.p. pas de sexe, nous sommes des Anglais), *CBC shows bad taste in censorship* (La CBC fait preuve d'une censure de mauvais goût), *Thanks but no thanks for the mammaries* (Merci mais pas de merci pour les mamelles) et *Censor should be put on ice* (Les censeurs devraient être mis sur la glace).

Jamais depuis des années une émission de télévision n'a causé autant de remous au Canada anglais et encore moins une émission d'origine francophone! L'essence des commentaires chez les anglophones n'est pas en réaction à la coupure elle-même mais plutôt aux conséquences du geste. Charles Frank, journaliste au *Calgary Herald*, explique :

«J'ai vu la scène et elle ne m'a pas offensé. Ce qui m'offense cependant, c'est que la CBC se permette de penser que je ne suis pas assez fort moralement ou assez mature pour supporter ce genre de télévision simplement parce que je n'habite pas au Québec. La dernière fois que j'ai vérifié, la Charte des droits et libertés disait toujours que tous les Canadiens étaient égaux aux yeux de la loi.»

L'article continue sur le même ton puis prend un virage inattendu et sollicite l'intervention des hommes politiques pour remettre de l'ordre à la CBC et réévaluer la décision du CRTC de lui octroyer une nouvelle chaîne de nouvelles.

Les MacPherson, du *Saskatoon Star Phoenix*, explique dans un éditorial que la CBC s'est enfoncée encore davantage dans l'illogisme quand son bulletin de nouvelles télévisé a décidé que cette histoire de censure devait faire l'objet d'un reportage. Pour les besoins de la cause, les fameuses scènes ont été présentées dans leur intégrité, et ce, à deux reprises pendant le même bulletin de nouvelles! Ça, c'est de l'utilisation gratuite de la nudité, comme l'explique l'éditorialiste!

Il est à parier qu'avec toute cette attention à propos de la nudité dans *Lance et Compte,* Radio-Canada n'aura jamais vu autant d'anglophones se brancher soudainement sur ses ondes! Comme l'explique en blaguant le journaliste Jim Meek, du *Chronicle Herald* de Halifax :

> «La manière ridicule dont la CBC a géré toute cette affaire finira probablement par faire plus pour l'unité canadienne que n'ont réussi à le faire deux décennies de bilinguisme officiel.»

L'orgueil de Ivan Fecan doit en prendre un sérieux coup, lui dont le chroniqueur Earl McRae, du *Ottawa Citizen,* dit qu'il est devenu le dirigeant de la «Booboisie» (*boob* étant un mot familier pour désigner un sein et un idiot en anglais, un peu comme «teton» dans le langage populaire québécois). Le journaliste qualifie même cette situation de «Boobgate»!

Mais bien au-delà de ce Boobgate et des problèmes de programmation, il devient de plus en plus évident que la CBC ne s'impliquera pas dans une troisième série. L'écriture des nouveaux épisodes de *Lance et Compte* est déjà amorcée. Le directeur des acquisitions pour la CBC, Roman Melnyk, dit qu'il ne peut pas prendre de décision dès à présent. Je sais parfaitement ce que cela veut dire dans le langage de ces institutions, et j'aurai l'occasion d'entendre la même remarque de la part de Radio-Canada. Je me doute bien que la troisième série devra se faire sans la CBC.

25

INNOVATIONS PUBLICITAIRES

L ors de la première série, nous avons violé certaines normes concernant la publicité à Radio-Canada. Pendant la deuxième, tout indisciplinés que nous soyons, nous ne nous plions pas aux demandes faites de nous conformer aux normes et nous allons même encore plus loin. Dans le quatrième épisode, par exemple, un Pierre Lambert fâché contre sa petite amie fait le choix de remettre en vente la maison qu'il vient d'acheter. Il sort la pancarte de la malle arrière de son auto et la plante dans la neige devant la maison. On peut y lire clairement le nom de l'agence. Quelques minutes plus tard, dans le cadre d'une pause publicitaire, on retrouve une publicité de la même agence immobilière, Le Permanent.

La politique des programmes de Radio-Canada stipule qu'une séquence d'une émission ne peut pas servir de véhicule pour de la publicité indirecte afin que toute confusion entre le contenu de l'émission et celui du message publicitaire soit évitée. Au moment où ces règles ont été écrites, la société d'État n'avait pas à se préoccuper du privé, dont la présence était marginale. Un des objectifs sous-entendus vise à empêcher des commanditaires d'obtenir un traitement privilégié directement des employés de la société. Comme dans les grandes compagnies, on veut décourager les employés de se placer en situation de conflit d'intérêts.

Plusieurs analystes s'interrogent : pourquoi interdire cette pratique lorsqu'il s'agit de productions internes et la tolérer dans le cas de productions privées? Divers journalistes et organismes s'expriment à l'époque sur le sujet, dont la Commission nationale de la communication et des libertés (l'équivalent français du CRTC), qui adopte une position médiane dans sa définition de la commandite et des limites à imposer.

Notre position repose sur le fait que la politique écrite vise exclusivement la production interne. Notre utilisation de la publicité reste dans les limites permises du CRTC et l'apport en argent des commanditaires sert directement à la production de la série et à Radio-Canada. Les revenus de publicité qui reviennent traditionnellement au diffuseur sont partagés avec le producteur, qui peut les inclure dans sa structure de financement. Il aurait été très difficile de compléter notre financement sans l'apport des commanditaires qui profitent du système.

Reconnaissant que les téléromans produits directement par Radio-Canada subissent des compressions par suite de la réduction du budget global et que leur financement devient un casse-tête, le directeur des programmes, Robert Roy, admet que les producteurs privés ont leurs propres contraintes, dont la principale est de préparer le financement adéquat. Le prix à payer pour cette contrainte est la présence grandissante de commanditaires... comme celle d'Ultramar dans *Lance et Compte.*

L'exemple d'Ultramar est unique au Canada : plus de soixante pour cent de son budget publicitaire est consacré à la commandite et cela lui sert bien. La participation novatrice de la pétrolière dans la série *Lance et Compte* a remporté un succès spectaculaire.

C'est lors du tournage de la première série que j'ai rencontré le directeur du marketing d'Ultramar, Jean-Pierre Ratelle, et le directeur des affaires publiques, Gilles Pagé. L'investissement que je leur ai demandé représentait une partie importante de leur budget publicitaire total, un risque rarement pris par les services de marketing, qui préfèrent répartir leur argent dans plusieurs médias. Ces hommes mettaient en jeu leur emploi! Au moment où la décision a été prise, la première série n'était pas encore diffusée et rien n'était gagné. Tout reposait sur la confiance dans les éléments réunis et l'espoir que tout allait bien fonctionner.

Le plan média très imposant et révolutionnaire a été préparé par l'équipe de Claude-Michel Morin et Gérard Dab, partenaires de la compagnie Publi-Cité. La stratégie proposée permettait à Ultramar de s'éloigner de tout ce qui se faisait chez leurs compétiteurs. Ils évitaient d'éparpiller leurs investissements et choisissaient plutôt un seul projet dans lequel ils pourraient participer de manière plus importante.

À l'époque, la fermeture de la raffinerie Gulf de Montréal-Est (qui avait pourtant été achetée alors qu'elle était déjà fermée) a donné une image négative de la pétrolière, qui a dû faire face à de nombreuses critiques de la part des syndicats, des hommes politiques et des médias. Plusieurs gestes s'imposaient pour remédier à la situation, et le plus efficace d'entre eux fut la commandite de la série *Lance et Compte* afin d'assurer la visibilité de la pétrolière et de redorer son image. L'objectif était de véhiculer le message qu'Ultramar était une société québécoise et qu'elle comptait rester au Québec, et cet objectif a été atteint par l'intermédiaire de la série.

En dépit des normes publicitaires radio-canadiennes, nous avons offert à la pétrolière une association directe avec le produit qui est allée bien au-delà de simples publicités sur les bandes de la patinoire. Nous lui avons permis de concevoir des promotions qui attestaient de sa participation active dans la série. Le nom d'Ultramar sera aussi bien sûr affiché dans toutes les rediffusions futures.

L'investissement a porté fruit très rapidement. La notoriété d'Ultramar est passée de vingt-six pour cent à la fin de 1985 à près de soixante-cinq pour cent au printemps 1987. Le seuil maximum prévu de quatre-vingts pour cent est atteint dans la même année. Jean-Pierre Ratelle explique au magazine *InfoPresse* :

> « Il nous a fallu dix-huit mois et des investissements de un million et demi de dollars pour passer de l'anonymat pur à un taux de notoriété semblable à celui des grandes sociétés pétrolières. Une étude effectuée par l'agence Cossette Communication-Marketing a démontré que si nous avions

opté pour une stratégie de marketing plus coutumière, il aurait fallu débourser de quinze à vingt millions de dollars et attendre trois à cinq ans pour obtenir les mêmes résultats[1].»

L'abolition des abris fiscaux rendra la présence de commanditaires de plus en plus nécessaire. Plusieurs grandes séries ne pourront pas être produites sans l'apport de la commandite, qui peut atteindre, dans certains cas, jusqu'à vingt pour cent du budget. Les télédiffuseurs ont bien évolué depuis sur les sujets de la réglementation du placement de produit et de la commandite. Ils ont même emboîté le pas dans cette direction jadis interdite même si, pour eux, le placement de produit prend plutôt la forme de promotions, de concours et de services à l'antenne.

---

1.   «Visibilité tous azimuts; Ultramar et le sponsoring», Martin Smith, *InfoPresse,* n° 12, juillet/août 1988.

Pierre Lambert (Carl Marotte).

Les amours de Pierre Lambert :
▶ les deux amies de sa sœur Suzie (Marina Orsini),
Marilou (Sophie Renoir) et Ginette (Marie-Chantal Labelle) ;
▶ le médecin Lucie Baptiste (France Zobda) ;
▶ la photographe Dominique Cartier (Macha Grenon) ;

▶ Patricia O'Connell (Isabelle Miquelon), la future mère de ses enfants ;
▶ l'entraîneuse-adjointe Michelle Béliveau
(Julie McClemens remplace à l'écran Maxim Roy dans *La Revanche*).

Maroussia (Macha Méril),
la mère de Pierre Lambert.

Sa sœur Suzie (Marina Orsini).

Ses quatre enfants (Jason Roy-Léveillée, Charli Arcouette-Martineau,
Alyssa Labelle, Émile Mailhiot).

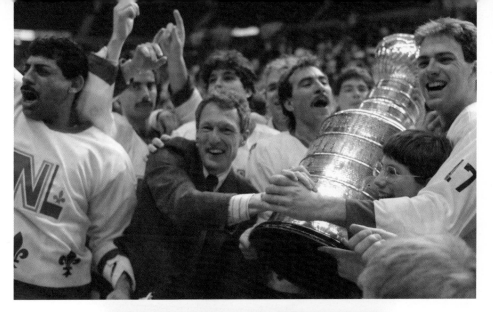

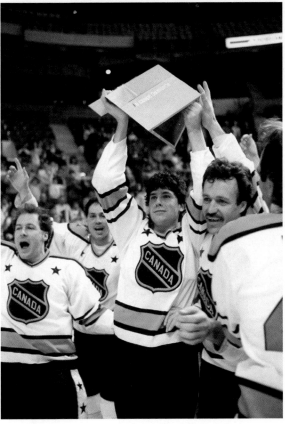

Victoire du National en finale de la coupe Stanley dans *Lance et Compte I*
et de la Coupe du monde dans *Lance et Compte II.*

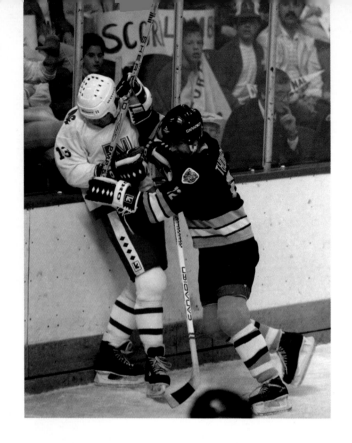

Les Big Bad Bruins : adversaires redoutables de Pierre (Carl Marotte)
dans la première série et toujours des durs à cuire dans *La Reconquête*.

Les scénaristes de *Lance et Compte II* et *III*, Réjean Tremblay et Jacques Jacob.

Réjean Tremblay et le producteur Claude Héroux en 1986.

Le réalisateur Jean-Claude Lord au lit avec ses comédiens
(Danielle Godin et Jean Harvey)… pour le bien de la scène!

Le directeur-photo Bernard Chentrier
et Marc Gagnon (Marc Messier) en 1985.

Le réalisateur Jean-Claude Lord : aussi énergique en 1985
pour *Lance et Compte I* qu'en 2003 pour *La Reconquête*.

Lance et Compte II en Europe :

▶ Bob Martin (Robert Marien) et Pierre Lambert.

▶ L'entraîneur-chef Jacques Mercier (Yvan Ponton) et le président de la Fédération européenne de hockey Frédéric Tanner (Vania Vilers) pendant le tournage.

▸ Une scène d'amour entre l'interprète russe Natasha Mishkin
(Alexandra Lorska) et le joueur Sergei Koulikov (Andrzej Jagora).

▸ Rencontre au sommet en Russie :
Dominique Briand, Michel Subor et Michel Forget.

Que s'est-il passé entre Marc Gagnon (Marc Messier)
et Linda Hébert (Sylvie Bourque)?

Marc Gagnon, sa femme Nicole (Lise Thouin), leur amie Maryse Couture
(Annette Garant) et son mari Paul (Jean Deschênes).

Maroussia (Macha Méril) tombe amoureuse du gérant du National,
Gilles Guilbeault (Michel Forget).

Les journalistes Linda Hébert (Sylvie Bourque), Lucien Boivin (Denis Bouchard) et Guy Drouin (Louis-Georges Girard) dans la deuxième série.

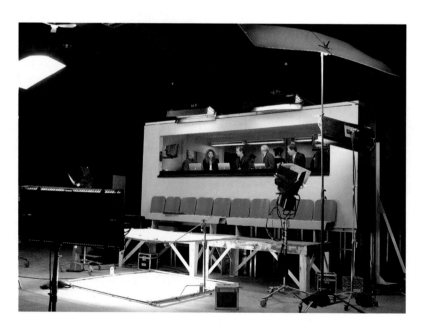

La passerelle des journalistes est maintenant reproduite en studio (ici, dans *La Revanche*).

Jacques Mercier (Yvan Ponton) :
‣ entraîneur-chef du National dans la première série,
‣ il passe au club du Canadien dans *La Reconquête*.

Dans *Lance et Compte II*, tourné en Europe, Suzie Lambert (Marina Orsini) forme un couple avec le Français Patrick Devon (Hugues Profy). Ils sont ici dirigés par Richard Martin. Leur mariage prendra fin brutalement avec la mort de Patrick dans un accident de moto.

Le couple Gagnon-Lambert (Marc Messier et Marina Orsini) :
◗ de crise en réconciliation au fil des ans (ici, en 1990)
◗ et enfin mariés et heureux dans *La Reconquête*.

Les jumeaux du journaliste Lucien Boivin (Denis Bouchard):
▶ dans les bras de Johanne Hébert (Marie-Christine Doucet)
et de Lulu dans *Lance et Compte III*;

▶ devenus ados dans *La Revanche*, en 2006
(Julien Bernier-Pelletier et Laurence Hamelin).

Rock Voisine interprète le hockeyeur Dany Ross aux côtés de Marc Gagnon (Marc Messier) et Mac Templeton (Éric Hoziel) dans *Lance et Compte III*.

Roy Dupuis dans le rôle de Maxime Morel avec le soigneur Nounou (Michel Daigle) dans le téléfilm *Tous pour un* en 1990.

Promotion pour les téléfilms en 1990 : le scénariste Réjean Tremblay,
le comédien Yvan Ponton, le producteur Claude Héroux
et, de TVA, Michel Chamberland et André Provencher.

Tournage en Europe en 1987 : Claude Héroux, le producteur associé
Bill Wiggins, le réalisateur Richard Martin, le directeur-photo
Bernard Chentrier et Michel Forget.

Pas facile, les tournages en hiver (*La Revanche*, 2006)!
(Filippo Viola, Chantal Desruisseaux et Jean-Claude Lord)

L'équipe de *Lance et Compte II* en 1987 : Claude Héroux, Éric Hoziel,
Léo Illial, Marie-Chantal Labelle, Jean Harvey, Richard Martin,
Sylvie Bourque, Carl Marotte, Robert Marien, Michel Forget, Marina Orsini,
Andrew Bednarski, Denis Bouchard, Marc Messier, Michel Daigle.

Le producteur Claude Héroux et ses quatre filles (de gauche à droite) :
Stéphanie, Caroline, Sophie et Emmanuelle.

Les productrices Stéphanie et Caroline Héroux en compagnie de l'entraîneur
Jean Perron lors du tournage de *La Reconquête* au Colisée de Québec.

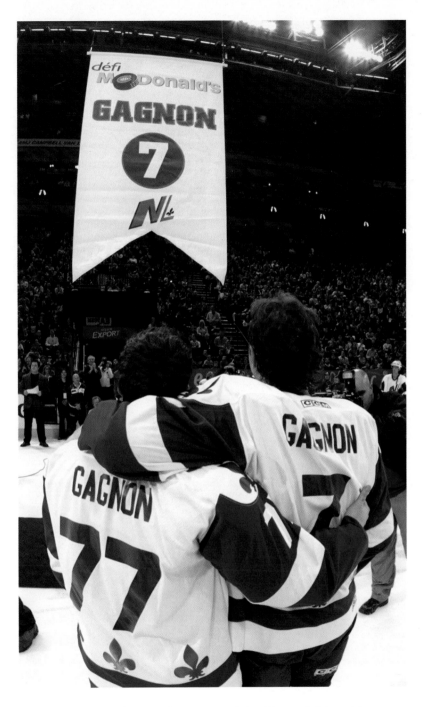

Le numéro de Marc Gagnon est retiré au Forum de Montréal
pendant le Défi McDonald's.

Le batailleur Mac Templeton (Éric Hoziel) s'est trouvé une nouvelle vocation.
Marc Gagnon tente de le convaincre de revenir au jeu
dans *Nouvelle Génération*.

Le regretté Bouboule (Paul Buisson) avec Danny Bouchard (Patrick Hivon)
et Francis Gagnon (Louis-Philippe Dandenault).

Le joueur étoile du National, Danny Bouchard (Patrick Hivon).

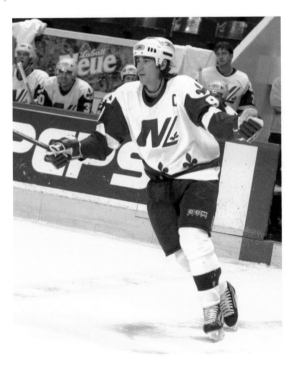

Peter Miller n'avait pas chaussé de patins depuis des années
quand il a accepté le rôle du capitaine Mike Ludano.

Patrick Hivon et Julie Du Page sur le tournage de *La Reconquête*.
À la télé, même la passion est arrangée avec le gars des vues!

La fameuse scène de la roulette russe dans *La Reconquête*.

▶ Bernard Chentrier poussé sur la glace
par le machiniste Marc de Ernsted en 1990.

▶ Quinze ans plus tard, la même technique est utilisée
par Jean-Claude Lord et le directeur-photo Serge Desrosiers.

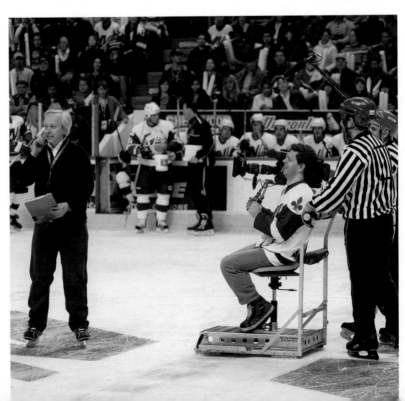

▶ Le hockey est un sport dangereux !

▶ La population de Québec, fidèle supporter de nos équipes
de tournage (*La Reconquête*, 2003).

Sur le tournage de *La Revanche*, Réjean Tremblay
semble ravi par l'affluence de spectateurs!

La productrice Caroline Héroux interviewée par l'animateur
de foule Paul Rivard au Colisée en 2006.

Secrets de journalistes sportifs : Réjean Tremblay et Lulu (Denis Bouchard).

Deux agents de joueurs aux styles opposés : le manipulateur Jérôme Labrie (Raymond Bouchard) et le dévoué Pierre Lambert (Carl Marotte).

Tel père…

Tel fils!
(Guy Lambert joué par Jason Roy-Léveillée)

26
RÉPERCUSSIONS

J e monte plusieurs projets parallèlement à *Lance et Compte* dont *Formule 1,* une série plus ambitieuse encore, qui regroupe plusieurs pays en coproduction et dont le budget dépasse ceux de la série sur le hockey. Depuis *Lance et Compte,* la crédibilité des producteurs québécois s'est établie dans plusieurs pays. Téléfilm Canada, responsable des traités de coproduction, est occupée à négocier des ententes avec un très grand nombre de pays. Les retombées de ces coproductions sont énormes et représentent des millions en salaires pour les acteurs et les techniciens canadiens.

La série *Lance et Compte* influence même le type de séries que Radio-Canada achète de l'étranger dans les marchés de télévision comme ceux de Cannes, au MIP et au MIP-COM. On veut maintenant du rythme, des sujets divertissants et une forte identification aux personnages principaux. La commande n'est pas facile à remplir lorsque l'on cherche à acheter ce type d'émission parmi les produits européens. Les émissions de la télévision française sont souvent écrites par des auteurs qui viennent du cinéma et qui ont amené avec eux un style plus lent et de longs dialogues, au détriment d'un visuel plus dynamique. Les sujets sont souvent puisés dans le patrimoine littéraire français ou, s'ils sont plus contemporains, ils sont traités avec humour. On le sait, l'humour, comme le beaujolais, voyage mal. Ce qui fait rire les Français laisse souvent froid le public québécois.

Ils sont nombreux à vouloir profiter du succès de *Lance et Compte*. En mars 1988, par l'entremise d'avocats, nous devons demander à la Cour supérieure d'empêcher l'agence de publicité nommée Groupe Morrow de même que l'Association des concessionnaires de voitures de General Motors, de diffuser des messages publicitaires basés sur le personnage de Pierre Lambert. L'agence a conçu sans notre autorisation un message publicitaire dans lequel l'imitateur André-Philippe Gagnon caricature Pierre Lambert et porte le chandail du National. Destin ou ironie du sort : l'humoriste avait justement été un des aspirants au rôle du hockeyeur étoile, mais il ne l'avait pas obtenu! La semaine précédente, l'auteure Lise Payette a déposé une requête semblable demandant que l'on cesse la diffusion de messages publicitaires de la même agence montrant André-Philippe Gagnon imitant le personnage *Des dames de cœur*, Jean-Paul Belleau. Le juge a refusé d'émettre une injonction provisoire pour empêcher la présentation des publicités.

Le message est en ondes depuis deux semaines et nos avocats veulent obtenir que le tribunal interdise à toutes les stations de télévision du Québec de le diffuser. Nous réclamons également une compensation de cent mille dollars à l'Association des concessionnaires et au Groupe Morrow. Nous considérons que l'utilisation du personnage nuit à la série et en réduit la valeur artistique tout en ternissant la réputation de ses concepteurs.

La défense prétend au contraire que les personnages fictifs, les héros de romans ou de séries télévisées nés de l'imagination d'un écrivain, n'appartiennent pas à leurs créateurs et ne sont donc pas protégés par la Loi des droits d'auteur. Elle demande au tribunal de considérer les dommages que pourrait subir son client si la campagne était bannie. Le Groupe Morrow verrait sa réputation remise en question et devrait payer un montant d'argent important. Le temps d'antenne pour ces spots publicitaires a déjà coûté cinq cent mille dollars et la réalisation de la campagne a demandé des frais de trois cent mille dollars.

Le jugement de Derek Guthrie, de la Cour supérieure, suscite un intérêt qui dépasse les limites de ce cas précis. Si le juge ne nous donne pas raison, qu'adviendra-t-il de la paternité des personnages ?

En un mot, c'est toute la notion de droits d'auteur qui est en cause. C'est à la fois un problème pratique et une question de principes fondamentaux.

Le juge rend sa décision : les messages publicitaires qui empruntent aux feuilletons et à leurs héros ne seront pas bannis. Il ne fera pas interrompre la diffusion de cette publicité. Mais il admet qu'il ne peut régler la question des droits d'auteur. Il souligne que son rôle se limitait dans ce cas-ci à déterminer qui souffrirait le plus : les créateurs, s'il ne faisait pas stopper la diffusion des spots, ou le publicitaire, qui perdrait un montant d'argent important ainsi que sa bonne réputation s'il décidait de mettre fin à la campagne ? Il a conclu que les créateurs pourraient éventuellement être dédommagés s'ils s'adressaient à un autre tribunal pour obtenir un jugement délimitant leurs droits.

Un an plus tard, en 1989, Radio-Canada décidera elle-même de s'adresser à la cour pour mettre fin à l'utilisation du personnage de Jean-Paul Belleau. La société d'État expliquera que le délai d'un an est dû au fait que Radio-Canada voulait faire une recherche approfondie de la jurisprudence américaine sur cette question. Elle ne fera pas de démarche semblable pour le personnage de Pierre Lambert.

En ce qui nous concerne, nous restons sur notre faim quant à l'interprétation d'un jugement qui aurait confirmé notre paternité sur les personnages, car nous avons accepté de régler l'affaire hors cour avant qu'un procès n'ait lieu.

●

L'industrie du cinéma comme celle de la télévision ont la mauvaise réputation de ne pas se préoccuper du sort des investisseurs une fois le montant empoché. Broadway a longtemps mis à l'affiche une comédie musicale, *The Producers*, reprise d'ailleurs au cinéma, qui décrit les producteurs comme des êtres sans scrupules n'hésitant pas à commettre les pires bassesses pour soutirer de l'argent aux vieilles veuves riches. C'est évidemment une comédie burlesque, mais cette perception est bien réelle dans l'opinion publique, comme celle souvent attribuée à la profession d'avocats ou de vendeurs automobiles.

Lorsque nous avons élaboré les premiers systèmes d'abris fiscaux autour de *Lance et Compte* et les autres séries que je produisais, nous nous sommes réunis, trois amis de longue date, Pierre-Yves Pelland, courtier à l'époque chez Midland Doherty, et Roger Archambault, comptable chez Pétrie & Raymond, dans un but très simple : trouver une source de financement originale auprès du public pour l'intéresser à la production télévisuelle, profiter de l'apport financier et optimiser les rendements des investisseurs. En fait, prendre tous les moyens pour que l'investisseur retrouve sa mise de fonds et, éventuellement, que l'investissement génère des profits. Nous voulions pouvoir continuer à nous promener dans la rue la tête haute! Nous avions tous trop à perdre. Sans avoir la prétention d'être les trois mousquetaires de la télévision, nous sommes partis à la recherche d'experts, avocats et fiscalistes de premier ordre, et nous avons mis nos plans à exécution. Plus de vingt millions on été amassés et sont allés dans la production de séries de télévision.

Nous avons à cœur de défendre les intérêts des investisseurs et, pour faire taire les sceptiques qui n'ont pas manqué de s'exprimer au cours des années, nous déciderons, Pierre-Yves Pelland et moi, de rencontrer le journaliste de la section finance de *La Presse*, Michel Girard. Il approfondira sa recherche et écrira une chronique dans la section Placement le 23 janvier 1989. Elle aura pour titre : «Tout le monde trouve son compte dans la série *Lance et Compte*».

«*Lance et Compte I, II,* et *III.* Voilà une série télévisée prolifique qui accumule, on le sait, les records de cote d'écoute. Mais était-ce payant? Oui, pour le producteur, le courtier, le scénariste, les vedettes… Mais est-ce aussi le cas pour les investisseurs? Si on pose aujourd'hui la question aux mille deux cent vingt-trois investisseurs qui ont cru initialement dans le projet en y injectant une partie de leurs épargnes, la réponse sera sans aucun doute positive.»

Chiffres à l'appui pour *Lance et Compte II* : les investisseurs ont fait soixante-dix pour cent sur deux ans, soit trente-cinq pour cent par année. Dans le contexte boursier de l'époque, c'est un rendement très honorable. Les investisseurs qui ont injecté des fonds dans la Société en commandite *Lance et Compte III / Formule I* ont obtenu pour leur part un rendement de quarante-quatre pour cent pour une période de moins d'une année. Ces calculs tiennent compte également du rendement fiscal. Nous profiterons de notre rencontre avec le journaliste pour aviser les investisseurs d'user de prudence et, comme à la bourse où se transigent des millions d'actions, nous leur suggérons de vendre les parts qu'ils détiennent avec nous pour ne pas perdre l'aspect fiscal et finalement voir leur profit s'évaporer en fumée. Quatre-vingt-dix-neuf pour cent des investisseurs suivront notre conseil et reviendront plus tard nous appuyer dans d'autres projets.

Nous avons toujours regretté la décision du gouvernement d'abolir l'abri fiscal. Malheureusement, ce mécanisme pouvait devenir l'instrument d'abus, mais les maisons bien établies créaient des retombées suffisantes pour dynamiser l'industrie. Évidemment, c'est payant pour le producteur, mais ce qu'il ne faut pas oublier, c'est l'effet de levier de ce mode de financement qui a donné à l'industrie le moyen de se développer en permettant aux producteurs d'investir dans la création d'autres projets.

27

LA DEUXIÈME CÉRÉMONIE DES GÉMEAUX

L e deuxième Gala des Gémeaux est prévu pour le 7 février 1988 à Montréal. Les productions éligibles pour la mise en nomination sont celles de la saison 1986-1987. J'en profite donc pour poser la candidature de *Lance et Compte I* et de ses artisans dans plusieurs catégories.

Les inscriptions ne sont pas très équilibrées : Radio-Canada a soumis trente et un pour cent des candidatures, Radio-Québec onze pour cent, Télé-Métropole neuf pour cent et Télévision Quatre Saisons zéro virgule huit pour cent. Les producteurs privés y sont allés de quarante-six virgule neuf pour cent des inscriptions.

L'Académie canadienne du cinéma et de la télévision a persuadé Télé-Métropole, qui prévoyait boycotter cette fois les Gémeaux, de tenter sa chance à nouveau. On a d'ailleurs attribué ce soir-là le prix Gémeaux Profil à l'ancien président de CFTM, Roland Giguère. C'est le seul trophée que la chaîne remporte à ce deuxième Gala.

Lance et Compte I se retrouve en tête de liste avec huit nominations. Je suis surpris cependant de voir qu'elle est classée dans la catégorie mini-série contre *La course à la bombe* et *Laurier,* alors que *Le parc des braves, Le temps d'une paix, L'or du temps* et *Des dames de cœur* sont dans la catégorie série dramatique. Jean-Claude Lord est cependant en nomination dans la catégorie meilleure réalisation, émission ou série dramatique ou de comédie. Ça ne me semble pas très logique, mais j'en conclus que c'est une bonne manière de laisser le champ libre aux téléromans produits par Radio-Canada.

Des dames de cœur remporte donc le Gémeaux de la meilleure série dramatique, alors que *Lance et Compte I* gagne le Gémeaux de la meilleure mini-série. Lise Payette (que je connais bien) doit bien rigoler... Je me présente sur la scène pour accepter le prix au nom de l'équipe et j'en profite pour préciser que je n'ai aucun regret de ne pas faire du cinéma et de m'être tourné vers la production télévisuelle! Je remercie mon épouse Louise et mes quatre filles, qui ont toujours été mon meilleur public, et tous ceux qui m'ont épaulé pendant les moments plus difficiles.

Il y a trop de catégories pour qu'elles puissent toutes être annoncées pendant le Gala de soirée, alors un banquet est organisé dans la journée pour le reste de la remise des prix. Yvan Ponton gagne le Gémeaux de la meilleure interprétation dans un rôle de soutien masculin, mais il est tellement fâché que ce prix soit attribué durant le banquet qu'il ne se présente pas pour la remise des statuettes.

Nous remporterons quatre autres Gémeaux, six donc sur un total de huit nominations :
- Jean-Claude Lord pour la meilleure réalisation, émission ou série dramatique ou de comédie ;
- Bernard Chentrier pour la meilleure direction-photo ;
- Yves Langlois pour le meilleur montage ;
- Henri Blondeau, Michel Bordeleau, Louis Dupire, Michel Descombes, André Gagnon pour le meilleur son d'ensemble.

C'est une belle récolte, qui fait plaisir même si nous sommes déçus de voir que nos deux autres nominations, Carl Marotte pour l'interprétation dans un premier rôle masculin, et Réjean Tremblay et Louis Caron pour le meilleur texte, émission ou série dramatique, n'ont pas remporté le prix dans leur catégorie.

28

ET MAINTENANT,
LA TROISIÈME CÉRÉMONIE
DES GÉMEAUX !

L e grand décalage entre la date du Gala des Gémeaux et celle de la diffusion des émissions récompensées confond à la fois les artisans et les téléspectateurs. Le récent Gala qui a eu lieu en février 1988 récompensait les productions diffusées pendant la saison 1986-1987. Ainsi, l'émission de fin d'année du *Bye Bye* présentée en 1986 a obtenu plusieurs Gémeaux, mais les gens étaient surpris car ils avaient plutôt en tête le *Bye Bye* de 1987, qu'ils venaient de voir et qui avait reçu de très mauvaises critiques.

Pour éviter la confusion, l'Académie a donc décidé de rapprocher la date du Gala de celle des diffusions. Nous nous retrouvons donc tous encore une fois en décembre 1988 à Montréal pour une soirée de Gala qui va récompenser les productions de la saison 1987-1988. Cette année, *Lance et Compte* n'est plus considérée comme une «mini-série» mais bien comme une «série dramatique». Elle se retrouve en concurrence avec *Des dames de cœur, Le parc des braves* et *L'héritage. Des dames de cœur* remporte le Gémeaux dans notre catégorie.

Au total, *Lance et Compte II* reçoit huit nominations et remporte cinq prix Gémeaux :

- Richard Martin pour la meilleure réalisation, émission ou série dramatique ou de comédie ;
- Bernard Chentrier pour la meilleure direction-photo ;

- Jean-Marie Drot et Michel Arcand pour le meilleur montage ;
- Sylvie Bourque pour la meilleure interprétation pour un premier rôle féminin (exæquo avec Andrée Boucher, *Des dames de cœur* ;
- Marc Messier pour la meilleure interprétation dans un rôle de soutien masculin. Le talentueux comédien gagne même deux prix d'interprétation ce soir-là, une grande première ! (Meilleure interprétation pour un premier rôle masculin, émission dramatique ou de comédie, pour *Les voisins.*)

À notre grande déception, Réjean Tremblay et Jacques Jacob ne remportent pas le Gémeaux du meilleur texte pour une émission ou série dramatique. Il va plutôt à Victor-Lévy Beaulieu pour *L'héritage*. Michel Forget, nominé pour la meilleure interprétation d'un premier rôle masculin, ne remporte pas non plus la statuette. Elle est remise à Gérard Poirier pour *Le parc des braves.*

troisième période

29

FILM OU TÉLÉSÉRIE ?

Afin de profiter de l'intérêt du public et des commanditaires entourant *Lance et Compte,* nous devons prendre la décision de faire ou non une troisième saison avant même que la deuxième soit terminée. Radio-Canada nous témoigne son intérêt, mais la CBC hésite encore. Elle prétend vouloir attendre les résultats complets des cotes d'écoute. Compte tenu de toutes les critiques soulevées lors de la diffusion et des attaques personnelles des journalistes contre certains dirigeants de la corporation, je sais bien que je ne peux pas compter sur elle.

Nous commençons à nous interroger sur le format idéal pour une nouvelle mouture de *Lance et Compte.* Après le tournage, le réalisateur Richard Martin a émis quelques doutes sur la possibilité d'une suite, se demandant si nous avions assez de matériel pour nourrir treize autres épisodes. Alors que la saison deux avance et même si les cotes d'écoute battent toujours des records, quelques journalistes s'inquiètent d'un possible essoufflement de la série, et cette idée fait son chemin dans la haute direction de Radio-Canada. Le chroniqueur Paul Cauchon, du *Devoir,* est parmi ceux qui se questionnent :

« Mais *Lance et Compte II,* est-ce aussi bon que *Lance et Compte I* ? Après les deux premiers épisodes, tout le monde a dit oui. Mais après neuf épisodes, on peut commencer à nuancer. [...] En multipliant les intrigues, la structure dramatique générale est devenue moins enlevante. [...] On se rend compte, en fait, que *Lance et Compte* n'est pas une série sur le hockey. Ce qu'on ne peut reprocher aux concepteurs, puisque c'est ce qu'ils ont toujours prétendu. *Lance et Compte* est effectivement un téléroman au rythme accéléré avec des histoires d'amour, d'ambition, de sexe et d'argent, le hockey servant de toile de fond. [...] Remarquez que je le regarde encore avec plaisir...»

Une idée nous vient alors à l'esprit : et si nous faisions un long-métrage pour remplacer la série? Plus nous discutons avec les scénaristes à ce sujet, plus les idées germent. Il est maintenant question de trois longs-métrages, peut-être même cinq. Chacun d'entre eux serait centré sur un personnage principal et un thème particulier, comme l'alcoolisme, la fin d'une carrière, la passion amoureuse, etc. Ces téléfilms pourraient être montrés dans le cadre des *Beaux dimanches,* par exemple.

Mais le projet ne se concrétise pas. Les résultats records de la deuxième série nous parviennent enfin et il est très évident que le public nous suit encore. Radio-Canada n'est pas insensible à ces chiffres époustouflants. Si Marcel Pagnol a eu droit à sa trilogie, alors *Lance et Compte* peut aussi se permettre de lorgner vers un troisième volet! Notre confiance – jamais véritablement ébranlée – reprend encore plus de force. Et c'est reparti pour une troisième saison! Mais ce sera la dernière, croit-on...

●

La première série a coûté huit millions de dollars, la deuxième, onze millions et demi, et pour la troisième nous disposons de... huit millions! La diminution des budgets est due aux décisions de la CBC et de la chaîne française TF1 de ne pas coproduire avec nous.

Du côté des Français, deux facteurs ont joué contre nous. La chaîne TF1 est en pleine restructuration et plusieurs dirigeants ont été transférés ou tout simplement remerciés. Les décisions étaient autrefois centralisées par unité de production et chacune des équipes gérait son budget. Le réaménagement administratif oblige les responsables des unités de production à obtenir des autorisations de la haute direction avant de s'impliquer dans un projet. De plus, pour des raisons assez nébuleuses, les autorités françaises ont décidé de ne pas reconnaître les deux premières moutures de *Lance et Compte* comme coproduction officielle franco-canadienne. Comme je l'ai expliqué plus tôt, pour qu'une coproduction soit considérée comme telle, il faut qu'une certaine somme soit «dépensée» en France. Or, les autorités prétendent que les montants payés aux Français ont été insuffisants dans les deux premières productions. Le titre officiel de coproduction n'étant pas accordé, les participations précédentes de TF1 à *Lance et Compte* ne sont plus considérées que comme de simples achats de série étrangère, ce qui ne justifie plus les investissements élevés qui ont déjà été faits. Les dirigeants de TF1 se voient donc blâmés pour leur décision et se résolvent à ne plus participer à notre production. TF1 n'achètera même pas la troisième saison de *Lance et Compte,* qui sera finalement vendue à une autre chaîne française.

Pour satisfaire un plus grand nombre de producteurs, Téléfilm Canada diminue également son investissement cette année : sa participation passe de quarante-cinq pour cent à trente et un pour cent du budget total. Cette diminution substantielle m'oblige à réviser le mode de financement. Radio-Canada prévoit payer vingt pour cent de plus que l'année précédente et je trouve de nouveaux commanditaires en plus de ceux de l'an dernier, dont Métro-Richelieu. Avec la coopération de la maison de courtage Midland Doherty, je lance aussi un prospectus offrant aux investisseurs la possibilité de contribuer conjointement au financement de *Lance et Compte III* et de *Formule 1* (qui sera diffusé à Télé-Métropole) en bénéficiant d'un abri fiscal. De plus, si j'ai perdu l'appui des Français, j'obtiens cependant une belle collaboration des Suisses, qui coproduiront avec nous.

De l'avis général, l'intrigue centrée autour de la fictive Coupe du monde de la deuxième série ne semble pas avoir eu assez de résonance auprès des téléspectateurs québécois. À l'époque, j'avais demandé aux auteurs d'internationaliser le sujet. Aujourd'hui, la commande générale va dans le sens inverse. Il faut ramener l'intrigue au Québec et s'assurer que les téléspectateurs québécois se sentent davantage impliqués dans les enjeux de la série.

Les auteurs développent donc la trame narrative principalement autour du déclin de Pierre Lambert à la suite d'une blessure, trois ans après la Coupe du monde. Ils choisissent aussi d'accorder plus d'importance aux enfants des personnages principaux, qui ont vieilli suffisamment pour apporter des intrigues intéressantes. Une menace pèse sur le National, qui se retrouve devant l'éventualité d'un changement de ville à cause des problèmes de jeu du propriétaire de l'équipe. Celui-ci perd une fortune et doit vendre. Les jeunes recrues prennent également de l'importance. La Suisse étant le seul pays coproducteur, l'action se déroulera presque entièrement au Québec. Le tournage prévu en Suisse est très court, le temps dans l'histoire de ramener l'entraîneur Jacques Mercier au Canada.

Réjean Tremblay et Jacques Jacob poursuivent leur collaboration au cours de rencontres qui se déroulent encore souvent au Café Cherrier. Réjean est celui que tout le monde reconnaît, alors que Jacques est plus effacé. Son rôle n'en compte pas moins pour autant. Comme il l'explique à Daniel Lemay, de *La Presse*: «Réjean est capable d'opérer dans ce brouillage mais moi, pour écrire, je dois me tenir en dehors de tout ça.» L'article de Daniel Lemay résume bien la méthode de travail du duo:

> «Jacob est le structuraliste du tandem, celui qui prend le brut de Tremblay et en fait le raffinage pour que ça passe à la réalisation, à l'écran. "En fait, dit Jacob, je ne fais que redistribuer l'information. Comme journaliste, Réjean est habitué à la sortir vite. Bang! Tout arrive dans le premier paragraphe. À la télé, il faut éparpiller ça un peu, créer des liens, séparer les punches. C'est une écriture très utilitaire, qui fait avancer l'action; une écriture elliptique, comme au cinéma."»

Convaincu de l'intérêt de Radio-Canada pour la troisième série, je signe donc des contrats avec des artisans et entreprends la préparation du tournage. Puis je crois rêver. À quelques semaines du début du tournage, Radio-Canada m'annonce que je dois arrêter les procédures. Elle ne veut plus produire *Lance et Compte*!

Je n'arrive pas à y croire. La série bat tous les records de cotes d'écoute! C'est une émission qui leur rapporte gros à la fois en termes d'auditoire et en termes financiers. Est-il possible que notre série dérange au point que la société d'État soit prête à l'abandonner? J'utilise tous les arguments civilisés possibles, mais la décision ne change pas. Aux grands maux les grands remèdes : j'invoque alors des arguments contractuels et des menaces de poursuites légales. Radio-Canada revient enfin sur sa décision! Le financement final est établi à huit millions deux cent neuf mille neuf cents dollars pour la troisième série.

Vu le manque d'argent par rapport à l'année précédente, je dois songer à réduire les budgets. Or, avec le succès de la série, les acteurs et actrices sont devenus plus gourmands. C'est bien normal, mais le moment choisi n'est pas le meilleur. Il me faut donc adopter une ligne dure.

Le personnage considéré comme le plus important de la série est Pierre Lambert. Je me prépare donc à commencer les négociations avec Carl Marotte. Les scénaristes sont avisés que, pour réduire le budget, des acteurs risquent de ne plus revenir dans la troisième série, et cela inclut Carl Marotte. Je suis prêt à des décisions draconiennes. Si le message est clair après cette première négociation, les discussions avec les autres acteurs devraient être plus faciles.

Les négociations avec Carl entrent dans une période tendue. Son agente de Toronto adopte une position ferme et se sert d'arguments forts : Carl a passé beaucoup de temps en dehors de chez lui pour les tournages des premières séries, il est la vedette incontestée de *Lance et Compte* et ses demandes d'offres et de contre-offres sont élevées mais normales. La négociation dure ainsi pendant plusieurs semaines. Les télécopies entre Montréal et Toronto s'accumulent. Les appels téléphoniques se multiplient. Mes arguments se résument à un seul : le montant total réduit dont je dispose. Couper un rôle, un lieu ou une journée de tournage pour s'assurer de la participation de Carl n'est pas la solution. Il faut que tous les participants de la série soient conscientisés. Ils ont été habitués à un luxe relativement grand dans la deuxième série. Nous sommes loin de la misère totale, mais il faut tout de même revenir à des conditions plus près des normes. Si l'agente de Carl Marotte comprend que ce n'est pas de l'entêtement de ma part et que ce barème s'applique à tous, je crois que j'ai une chance de la faire céder. Mais elle reste immuable.

Je lui fais alors une offre incluant un grand nombre de billets d'avion pour que Carl puisse retourner souvent voir sa famille à Toronto pendant le tournage.

L'agente accepte enfin de faire des concessions. Nous en sommes à la moitié du tarif qu'elle demandait au départ! Cela reste un salaire juste pour Carl mais plus raisonnable pour notre budget. Le sujet est clos. Carl ne manquera pas de faire quelques remarques là-dessus au cours du tournage, mais ceux qui le connaissent bien savent qu'il s'agit là d'humour et que c'est sans malice.

Les négociations sont toujours confidentielles et les deux parties s'entendent pour ne rien en révéler. Mais cela devient vite un secret de Polichinelle et, rapidement, les intéressés apprennent tous les détails, jusqu'à la moindre clause écrite en caractères fins!

Qu'à cela ne tienne, le ton est donné! Le reste de l'équipe comprend que je suis prêt à changer la vedette de la série et déterminé à éliminer d'autres rôles ou d'autres postes si nécessaire. Parallèlement, tout tombe en place avec les techniciens et autres artisans. Les contrats se signent les uns après les autres. L'équipe de *Lance et Compte* est à nouveau réunie et fin prête pour une troisième saison!

Les grands thèmes de la nouvelle trame dramatique sont tracés. Réjean Tremblay et Jacques Jacob peuvent s'appuyer sur une nouvelle source d'inspiration pour l'écriture des scénarios : les acteurs.

Au cours des premiers tournages, les comédiens ont endossé leur personnage à un tel degré que le monde imaginaire de *Lance et Compte* fait maintenant véritablement partie d'eux. Il est donc normal de les consulter dans le processus d'écriture, car après tout ce temps ils sont bien placés pour en prédire les réactions et vérifier la vraisemblance de leurs comportements et de leurs émotions. Les textes initiaux décrivant les grandes lignes des intrigues à venir leur sont donc soumis dans un premier temps.

Plusieurs acteurs vous confirmeront que la première lecture qu'ils font d'un scénario qu'on leur soumet s'effectue «en diagonale», c'est-à-dire qu'ils se contentent dans la plupart des cas de lire le texte qui concerne leur personnage. Ils évaluent ainsi rapidement l'importance et l'intérêt du rôle.

Les scénaristes rencontrent alors chacun des acteurs. À les entendre discuter de leur personnage, on a l'impression qu'il est question de quelqu'un de vivant et de très présent dans la pièce! Chacun des acteurs réguliers de la série est amené à participer à l'évolution de son personnage. Il faut cependant pondérer les suggestions, sinon le rôle de l'acteur consulté prendrait toute la place dans le scénario! La plupart des acteurs auront toujours tendance à vouloir tirer la couverture de leur côté et à souhaiter participer davantage à l'action.

Denis Bouchard est un des acteurs qui prend le plus de plaisir à s'impliquer dans le développement de son personnage. Dès qu'il a été choisi pour interpréter le rôle de Lulu, il a voulu passer du temps sur la passerelle des journalistes au Forum en compagnie de Réjean Tremblay. Il a fait beaucoup de suggestions pour développer la personnalité si caractéristique de son Lulu et souhaite le voir évoluer avec le temps et devenir plus critique de son milieu, même s'il restera toujours un homme un peu naïf, au grand cœur. Il reconnaît comme les autres acteurs que les décisions finales reviennent aux auteurs et au réalisateur, mais il adore ces échanges qu'il trouve dynamiques et bénéfiques. Cet intérêt se reflète dans son jeu et n'est sûrement pas étranger au succès de son personnage auprès du public. Mais comme il l'explique à Ghislaine Rheault, du journal *Le Soleil*:

«C'est toujours étonnant. Des fois, tu veux créer un personnage basé sur une grande réflexion intellectuelle. Et ça ne passe pas du tout. D'autres fois, par instinct, tu vois le personnage, tu le joues de cette façon et le public aime.»

Si nous nous appuyons dans cette série sur les personnages auxquels les téléspectateurs sont déjà attachés, nous espérons aussi créer de l'intérêt autour de nouveaux rôles. Pour jouer Dany Ross, une nouvelle recrue de talent, nous faisons appel à Roch Voisine. Il est encore peu connu du public puisque la diffusion a lieu avant que sa carrière de chanteur ne décolle avec le grand succès *Hélène*. Roch Voisine fait donc soupirer les cœurs avec des patins bien avant de le faire avec une guitare! D'ailleurs, une scène montrant le hockeyeur aux multiples talents en train de jouer la sérénade à sa petite amie dans son bain n'a jamais été incluse dans la série par respect pour le sérieux de la nouvelle carrière du chanteur...

Du côté des nouvelles venues, nous retrouverons la mystérieuse reine des médias, Joan Faulkner, jouée par Alexandra Stewart. Elle fera une proposition de travail à Linda Hébert que l'ambitieuse journaliste ne pourra refuser. Valérie Valois deviendra Marie-France, la fille de Marc Gagnon. Elle a maintenant seize ans, un petit ami et de sérieux problèmes d'adolescente. Marie-Christine Doucet fera une entrée remarquée sous les traits de Jojo Hébert, la sœur cadette de Linda Hébert. Sa spontanéité fera craquer le cœur du journaliste Lulu.

Nous trouverons aussi parmi les «nouvelles recrues» : Patrick Labbé (Hugo Lambert), Yves Soutière (Étienne Tremblay), Sylvain Giguère (René Laberge), Marc-André Coallier (André Pageau), Marcel Sabourin (Marcel Allaire), Lorraine Landry (Vanessa Faulkner), Gabrielle Mathieu (Me Savard), Pierre McNicoll (Allan Goldman) et de nombreux autres.

●

Je n'ai pas complètement abandonné l'idée de vendre *Lance et Compte* aux Américains. Le problème, c'est que, comme la CBC ne participe plus à la production de la série, nous n'avons plus les moyens de tourner une version originale anglaise. Je n'ai donc que vingt-six épisodes en anglais à vendre aux Américains. Or, le marché secondaire de la télévision aux États-Unis ne s'intéresse pas à l'achat de séries sous la barrière des trente-neuf épisodes. Il me faut donc trouver une solution.

J'ai l'idée de prendre les treize épisodes d'une heure de la première série et de les transformer en un long-métrage de quatre-vingt-dix minutes. Je me dis que ce format devrait accrocher nos voisins du sud en plus de nous attirer de nouveaux marchés. Le travail d'une version de style téléfilm commence, axée sur l'histoire du jeune hockeyeur nommé Pierre Lambert. Je fais le travail avec le monteur Jean-Marie Drot, qui se passionne pour le projet un peu casse-cou.

Je constate rapidement que la réduction d'une série de treize heures au format long-métrage n'est pas aussi facile que je le croyais au départ. Il faut beaucoup élaguer dans les histoires secondaires – sans pour autant tout couper – si on ne veut pas que l'histoire principale devienne incohérente. On peut, par exemple, éliminer la partie de l'intrigue concernant Maroussia Lambert et sa coopérative d'artisanat sans trop influencer le récit principal autour de Pierre Lambert. Mais on ne peut pas laisser complètement de côté l'histoire d'amour entre Suzie Lambert et Marc Gagnon puisqu'elle a un impact dans la vie du personnage principal.

Nous menons tout de même l'opération à terme. Le long-métrage dure plus de deux heures et il nécessite une narration additionnelle pour expliquer des situations et des émotions rendues incompréhensibles par le nouveau montage. Mais même avec cette narration en voix hors champ, il devient évident que ça ne fonctionne pas. Les structures d'un film, comme celles d'une télésérie, doivent être clairement établies au départ dans un scénario. Le projet est abandonné et la vente de la série aux Américains reste un dossier en suspens.

30

TOURNAGE DE LA
TROISIÈME SAISON

Richard Martin a décidé de rester à la barre et de continuer
la réalisation de *Lance et Compte III*. Il se sent beaucoup
plus à l'aise avec cette année d'expérience derrière lui, même si le
défi est de taille. Il sera difficile de dépasser ces cotes d'écoute…
ou même tout simplement de les égaler! La comparaison avec les
saisons précédentes sera inévitable et le réalisateur ne doit pas trop
s'en préoccuper s'il veut se concentrer sur sa tâche.

Le tournage débute le 13 mars 1988. Afin de réduire le budget
et de diminuer les jours de tournage, nous construisons des décors
dans des entrepôts. Ces endroits sont beaucoup moins chers que
les studios de cinéma, mais ils apportent leur lot de problèmes
dont le pire est la qualité du son. Ils ne sont pas insonorisés et on
doit éteindre le chauffage ou la climatisation pendant les prises. Il
nous faut aussi attendre s'il pleut à torrents sur le toit de tôle. Par
contre, les entrées électriques, qui sont prévues à l'origine pour de
l'équipement lourd, supportent facilement nos besoins de courant. Loin de nous l'intention de revenir à la case départ du
téléroman tel qu'il était pratiqué par les diffuseurs avant la venue
de *Lance et Compte* et de s'enfermer dans un studio! Plusieurs
décors de la nouvelle série se prêtent cependant à l'utilisation de
ces entrepôts sans affecter la qualité de notre produit.

Nous retournons au Colisée pour un tournage le dimanche
17 avril. Les tournages dans les arénas sont toujours complexes,

mais celui-ci l'est tout particulièrement car nous devons filmer vingt-sept séquences de hockey en quatre heures. Bernard Chentrier est de nouveau sur la glace avec ses quatre caméras et ses acolytes, prêts à capter les images du National affrontant quatre équipes différentes !

Encore une fois, la population de la ville de Québec nous réserve un accueil superbe et même bien au-delà de nos prédictions ! Une foule évaluée à près de douze mille personnes vient remplir les gradins du Colisée. Richard est heureux mais nerveux ! Le Colisée est pratiquement plein quand Gilles Guilbeault (Michel Forget) s'avance au milieu de la patinoire et révèle aux gens une des clefs de l'intrigue de la troisième saison : le nouveau propriétaire du National de Québec sera… la population de Québec ! La foule est en délire et l'ovation nous prend par surprise et nous émeut tous. Quelle affection de ce public pour la série ! Nous sommes chaque fois bouleversés par son énergie et sa générosité.

Notre télésérie n'est pas seulement avant-gardiste : elle prédit aussi le futur ! L'intrigue, centrée sur la vente fictive du National, recevra un écho dans la réalité. En effet, l'équipe des Nordiques sera mise en vente quinze mois après la diffusion de la série et se retrouvera dans une situation semblable à celle imaginée par les scénaristes pour le National. C'est une belle preuve du degré de connaissance du hockey de Réjean Tremblay !

Le tournage ce jour-là se déroule sans anicroche. Pierre Lambert en profite pour faire son séducteur cabotin et s'étend sur la glace pendant que sa doublure se fait plaquer dans la bande. Roch Voisine compte de beaux buts et marque du même coup des points auprès du public qui ne le connaît pas encore. Mais la foule n'est pas très critique en matière de hockey : même le comédien polonais Andrzej Jagora, qui joue le russe Sergei Koulikov, a droit à un superbe accueil du public, alors qu'il tient à peine sur ses patins !

De retour à Montréal, nous tournons à l'aréna de Verdun, qui représente aussi bien le Garden de Boston, le Forum de Montréal, le Spectrum de Philadelphie que le Maple Leaf Gardens de Toronto. Encore une fois la logistique est complexe pour modifier les décors et les publicités. La patinoire est divisée en sections décorées selon les divers lieux à figurer, de sorte qu'on doit souvent reprendre le tournage parce qu'une rondelle hors de contrôle ne fait pas seulement un passage en zone adverse, elle se « rend » carrément dans une autre ville quand elle sort de la section désignée pour la prise !

Encore une fois un joueur-figurant se retrouve légèrement blessé au cours du tournage d'une bagarre. Vous n'imaginez pas les assurances dont on doit se munir pour faire de tels tournages…

Occupé par d'autres projets en développement ou en tournage, je suis de moins en moins présent sur le plateau. Mais je ne perds pas le contact avec la production. Il me suffit de visionner des « rushes ».

Le mot « rushes » est un terme utilisé à l'origine par les studios américains pour désigner les prises de vues qui viennent d'être tournées. À la fin de la journée, ces prises sont acheminées vers le laboratoire, développées en toute hâte, sans aucune correction à l'image, et retournées au studio pour être visionnées. Tout se fait à la hâte, en « rush ».

Chaque jour de tournage, un petit groupe de personnes, dont le directeur-photo, l'ingénieur du son, la scripte qui s'occupe de la continuité des prises, le monteur, le réalisateur et le producteur se rassemblent dans une salle pour visionner les prises de vues de la journée. Le réalisateur fait ses commentaires au monteur et lui indique la prise qu'il préfère. Les discussions se terminent souvent autour d'un repas livré sur les lieux et cette tradition finit par rapprocher l'équipe.

Avec la venue du montage vidéo, l'étape du visionnement en groupe est de plus en plus éliminée. Dorénavant, les images sont transférées de la pellicule de film sur des rubans vidéo. Les membres principaux de l'équipe reçoivent chacun leur copie vidéo des prises de vues. (De nos jours, ils les reçoivent sur support DVD ou les fichiers sont téléchargés par Internet.) L'étape du visionnement est devenue l'affaire de chacun et se fait souvent dans le confort du foyer ou du bureau. Nous nous appelons sur nos téléphones cellulaires pour échanger nos réactions. Efficace, bien sûr, mais on élimine des moments fort agréables et on perd la dynamique qui se bâtit en groupe. Une belle tradition s'est évaporée et *Lance et Compte* n'échappe pas à ce nouveau courant.

Je participe tout de même encore aux étapes du montage, de la première – celle de l'assemblage où l'on retrouve toutes les scènes tournées et qui dure plusieurs heures – jusqu'à celle de la copie finale de l'émission de quarante-sept minutes. J'affectionne particulièrement l'étape du montage durant laquelle le produit fini se dessine véritablement. Cette étape est très significative dans le succès ou l'échec du projet. Je suis plutôt bon public. Je me concentre essentiellement sur la compréhension de l'histoire et sur la perception finale qu'en auront les téléspectateurs. Après tout, le but principal d'une émission de télévision de fiction doit être de plaire au public!

C'est le but que nous atteignons avec cette troisième saison de *Lance et Compte,* si l'on en croit les cotes d'écoute et les journalistes. L'émission entre en ondes le 5 janvier 1989 et est un succès immédiat. Comme le raconte Daniel Lemay, de *La Presse,* dans son article du 27 janvier :

> «La direction de Métro, un des commanditaires de *Lance et Compte,* doit se demander si elle a vraiment fait un bon coup : le jeudi soir à vingt heures, ses magasins sont vides. Avec ses deux millions huit cent quatorze mille téléspectateurs, le premier épisode de *Lance et Compte III* a atteint un sommet d'écoute pour la saison 1988-1989, battant le dernier *Bye! Bye!* par plus de cent mille. »

Réjean Tremblay se rend au magasin Ikea un jeudi soir de diffusion et constate que la direction du magasin a branché un téléviseur pour que ses clients puissent faire leurs achats de meubles sans perdre un épisode de *Lance et Compte*! Les anecdotes sont nombreuses sur le nombre de bars et de restaurants vides les jeudis soirs. Réjean se fait même raconter qu'une ligue de hockey «de garage» a installé un téléviseur dans le vestiaire et que la partie hebdomadaire habituelle est retardée de dix minutes pour que les joueurs puissent écouter notre série avant de sauter sur la glace.

Nos talentueux compositeurs, Guy Trépanier et Normand Dubé, profitent de cet engouement pour lancer en mars le disque de la deuxième trame sonore de *Lance et Compte.* La première version s'était vendue à plus de quarante mille exemplaires au Québec et avait connu de bonnes ventes dans plusieurs autres pays, même dans ceux où la série n'avait jamais été vue !

Au moment où vient le temps de signer les premières ententes de produits dérivés de la série, je connais peu les rouages des droits dérivés tels que la musique, l'édition de livres, magazines ou autres produits du genre. Malgré une carrière relativement longue en cinéma, la complexité de la gestion de ces droits m'en a longtemps gardé éloigné. J'ai donc laissé aux autres le soin de s'en occuper.

Je cède ainsi tous les droits musicaux au groupe de Guy Trépanier et fais de la sorte une croix sur d'éventuels retours financiers reliés à la musique.

Christian Lefort, qui représente au Québec de grands artistes français comme Bécaud et Aznavour et qui s'occupait des droits pour l'ancienne compagnie Filmplan dont j'étais partenaire, débarquera plus tard dans mes bureaux pour me convaincre que je viens de laisser tomber d'intéressants profits. Il m'offrira de créer une société d'édition musicale pour gérer la musique de toutes mes productions futures. C'est à l'époque de ma production de la mini-série sur Alphonse Desjardins et nous déciderons de nommer notre société d'édition du prénom de l'épouse de cet homme célèbre. Nous fonderons les *Éditions musicales Dorimen,* qui depuis s'occupent de cet aspect de mes productions.

Un autre produit dérivé fait son apparition : des livres s'inspirant librement des personnages de la télésérie. Les deux premiers sont écrits par l'auteur Renald Tremblay et le troisième par Allan Tremblay, le fils de Réjean. Comme pour la musique de *Lance et Compte,* je ne possède aucun droit sur ces livres. Ils appartiennent plutôt aux scénaristes et c'est eux qui ont à négocier entre eux de même qu'avec les romanciers et la maison d'édition. Je signe simplement un accord pour autoriser l'utilisation du titre *Lance et Compte.*

En cinéma ou en télévision, les scénarii produits proviennent essentiellement de deux sources : une idée originale ou une adaptation d'un roman. Dans le cas d'un scénario original, en général et selon le contrat négocié, le scénariste conserve les droits d'édition s'il décide d'écrire un livre inspiré du même sujet. Dans le cas d'un scénario adapté d'un roman, les droits d'édition ne sont pas disponibles pour le scénariste puisqu'ils ont déjà été exploités et appartiennent à l'auteur du roman (qui n'est pas nécessairement la personne qui écrit le scénario).

La diffusion se poursuivra en beauté, atteignant l'ultime record de trois millions deux cent vingt-sept mille téléspectateurs le soir du 23 mars 1989! On dit que plus de quatre-vingts pour cent de l'auditoire francophone potentiel s'est tourné vers nous. Il faudra attendre deux ans avant que ce record impressionnant ne soit battu par *Les filles de Caleb* en janvier 1991 (3 664 000). Je suis très fier du travail de toute l'équipe et particulièrement de celui de Richard Martin à la réalisation.

« *Lance et Compte* a atteint son but », dit le titre d'un article de Paul Villeneuve, du *Journal de Montréal,* après la diffusion du dernier épisode :

« Hier encore, le jeune hockeyeur Pierre Lambert rêvait de "faire le grand club du National de Québec". Hier encore, l'épopée naissante de *Lance et Compte* se heurtait aux critiques de sceptiques et de détracteurs. Mais voilà que le même Pierre Lambert, devenu copropriétaire du National, tire aujourd'hui sa révérence aux téléspectateurs alors qu'il est au sommet de sa gloire et que *Lance et Compte* se révèle, trois saisons télévisuelles plus tard, l'une des plus populaires émissions de toute l'histoire de notre télévision. […] Notre télévision ne sera plus jamais la même depuis *Lance et Compte* et, même si cette télésérie plie bagages un peu avant le temps, il en restera probablement un souvenir impérissable dans la mémoire des téléspectateurs, qui seront désormais de plus en plus exigeants sur la qualité des "romans-savon" qu'on leur proposera. »

Lance et Compte, plier bagages? Pas si j'ai mon mot à dire.

31

ET LA QUATRIÈME ?

Le pattern s'est répété au cours des années de production. Pendant le tournage d'une saison de *Lance et Compte,* l'écriture de la saison suivante s'enclenche. Puis la série est montée et mise en ondes. Si les résultats sont bons, la décision de continuer pour une autre saison est prise. L'écriture est finalisée et on passe à l'étape de la production. Puis le cycle continue. De cette façon, on peut enchaîner d'une série à l'autre sans être absent de l'écran pendant une année ou plus.

Mais pour la quatrième saison de *Lance et Compte,* Radio-Canada rompt le cycle. Quel que soit le succès de la troisième série, elle refusera de poursuivre le projet et de nous permettre de nous lancer dans l'écriture.

Peu de raisons sont évoquées et celles qui le sont n'ont pas beaucoup de sens. Il semble y avoir à la société d'État une étrange tradition selon laquelle la durée d'un téléroman ou d'une série ne peut pas excéder trois saisons. Nous entrons dans une période trouble basée sur des décisions illogiques et sur ce que je me permettrai de qualifier d'incompétence. Pourquoi une série aussi populaire que la nôtre doit-elle faire face, saison après saison, à autant de résistance de la part de son principal bénéficiaire, la SRC? Est-ce de la mauvaise foi? Un mauvais jugement? Comme on le dit souvent au Québec, la pire chose qui puisse arriver, c'est d'avoir du succès! Est-ce que ce sentiment est à l'origine de cette résistance? On semble s'acharner à vouloir éliminer la série alors que nous sommes persuadés qu'elle s'améliore avec le temps. Les cotes d'écoute sans cesse grandissantes nous appuient de leur chiffre imposant. L'équipe, en commençant par Richard Martin, accomplit un travail magnifique. Les auteurs, Réjean Tremblay et Jacques Jacob, ont encore des choses à dire. Peut-on laisser un diffuseur public gérer l'argent des Canadiens avec un tel manque de discernement?

Mais on connaît mon acharnement! À force d'insister et, je l'espère, en reconnaissance des succès antérieurs de *Lance et Compte,* Radio-Canada accepte finalement un compromis. Elle nous offre une sorte de prix de consolation. Elle financera une partie de l'écriture de téléfilms, dans la lignée de ceux auxquels nous avions songé au moment d'entreprendre l'écriture de la troisième série. Mais on ne veut pas d'une véritable saison de *Lance et Compte.*

●

L'écriture de cinq téléfilms démarre donc en 1988. Les auteurs Réjean Tremblay et Jacques Jacob sont à l'œuvre. Chaque téléfilm racontera une histoire centrée sur un personnage de la série et chacun aura son thème spécifique.

La programmation de ce groupe de téléfilms n'est pas facile pour un diffuseur. Le nombre en est à la fois trop grand et trop petit : trop grand pour les diffuser dans le cadre des *Beaux dimanches,* par exemple, et trop petit pour occuper une saison entière. Il est aussi plus difficile de fidéliser l'auditoire semaine après semaine avec ces téléfilms qu'avec une série. Les histoires sont différentes et les intrigues sont bouclées à la fin de chaque film. Comme les films sont indépendants les uns des autres, il faut faire une publicité énorme à chaque diffusion.

Lorsque vient le temps de passer de l'étape de l'écriture des scénarii à celle de la production, Radio-Canada fait encore traîner le dossier. Les négociations s'étirent pendant des semaines et l'on trouve toujours de nouveaux prétextes pour repousser la signature des contrats.

De plus, je nage en pleine guerre de diffuseurs. Une autre série que j'ai produite, *Formule 1,* est en ondes à Télé-Métropole à la même époque. C'est une dramatique de grande envergure se déroulant dans l'univers des pilotes de course. Cette série a coûté plus de treize millions de dollars et regroupe plusieurs pays en coproduction, dont la France, le Portugal, l'Italie et l'Allemagne. Je mise sur l'exploitation internationale. La série se vendra dans plusieurs pays, mais la diffusion au Canada est importante, d'autant plus que j'ai une entente pour de multiples projets avec Télé-Métropole. Malheureusement, Radio-Canada semble vouloir à tout prix l'écraser. Elle modifie notamment sa programmation pour placer le populaire téléroman *L'héritage* à la même heure que *Formule 1*.

Je décide de dénoncer l'attitude et la stratégie de Radio-Canada dans ce dossier et d'alerter le Conseil de la radio et de la télévision canadienne (CRTC). Le marché québécois de langue française est tellement limité que je trouve qu'une telle compétition se fait au détriment de l'auditoire francophone et des productions canadiennes. Le public de *L'héritage* a souffert de cette compétition et celui de *Formule 1* aussi. Peu importe que ma série sur les coureurs automobiles soit bonne ou mauvaise ; je trouve que cette guerre de programmation est du gaspillage éhonté et que le public est privé de l'accès aux productions nationales. La société d'État a les moyens financiers de produire plusieurs séries et téléromans chaque année. C'est beaucoup plus difficile pour Télé-Métropole, qui ne peut pas se permettre une aussi grande production d'émissions canadiennes.

Mon intervention auprès du CRTC ne change rien. D'une certaine manière, elle envenime même les choses. Radio-Canada n'apprécie pas du tout que j'expose le problème publiquement et que j'implique le CRTC.

J'attends depuis huit mois que les contrats pour les téléfilms soient tous signés. Les étapes d'un accord que j'ai arraché de peine et de misère à Radio-Canada ne me garantissent rien. Ma patience et mes nerfs sont mis à rude épreuve. Les choses doivent changer.

Je me retrouve à Houston, au Texas, où se déroule tous les deux ans un marché de la télévision (NATPE) un peu comme celui de Cannes, qui a lieu au printemps. Celui-ci est plus axé sur les productions américaines. Les diffuseurs québécois y sont aussi souvent présents, à la recherche d'émissions américaines, depuis la série dramatique jusqu'au jeu-questionnaire. Pendant un dîner avec quelques dirigeants de Télé-Métropole qui sont aussi à Houston, alors que nous conversons de choses et d'autres, la discussion s'oriente vers les comportements parfois étranges de la direction de Radio-Canada et les frustrations éprouvées à travailler avec cette Société. Je leur raconte que les ententes sur *Lance et Compte* ne sont toujours pas signées et que j'en ai assez d'investir seul, sans savoir ce qu'il adviendra du projet. Il n'en faut pas davantage pour que les dirigeants de Télé-Métropole sautent sur l'occasion et m'offrent leur collaboration! Ils m'assurent de l'intérêt de leur réseau pour des téléfilms basés sur les personnages de *Lance et Compte* et m'affirment qu'une entente pourrait se conclure en quelques jours.

Ce n'est pas une question d'argent et de surenchère pour moi; c'est la perspective d'une entente immédiate qui me séduit. J'en évalue tout de même les conséquences et je sais qu'elles seront énormes, autant pour le projet en cause que pour ma compagnie, qui risque de se retrouver sur une liste noire et de se voir dorénavant refuser l'accès aux ondes de la société d'État. Qu'arrivera-t-il en outre des autres projets que je prévois produire, dont *Scoop*, écrit par Réjean Tremblay et présentement examiné par Radio-Canada, où il suscite beaucoup d'intérêt? Et qu'adviendra-t-il du *Premier cercle*, le best-seller d'Alexandre Soljenitsyne, que je voudrais adapter et coproduire avec la France?

Je pourrais jouer la carte de la menace et de la surenchère auprès de Radio-Canada. Je choisis plutôt de prendre les choses en main pour assurer à tout prix l'avenir de *Lance et Compte*.

Le 2 février 1989, je rencontre donc Andréanne Bournival, maintenant responsable de la télévision générale à la télévision française de Radio-Canada, pour l'aviser de mon intention de produire dorénavant les téléfilms avec Télé-Métropole. Je lui donne toutes les raisons qui m'ont poussé vers ce choix et j'explique que ma décision a été difficile mais qu'elle est irrévocable. Andréanne Bournival est en état de choc! Mais on veut de *Lance et Compte*! Je ne peux tout de même pas leur faire ça!

Cette réaction est compréhensible, d'autant plus que les cotes d'écoute de la troisième série atteignent un record historique de trois millions de téléspectateurs dès le deuxième épisode. Le phénomène *Lance et Compte* est à son paroxysme à ce moment. Mais pour moi, il est trop tard.

La dirigeante de Radio-Canada me demande comment j'ai pu en arriver à une telle décision après la collaboration extraordinaire que j'ai obtenue, selon elle, de son employeur. Je lui apprends, à sa surprise, que tous les contrats ne sont pas encore réglés et que son département légal n'a pas encore apposé sa signature. Elle réplique que je sais pourtant qu'ils ont participé au développement des téléfilms. Mme Bournival oublie ou ignore que même si la Société s'est engagée à verser vingt-cinq mille dollars pour le développement du projet l'automne dernier, rien n'a encore été versé. Je lui explique que nous n'avons pas non plus reçu de feedback sur les textes que nous leur avons soumis. Elle insiste et m'assure que les téléfilms sont déjà placés dans la grille horaire de l'an prochain et que la diffusion est prévue dans le cadre des *Beaux dimanches*.

À cause d'un mystérieux informateur – toujours le même bavard – et à mon insu, le contenu de cette rencontre se retrouve dans *La Presse* quelques jours plus tard. Cette nouvelle a l'effet d'une bombe dans le milieu de la télévision au Québec.

Comment puis-je, moi, un petit producteur privé, défier la Société Radio-Canada? Je suis loin d'être le seul producteur aux prises avec ce genre de situation, mais je suis le premier à oser un tel geste. Tout à coup, tout ce beau monde semble se réveiller et la série reprend soudainement une valeur inestimable. On crie au non-respect des ententes. On décide d'exercer des recours légaux pour empêcher que la belle histoire de *Lance et Compte* ne se poursuive chez un autre diffuseur.

Je reçois au début du week-end un avis légal des conseillers juridiques de la Société Radio-Canada à Ottawa. Cet avis m'informe que les téléfilms mettant en scène les personnages de la série *Lance et Compte* s'inscrivent dans le prolongement des trois premières séries et qu'il s'agit en fait d'une quatrième série dans un format différent et non d'un produit distinct. Il dit aussi que, selon mes contrats signés avec eux, je n'ai pas le droit d'offrir la série à un autre diffuseur sans leur consentement. Ce dernier m'est naturellement refusé.

Ne voulant pas me prononcer publiquement sur l'aspect légal de l'avis, je laisse aux avocats le soin d'évaluer la mise en demeure et d'élaborer un moyen de défense.

J'envoie aussi une lettre à Andréanne Bournival pour l'aviser que je n'ai pas l'intention de produire la série *Scoop* avec Radio-Canada. Réjean est mal à l'aise de cette décision et s'inquiète pour l'avenir de son projet.

Dans la plus pure tradition de *Lance et Compte* depuis les premiers balbutiements de la série, les échanges entre la société d'État et moi finissent par se faire par l'intermédiaire des médias. Comme le rapporte Raymond Bernatchez, de *La Presse* :

> «Nous déplorons cette situation, a déclaré hier Andréanne Bournival, parce que nous avons toujours considéré Claude Héroux comme un bon partenaire et un très bon producteur. Nous avons d'ailleurs un autre projet en développement avec lui, une version télévisée de quatre heures du roman *Le premier cercle* de Soljenitsyne. [...] Dans le contexte actuel des relations entre Claude Héroux et Radio-Canada, la participation du producteur privé au *Premier cercle* pourrait-elle être compromise? "Il faudra en reparler", précise Andréanne Bournival.»

Ce qu'elle omet de dire, c'est que j'avais déjà été avisé que la production de ce projet allait être retardée d'une année, et ce retard n'était nullement lié à notre dispute concernant *Lance et Compte*.

J'ai pris soin d'inclure le projet d'adaptation du roman de Soljenitsyne dans l'entente-cadre que je compte signer avec Télé-Métropole. Je suis donc peu inquiet de la menace que Radio-Canada fait planer sur ce projet. En fait, quelques jours plus tard en février, le vice-président à la programmation, Michel Chamberland, et moi annoncerons lors d'une conférence de presse la signature d'une entente globale d'une valeur d'environ vingt millions de dollars couvrant plusieurs projets, dont six téléfilms *Lance et Compte*. Le vice-président explique à cette occasion aux journalistes que notre association établit les bases d'une permanence dans nos relations. Il assure que CFTM ne me laissera pas seul aux prises avec tous mes problèmes. Il me l'avait d'ailleurs démontré dans son appui constant malgré les résultats mitigés de la série *Formule 1* diffusée à son antenne. J'ai aussi une autre série d'une durée de huit heures, *La misère des riches,* en tournage pour Télé-Métropole. Cette série a d'abord été développée avec Radio-Canada, qui a ensuite décidé de laisser tomber le projet. CFTM et moi allons produire finalement trente autres épisodes de cette série.

Radio-Canada détient les droits de diffusion de la première série jusqu'en 1990, ceux de la deuxième jusqu'en 1992 et ceux de la troisième jusqu'en 1993. J'explique aux journalistes venus à la conférence de presse que je considère les téléfilms comme des entités distinctes de la série. S'il s'agissait de nouveaux épisodes respectant la formule habituelle de la série, je n'aurais aucun autre choix que de négocier avec Radio-Canada ou d'attendre en 1993, après l'expiration des droits.

En ce qui concerne les droits sur les personnages, je maintiens que la société d'État ne peut prétendre en être propriétaire et que la démonstration a été déjà faite lors de la bataille qui nous a opposés au Groupe Morrow, qui avait créé des publicités utilisant les personnages de Pierrre Lambert et de Jean-Paul Belleau. Après l'annonce du premier jugement autorisant ces publicités, Radio-Canada avait intenté des procédures légales mais uniquement pour le personnage de Jean-Paul Belleau, tiré *Des dames de cœur,* une série dont elle était le producteur. Elle n'avait pas défendu le personnage de Pierre Lambert puisqu'elle ne se considérait que comme le diffuseur de *Lance et Compte.*

Je rappelle aux intéressés que Radio-Canada avait refusé de s'impliquer dans la troisième série de *Lance et Compte* et que j'avais été obligé alors de faire des menaces de poursuites pour bris de contrat pour que la Société change d'idée. Difficile de comprendre les comportements de ce diffuseur. L'investissement total de Radio-Canada pour les trois premières séries a été de cinq millions de dollars. Les revenus jusqu'à maintenant – sans compter les autres diffusions prévues dans les contrats et sans compter la valeur des commerciaux présentés immédiatement avant et après la série – s'établissent à huit millions cent mille dollars. Un joli profit de plus de trois millions que la société d'État est pourtant prête à sacrifier !

Nous craignons une poursuite, mais Télé-Métropole et moi annonçons en toute confiance et sincérité que l'horaire de tournage des téléfilms n'est pas modifié et qu'il commencera au printemps 1989, comme prévu.

C'est sans tenir compte de la relation incestueuse qui existe entre Radio-Canada et l'autre société d'État : Téléfilm Canada. Cette dernière ne tarde pas à annoncer ses couleurs dans le présent conflit. Elle rappelle aux journalistes que pour qu'une demande d'aide au financement puisse être considérée par Téléfilm Canada, elle doit être accompagnée d'une lettre d'engagement signée par un diffuseur. Comme nous n'avons pas d'entente préalablement signée avec Radio-Canada, il nous est impossible de fournir une lettre d'engagement de leur part. Pour Téléfilm, c'est comme si notre projet de longs-métrages n'existait pas.

Pourquoi ne pas soumettre une lettre d'intérêt de la part de Télé-Métropole alors ? Nous voulons bien le faire, mais elle ne sera probablement pas considérée. Les règles de Téléfilm Canada stipulent que s'il existe un litige entre un producteur et une tierce partie, le projet ne pourra pas être financé tant qu'il est sujet à désaccord, puisque sa production risque d'être compromise. Selon Robert Davidson, agent d'information à Téléfilm Canada, dont les propos sont rapportés par Raymond Bernatchez dans *La Presse* :

« Nous administrons l'argent des contribuables et nous ne pouvons pas risquer des fonds dans une production qui pour une raison ou une autre pourrait ne pas se retrouver en ondes dans les deux prochaines années. »

Après cette conférence de presse, Daniel Rioux, du *Journal de Montréal,* déclare : « Le 7 février 1989 aura marqué la première véritable déclaration de guerre entre CFTM et Radio-Canada. Désormais, tout sera permis. »

Radio-Canada émet rapidement un bref communiqué dans lequel elle explique qu'elle entreprendra au moment opportun toutes les procédures légales nécessaires afin d'assurer le respect de ses droits.

Des rumeurs se mettent à courir sur les tactiques discutables que compterait employer Radio-Canada dans sa lutte contre nous. On dit, par exemple, qu'elle pourrait reprendre la diffusion des trois premières séries de *Lance et Compte* et les présenter en même temps que les téléfilms. Ou encore qu'elle pourrait sacrifier des téléromans très populaires, comme elle l'a déjà fait, en déplaçant leur diffusion à la même heure que celle des téléfilms.

Nous décidons tout de même de soumettre le projet avec la lettre du diffuseur, Télé-Métropole. Ainsi présenté, il oblige Téléfilm Canada à en faire l'évaluation ou à nous annoncer officiellement par écrit sa position.

Dans les semaines qui suivent, le plus grand coup que j'encaisse vient de mon plus loyal supporter, Réjean Tremblay. J'apprends qu'il vient de signer une entente d'écriture sur le projet *Scoop* avec Radio-Canada. Nous avons pourtant une entente de principe sur ce projet, lui et moi.

Ma réaction immédiate trahit bien ma grande déception. J'annonce conjointement avec Michel Chamberland, de Télé-Métropole, que nous allons entrer dans la phase de développement d'une idée du réalisateur Richard Martin. Ce nouveau projet de série porte sur l'activité professionnelle et la vie personnelle de reporters à l'emploi d'une station de télévision. Le titre de travail est *Première heure*. L'écriture du scénario est confiée à Roger Fournier, scénariste, romancier et réalisateur, de même qu'à Robert Gauthier, scénariste.

La guerre bat son plein.

Pour compliquer les choses, Réjean a aussi en développement à Télé-Métropole un projet de série sur le monde de la boxe, intitulé *Direct au cœur,* qui risque d'être mis K.-O. dans cette bataille.

Télé-Métropole et moi recevons à la fin de mars des mises en demeure de Radio-Canada pour nous empêcher de présenter la suite de *Lance et Compte* sur les ondes de Télé-Métropole. Les déclarations du vice-président de la télévision française de Radio-Canada,

Franklin Delaney, et d'Andréanne Bournival abondent. Le premier annonce que la société d'État ira devant les tribunaux pour faire valoir ses droits. Il ajoutera même qu'il trouve regrettable que ce soit les téléspectateurs qui soient pénalisés.

Andréanne Bournival dit aux journalistes que Télé-Métropole tente de s'emparer de *Lance et Compte* mais que les jeux ne sont pas encore faits. Elle croit qu'on peut d'ailleurs considérer ce geste comme une preuve de reconnaissance de la valeur de cette série qui a largement contribué à renouveler la télévision d'ici. *A priori*, c'est le plus bel hommage rendu à la série par un représentant de la société d'État! À moins qu'il ne faille interpréter ses paroles dans un autre sens : peut-être veut-elle dire que c'est la Société Radio-Canada qui est responsable du succès et du côté novateur de *Lance et Compte* et que j'essaie de tirer injustement la couverture de notre côté!

Radio-Canada doit faire face à beaucoup de critiques virulentes concernant ses choix de programmation et sa lenteur administrative. Le syndicat des réalisateurs convoque à la même époque une conférence de presse pour dénoncer l'engorgement au niveau des cadres de Radio-Canada, la paralysie du système décisionnel, les guerres de clochers entre services et les délais et choix irréfléchis sous le coup de la panique. Les réalisateurs maison de la société d'État ne sont pas nos alliés naturels, mais ils semblent néanmoins éprouver les mêmes difficultés que nous!

●

La réponse officielle de Téléfilm Canada à notre demande de financement de la production de *Lance et Compte* avec Télé-Métropole arrive au début d'avril 1989. Il a été décidé de ne pas accorder les fonds demandés. La bataille juridique en cours est invoquée pour justifier cette décision.

Je ne suis pas étonné. Le directeur général de Téléfilm Canada est Pierre DesRoches, l'ancien vice-président de Radio-Canada qui s'est longtemps opposé à ce que la Société travaille avec les producteurs privés, celui-là même qui m'avait signifié cette position avec un humour bien particulier lorsque je l'avais croisé au restaurant.

Sans l'appui financier de Téléfilm Canada, notre tournage est compromis et remis à une période indéterminée.

J'organise rapidement une nouvelle conférence de presse. J'y suis appuyé par une vingtaine de comédiens de *Lance et Compte,* rendus tout aussi amers que moi par la situation. Pour éviter de retarder davantage le tournage, j'annonce aux médias que j'ai fait parvenir une lettre à Radio-Canada lui demandant de soumettre notre différend à un comité d'arbitrage. Selon la procédure, elle a cinq jours pour répondre. Le but de cette offre est de réduire le temps des poursuites légales, sinon il faudra compter des mois avant que le litige ne soit entendu devant une cour. Je rappelle aux journalistes présents toutes les difficultés auxquelles j'ai dû faire face depuis les premières discussions pour racheter les droits de *Lance et Compte* jusqu'à la situation actuelle. Je ne cherche pas à inspirer la pitié, mais j'espère que les médias mettront suffisamment de pression sur les hommes politiques pour que ceux-ci demandent aux responsables de rendre des comptes. Le public fidèle à la série n'a pas à être coincé dans des débats de droit. Pierre Juneau, le grand président de CBC/Radio-Canada, n'a toujours pas émis le moindre commentaire et laisse la situation se détériorer sans intervenir.

J'explique aussi aux journalistes que je trouve indécent qu'on prive les acteurs et les techniciens de travail. En quatre ans, *Lance et Compte* a versé en coûts de production, majoritairement payés à des Canadiens, plus de vingt-six millions de dollars. C'est sans compter les retombées indirectes de ces dépenses. Plusieurs études prouvent que les retombées créées par l'industrie cinématographique sont plusieurs fois supérieures à celles de bien d'autres secteurs. Les dépenses sont faites sur une courte période et touchent un très grand nombre d'industries. Je termine en disant qu'un jour quelqu'un devra porter l'odieux de cette querelle.

La réplique à la conférence de presse vient sous la forme d'un communiqué du vice-président de la télévision française de Radio-Canada. Franklin Delaney assure d'abord le public que la Société est toujours prête à ce que les téléfilms de la série *Lance et Compte IV* soient diffusés sur ses ondes. Il poursuit en disant que, de cette manière, les artisans de la production pourraient continuer de démontrer leur talent et le public pourrait continuer à suivre les héros dès l'an prochain. Notre proposition d'arbitrage est rejetée et la société d'État m'adresse un ultimatum : si je continue à refuser son offre de diffusion, le litige sera soumis à un tribunal.

S'il faut aller devant un tribunal, alors nous irons devant un tribunal.

Je me rends bien compte que les arguments que Radio-Canada va utiliser en cour se trouvent déjà dans le choix des mots du communiqué de Franklin Delaney. En utilisant l'expression « téléfilms de la série », il veut dès à présent anéantir mes arguments, qui se résument à ce qui suit : les contrats que j'ai signés pour chacune des saisons de *Lance et Compte* prévoient que la Société Radio-Canada a un droit de premier refus sur chacun des épisodes suivants produits avant 1993. Il existe trente-neuf épisodes au total pour les trois saisons produites. Le quarantième serait donc considéré comme le suivant, à condition qu'il fasse partie d'une série. Je prétends donc que Radio-Canada n'a pas de droits sur la suite puisqu'il s'agit de téléfilms et non d'une série.

Chaque mois de délai me cause un préjudice important et diminue la valeur de *Lance et Compte*. Je n'ose penser aux conséquences qu'un délai de quelques années pourrait avoir. Les équipes sont composées de techniciens contractuels, des pigistes qui travaillent pour plusieurs maisons de production. Ils se déplacent souvent en groupe et travaillent ensemble. Nous avons réussi, au cours des années, à maintenir un noyau très loyal de techniciens et d'acteurs que j'aimerais bien garder. Ils sont tous en attente, mais pour combien de temps encore ? Je dois aussi rassurer les commanditaires, qui commencent à s'inquiéter. Ils m'appuient, mais il est indéniable que leur intérêt diminue. Le principe d'investir dans des productions télévisées est maintenant acquis. Ils sont donc très sollicités, et je sais bien qu'ils trouveront facilement d'autres véhicules pour leurs promotions.

Quand mes avocats m'ont proposé la voie de l'arbitrage, j'ai d'abord hésité, car je savais que le verdict de l'arbitre serait sans droit d'appel. Mais l'arbitrage est plus rapide et moins cher que le recours légal, et le temps presse. J'étais prêt à prendre le risque de devoir faire face à une décision qui ne me plairait pas. De toute évidence, ce n'est pas le cas de Radio-Canada.

Malheureusement, la société d'État favorise plutôt le recours à la Cour supérieure et lui soumet une requête pour confirmer l'irrecevabilité de notre demande. Si elle gagne sa cause, c'en est fait des téléfilms et de *Lance et Compte,* car je me retrouverai dans une situation impossible entre la société d'État et Télé-Métropole.

La procédure pour déposer un recours à la Cour supérieure pourrait prendre de quatre à huit semaines, le temps pour nos avocats de préparer les dossiers. Si, après le jugement, une des parties décide d'aller en appel, il faut s'attendre à ce que cela traîne encore pendant plusieurs années, ce qui signifierait la mort du projet.

La position de Télé-Métropole face à ce conflit penche évidemment de notre côté. Michel Chamberland dit que nous sommes ensemble dans cette galère. Il parle au nom du deuxième réseau de télévision en importance au Québec, et ses paroles ont plus de poids que les miennes. Il blâme l'attitude de Radio-Canada de façon virulente et sans équivoque. Il l'accuse de vouloir retarder la production pour éliminer la concurrence, d'autant plus que la société d'État se dit prête à aller en appel si le jugement lui est défavorable.

●

Je suis à Cannes pour la vente de mes diverses productions quand on me communique les fameuses cotes d'écoute records du douzième épisode de *Lance et Compte III* : trois millions deux cent vingt-sept mille téléspectateurs. La série occupe la première place au palmarès des émissions les plus regardées dans l'histoire de la télévision au Québec. Je suis ravi de ces chiffres et j'y vois une manière pour le public de nous exprimer son appui dans notre poursuite contre Radio-Canada.

Mais ces chiffres records n'aident pas à régler le différend. Bien au contraire. Les dirigeants de la Société se retrouvent devant l'obligation de se justifier et d'amplifier leurs actions. Il faut s'attendre à ce qu'ils utilisent tous les moyens dont ils disposent. La lutte s'annonce longue et le temps est malheureusement notre ennemi.

Les documents légaux sont finalisés et c'est au début de juin que nos avocats en font le dépôt à la Cour supérieure. L'audition de la cause commencera le 14 juin.

Les avocats des deux parties s'entendent pour que le sort des deux requêtes, celle de la Société Radio-Canada et celle de ma compagnie, ne fasse l'objet que d'un seul jugement.

Les avocats font entendre leurs arguments en cour. J'écoute pendant des heures notre avocat, Michel Jetté, attaquer le rapport d'expertise présenté par la SRC. Elle défend son expert, le professeur Jean-Pierre Desaulniers, et suggère au juge de visionner les trente-neuf épisodes de la série et de lire les scénarii et les synopsis pour mieux comprendre le rapport d'expertise. À la fin de tous les interrogatoires et témoignages, le juge annonce qu'il délibérera.

L'Honorable Jean Legault rend son jugement le 4 décembre 1989. Dans la section qui contient ses remarques préliminaires, il prend soin de souligner que si la requête de la Société Radio-Canada est accordée, les parties seront condamnées à demeurer dans un cul-de-sac pour le moins inconfortable d'où personne ne pourra plus bouger, ce qui n'est manifestement ni dans leur intérêt ni dans celui de la justice. Plus le temps passera, plus l'intérêt pour les téléfilms ira en s'effritant.

Il rejette la requête préliminaire demandée par Radio-Canada. C'est une première victoire pour nous.

Relativement à notre requête pour dissocier les téléfilms des séries antérieures, le juge Legault considère que nous avons rempli la totalité de nos obligations et que la SRC ne peut dès lors s'opposer au projet des six téléfilms. Deuxième victoire.

Les deux jugements nous sont donc favorables et nous gagnons sur tous les tableaux. Une brèche importante est percée dans la suprématie de la grande tour radio-canadienne du boulevard René-Lévesque. C'est cependant une victoire qui arrive après huit longs mois. Reste à savoir si les menaces de Franklin Delaney se matérialiseront et s'ils iront en appel.

Quelques heures après l'annonce des résultats, la responsable des communications de Radio-Canada explique que c'est un jugement lourd de conséquences qui servira de jurisprudence s'il est maintenu tel quel. Son contenu peut modifier les ententes entre les diffuseurs et les producteurs indépendants et avoir un impact important à long terme.

À la suite de cette déclaration, il ne fait aucun doute qu'il faut s'attendre à ce que la société d'État porte la cause devant la Cour d'appel du Québec.

Je suis en vacances lorsque je prends connaissance du jugement et de la possibilité que Radio-Canada aille en appel. Pour moi, ce serait une preuve de plus de la mauvaise foi de la Société à l'égard des artisans et des comédiens directement affectés par cette décision. Plusieurs semaines avant que le juge ne rende son verdict, j'avais pourtant offert à Franklin Delaney, sans succès, d'oublier notre dispute et de faire la paix. S'il avait accepté à ce moment, il n'aurait pas été question de jurisprudence. Mais il a refusé.

Après le jugement, Réjean Tremblay, qui est resté fidèle au clan de Radio-Canada, annonce tout de même qu'il va respecter ses engagements et terminer avec nous l'écriture des textes des téléfilms.

La décision d'aller en appel tarde. Dans un premier temps, des «sources bien informées» disent que la société d'État ira bel et bien en appel. Puis le 6 décembre, toujours selon des sources bien informées, Radio-Canada laisserait tomber l'appel. En fin d'après-midi, on apprend qu'elle s'accorde une autre nuit de réflexion!

Le suspense finit par prendre fin. La décision de Radio-Canada est rendue publique. Elle n'ira pas en appel.

La partie est gagnée par blanchissage.

C'est une excellente nouvelle pour tous ceux qui sont impliqués dans le projet de téléfilms. Il est dorénavant possible de se concentrer sur ce que nous connaissons le mieux : la production. Et ce sont six téléfilms que nous comptons produire le plus tôt possible.

Le soutien de l'équipe de CFTM, et particulièrement celui de Michel Chamberland, a été incroyable pendant toute cette période. Je n'ai jamais entendu de commentaires négatifs ou de regrets de sa part. Télé-Métropole a assumé tous les coûts légaux rattachés à cette histoire. Au-delà de la fierté d'avoir réussi un coup formidable en arrachant le projet de *Lance et Compte* à son compétiteur, Michel appuie l'idée des téléfilms parce qu'il croit en leur valeur et en leur éventuel succès. Télé-Métropole respectera tous les engagements pris lors de la signature de notre entente et maintiendra une relation privilégiée avec nous bien au-delà de la fin du contrat. Nous connaîtrons ensemble des succès et des échecs, mais comme nous assumerons toujours nos décisions, nous continuerons à nous soutenir dans les bons et les mauvais coups. Merci, Michel.

32

ENFIN LES TÉLÉFILMS !

Ma compagnie n'a pas diminué ses activités pendant la longue période d'attente que nous avons subie avec l'histoire des téléfilms et elle n'est pas à court de projets. Je n'ai pas perdu mes habitudes de production, mais le démarrage tant attendu des téléfilms s'avère malgré tout plus difficile que prévu. Plusieurs membres de l'équipe sont occupés dans d'autres productions. Les comédiens ont pris des engagements ailleurs et les commanditaires ont engagé leur budget publicitaire dans d'autres émissions. Le *momentum* est perdu, et tout est à rebâtir.

Depuis que ma compagnie a pris un essor considérable, je travaille avec des producteurs associés qui me facilitent la tâche au quotidien. Pour les téléfilms, cette tâche est confiée à mon frère Roger, de dix ans mon cadet. Il a appris ce métier sur le tas, très jeune, tantôt avec mon frère Denis, tantôt avec moi. Il aime négocier et trouver des solutions lorsqu'il doit régler un problème. Il occupera ce poste pendant quelques années puis décidera de se spécialiser dans les films d'animation et de créer sa propre compagnie.

Avant de m'engager plus avant dans la production, il faut que je monte le financement. Je dois particulièrement m'assurer de l'apport de Téléfilm Canada, dont Pierre DesRoches est toujours le directeur général. Un nouveau dossier lui est soumis. Sans être paranoïaque de nature, je m'inquiète tout de même. Faut-il craindre un autre geste de sympathie de sa part envers ses anciens confrères de travail qui viennent d'être ébranlés par le jugement de la Cour?

Le téléfilm n'est pas une formule très populaire auprès des diffuseurs du Québec et on en produit peu. Jamais un diffuseur n'a accepté un projet comportant autant de téléfilms que ce que nous proposons! Le nom de *Lance et Compte* aide à prendre ce risque, bien entendu, mais les longs-métrages restent tout de même difficiles à financer. Les coûts de production sont plus élevés que dans le cas d'une série. Les téléfilms présentent leur part de risque aussi pour le producteur. Si ce dernier doit assumer une partie du financement, ce qui se fait de plus en plus, il a peu de chance de récupérer son investissement et doit se contenter des revenus de ses honoraires (prévus dans le budget) et des frais d'administration.

Richard Martin reprend la réalisation et Réjean Tremblay et Jacques Jacob s'affairent de nouveau à l'écriture des téléfilms. Pour motiver les troupes, rien de mieux qu'un échéancier précis! Le début du tournage est fixé au mois de mai 1990. Le compte à rebours est commencé.

Le dossier à l'étude chez Téléfilm Canada ne progresse cependant pas aussi rapidement que je le souhaite. Pour respecter mon propre échéancier, je décide de foncer avant même d'avoir toutes les cartes du financement en main. C'est un risque de près de un million deux cent mille dollars que doit prendre ma compagnie avant même que le financement ne soit entièrement réglé. J'accepte ce risque pour que nous puissions enfin lancer le projet et pour démontrer ma confiance envers les commanditaires et Télé-Métropole.

Notre plus important commanditaire, la pétrolière Ultramar, ne s'intéresse malheureusement plus à la commandite. Le duo Ratelle-Pagé avec qui nous avions si bien collaboré n'y est plus. Il arrive souvent, après le départ d'une équipe d'une entreprise, que les remplaçants veuillent faire leur propre marque. La nouvelle équipe chez Ultramar favorise donc une stratégie différente. Par contre, la Brasserie O'Keefe, elle, est toujours présente et Ford Canada prend la relève de la pétrolière.

La lettre d'engagement de Téléfilm Canada nous arrive datée du 13 juin. C'est un mois après le début du tournage! Inutile de dire que, dans le contexte, cette lettre de confirmation d'un investissement de quarante pour cent du budget de la série me soulage. Je me tourmentais inutilement. Pierre DesRoches n'a nullement été influencé par ses anciens collaborateurs et donne son accord pour que Téléfilm Canada investisse dans la série.

Conséquence du litige : l'entente que je signe avec Téléfilm Canada est particulièrement précise. Le contrat fait vingt-huit pages! Des pages et des pages de définitions et d'interprétations de termes utilisés, d'obligations du producteur, de rapports à remettre, un calendrier de versements échelonnés qui couvre deux pages, etc. Ce sont des garanties qui n'ont jamais été demandées par le passé et il est clair que nous entrons dans une ère nouvelle de méfiance. Je n'ai pas le choix. J'accepte ces obligations et avec la participation de la Télévision suisse romande, qui reste un de nos fidèles alliés, le financement est complété. Le tournage s'échelonnera sur cent huit jours.

Après toute cette histoire juridique, nous restons nerveux dans le choix des mots que nous utiliserons pour la diffusion des téléfilms. Nous décidons, à la limite des droits qui nous ont été accordés lors du jugement, de chapeauter l'ensemble des téléfilms d'un titre général : les *Téléfilms Lance et Compte*. Chaque téléfilm a tout de même son titre spécifique, comme un long-métrage normal.

L'écriture d'un téléfilm est très différente de celle d'une télésérie. Je ne le dis pas pour appuyer notre argumentation légale mais parce que c'est bien vrai! Jacques Jacob, qui a écrit des scénarii de films, est plus à l'aise dans ce style d'écriture que Réjean Tremblay. La structure ne comporte plus le même type d'éléments et l'histoire doit être bouclée à la fin de chaque diffusion. Quand on omet les génériques et la publicité, il reste soixante-douze minutes aux auteurs pour élaborer la ligne dramatique, lui faire atteindre son climax et boucler l'intrigue. C'est un défi majeur.

Chaque téléfilm se concentre sur l'histoire d'un personnage, qui en est le pivot dramatique. Pour pouvoir réutiliser les personnages de *Lance et Compte,* nous devons nous assurer que les comédiens qui les interprétaient sont disponibles. Une fois que leur présence est confirmée, il faut s'entendre sur le salaire et les autres conditions de travail.

Je m'attends, dans le contexte actuel, à des négociations difficiles, comme ce fut le cas pour la troisième série. Malheureusement, les budgets sont toujours limités au Québec et vont d'ailleurs en diminuant.

Les acteurs n'ont cependant pas oublié les résultats fabuleux de la troisième série et leurs attentes sont grandes. Les négociations commencent et, comme la mode au Québec est maintenant aux agents, c'est souvent avec eux que nous traitons. Cela a tendance à retarder quelque peu le processus mais comporte l'avantage de ne pas créer de malaise personnel avec l'acteur. Le nombre d'agents québécois est encore relativement petit et chaque agent représente plusieurs acteurs.

C'est ainsi que Jean-Claude Lespérance représente trois acteurs pour qui nous prévoyons des rôles principaux dans trois des téléfilms : Marc Messier, Michel Forget et Roch Voisine. L'agent arrive à mon bureau vers dix-sept heures. Lorsqu'il repart vingt minutes plus tard, nous avons négocié pour ses trois poulains mais nous n'avons conclu qu'une seule entente : celle avec Marc Messier. Roch Voisine n'est pas très disponible et il a décidé de donner une nouvelle orientation à sa carrière à la suite de son succès de chanteur en France. À moins de retarder le tournage de plusieurs mois ou d'espérer que sa carrière de chanteur ne s'effondre dans les prochains jours, il vaut mieux l'oublier !

Les demandes de l'agent de Michel Forget, qui interprète le personnage de Gilles Guilbeault, sont fermes et très contraignantes. Michel Forget est un vétéran et un pilier des séries et il s'est convaincu que sa présence est essentielle. Ses demandes sont cependant très éloignées de ce que je suis prêt à lui offrir. Je ne vois pas de compromis possible, non seulement parce que le cachet qu'il désire est excessif mais aussi à cause de ses nombreuses autres demandes.

Il a des exigences qui vont de la possibilité de conserver les vêtements de Guilbeault après le tournage jusqu'au motorisé que nous devrions réserver à son usage exclusif. Si j'accepte ces conditions, je dois m'attendre à une pluie de demandes semblables de la part d'acteurs qui les mériteraient tout autant.

Nous prenons habituellement soin d'aménager sur les plateaux des endroits où les acteurs peuvent se retirer pour apprendre leurs textes et se relaxer. Le type de loge motorisée exigé par l'agent de Michel Forget alourdirait malheureusement la logistique du service de la régie, et ce, bien au-delà des simples coûts directs de la location et de l'engagement d'un chauffeur. L'ampleur de la production et les déplacements s'en retrouveraient affectés.

Il nous est relativement simple de remplacer Roch Voisine par un autre jeune comédien qui sait à la fois chanter et jouer au hockey (le téléfilm qui lui était destiné touche ces deux domaines). Il est toutefois beaucoup plus difficile de remplacer Michel Forget. Ce n'est pas un jugement de valeur sur les qualités d'acteur de l'un ou de l'autre mais simplement parce que le personnage de Gilles Guilbeault est bien connu du public. Je ne cède tout de même pas aux demandes de l'agent et comme celui-ci ne bouge pas non plus, Michel Forget n'aura pas son téléfilm *Lance et Compte*. Les auteurs doivent donc trouver une nouvelle intrigue et recommencer à écrire. Ils décident de centrer le téléfilm sur l'entraîneur Jacques Mercier, dont le rôle est tenu par Yvan Ponton.

Dans des cas extrêmes, il est toujours possible de remplacer complètement un acteur par un autre, du moins dans une télésérie. À cause du nombre d'épisodes, on peut faire oublier l'acteur en accentuant les traits de caractère du nouveau comédien et en l'intégrant très bien parmi les autres personnages. S'ils ont tous l'air habitués au nouvel interprète, le public suivra et commencera à l'aimer ou à le détester, tout comme il le faisait avec l'interprète original.

Dans le cas de *Lance et Compte* cependant, on ne peut pas négliger la forte identification du public québécois aux personnages. Celui-ci entretient une relation très privilégiée avec eux depuis quelques années, au point qu'il en oublie souvent l'acteur qui se trouve derrière. À cause du fort caractère de leur personnage, Yvan Ponton et Sylvie Bourque se font fréquemment insulter lorsque qu'ils sont dans des endroits publics. Marie-Chantal Labelle, qui joue le rôle de Ginette, la petite amie de Pierre Lambert, se fait dire par de parfaits étrangers dans la rue que son amoureux la trompe! La relation public-personnage au Québec est tellement étroite que le changement d'acteur devient extrêmement délicat. C'est un risque que je ne suis pas prêt à prendre pour nos téléfilms.

J'envoie le scénario du téléfilm *Envers et contre tous* à la comédienne Sylvie Bourque, en tournage à Paris. Elle prend quelques jours pour le lire puis m'avise qu'elle n'est plus intéressée à interpréter le personnage antipathique de Linda Hébert. De plus, elle dit trouver le scénario faible et veut se concentrer davantage sur des rôles pour le cinéma. Je ne veux pas avoir à remplacer un autre comédien, car le bruit ne tarderait pas à circuler que la production est en difficulté. En discutant avec Richard Martin, Réjean Tremblay et Jacques Jacob, il est décidé que les auteurs apporteront des changements au scénario en tenant compte autant que possible des remarques de Sylvie, mais sans dénaturer complètement son personnage. Comme j'ai prévu aller à Paris pour un autre projet, je me charge de lui remettre une nouvelle version du scénario et lui transmets l'approche du réalisateur sur la mise en scène. Comme elle le souhaitait, son personnage est plus complexe et plus humain. Je m'acquitte de ma mission en utilisant les arguments convenus avec l'équipe. Quelques jours plus tard, elle m'appelle pour me confirmer sa participation. Après la diffusion du téléfilm en question, certains fans du personnage de Linda Hébert seront déçus de voir que la journaliste a perdu sa hargne habituelle et qu'elle s'est adoucie!

Les autres négociations sont bouclées sans problème. L'équipe de *Lance et Compte* est de nouveau réunie mais pour certains de ses membres, dont Réjean Tremblay, le retour au bercail est un peu plus difficile…

33

LA QUATRIÈME ÉDITION DES GÉMEAUX

En plein cœur du conflit avec Radio-Canada, j'ai dû soumettre les candidatures pour les nominations aux prix Gémeaux puisque la date de tombée arrivait. Réjean Tremblay avait choisi de rester à la société d'État avec son projet *Scoop,* que je devais produire.

Je lui en veux alors de se ranger du côté de l'ennemi. Les mises en nomination relèvent des producteurs ou de ceux qui détiennent les droits sur une série. Je décide donc de ne pas soumettre sa candidature dans la catégorie des meilleurs textes. Du coup, comme les coauteurs ne peuvent pas être nommés séparément, Jacques Jacob tombe lui aussi sous le couperet, même s'il a été étranger à nos disputes.

Les critiques habituellement les plus acerbes reconnaissent que l'écriture de la troisième série est de bonne qualité, mais je ne change pas d'idée. Je me défends auprès des journalistes sous le prétexte que Réjean a déjà été nominé deux fois et que ses pairs n'ont jamais récompensé ses textes. J'explique tant bien que mal que les auteurs n'auraient pas de chances de remporter un prix cette année non plus. Personne n'est dupe. Les médias sont parfaitement au courant de la situation.

L'organisation des Gémeaux est égale à elle-même, c'est-à-dire inconsistante. Télé-Métropole a refusé d'inscrire ses émissions en compétition et Télévision Quatre Saisons s'est jointe au groupe dissident. Elle a plutôt laissé aux producteurs privés qui collaborent avec elle la décision de participer ou non à la compétition. Cette année, les téléromans *Des dames de cœur* et *L'héritage* se retrouvent de nouveau en compétition contre *Lance et Compte*.

Les organisateurs de l'événement promettent aux participants une compétition juste. Certains dirigeants de l'Académie ont des émissions en nomination, dont Jacques Payette et le réalisateur de *Lance et Compte*, Richard Martin. Ils expliquent aux médias ne pas se sentir en conflit d'intérêts puisqu'ils n'étaient pas chargés du jury de présélection. Une autre nomination qui fait parler est celle de Patrick Watson, le nouveau président du conseil d'administration de Radio-Canada, qui est sélectionné dans la catégorie du meilleur animateur d'affaires publiques. Le jury est composé d'une trentaine d'artistes et d'artisans qui auront pour mission de visionner et d'évaluer environ huit cents heures de programmation pour choisir les finalistes dans quarante-neuf catégories.

Pour la remise des prix du 10 décembre 1989, *Lance et Compte III* est en nomination dans le nombre impressionnant de dix catégories, ce qui nous place encore une fois en tête de liste. Nous remportons huit Gémeaux :
- Richard Martin pour la meilleure réalisation, série dramatique ;
- Bernard Chentrier pour la meilleure direction-photo, émission ou série dramatique ou de comédie ;
- Jean-Marie Drot et José Heppell pour le meilleur montage, émission ou série dramatique ou de comédie ;
- Louis Dupire et Michel Bordeleau pour le meilleur montage sonore, toutes catégories ;
- Luc Boudrias et Michel Descombes pour le meilleur mixage sonore, toutes catégories ;
- Marc Messier pour la meilleure interprétation premier rôle masculin, série dramatique ou de comédie ;
- Denis Bouchard pour la meilleure interprétation masculine dans un rôle de soutien ;
- Claude Héroux pour la meilleure série dramatique.

Marina Orsini obtient une nomination pour son interprétation dans un premier rôle mais ne remporte pas le Gémeaux, qui va à Sylvie Léonard pour *L'héritage*. Même chose pour Isabelle Miquelon. Le Gémeaux de la meilleure interprétation dans un rôle de soutien va à Geneviève Rioux pour *L'héritage*.

34

DERNIERS TOURNAGES
ET DERNIÈRES DIFFUSIONS

L'équipe de production des téléfilms se forme autour du réalisateur Richard Martin et l'écriture va bon train. Je n'ose pas aller jusqu'à dire que Réjean a oublié la controverse des Gémeaux, mais son duo avec Jacques Jacob fonctionne à pleine vapeur. Il semble heureux de revenir dans l'équipe, où règne un bon climat propice au travail. Ce n'est pas la même ambiance du côté de la série *Scoop,* dont il a vendu les droits à Radio-Canada et qui doit être son premier projet à la fois comme coauteur et coproducteur. Ce projet est devenu pour lui une source de frustration. Claude Fournier, son coauteur et celui qui doit réaliser la série, a dénaturé l'œuvre, croit Réjean. Il qualifie même les textes de rocambolesques et refuse de les signer.

Nos tournages débutent à la fin de mai 1990. L'équipe menée par Richard Martin travaille intensément et nous produisons six long-métrages destinés à la télévision dans une période couvrant à peine une centaine de jours! C'est un nouveau tour de force de la part des artisans de la série.

L'ordre de la diffusion des téléfilms est établi en fonction de la force de chacun. Il s'agit d'un choix bien arbitraire, puisque nous manquons tous de recul face à la production qui vient à peine de se terminer. Le premier choisi est celui consacré à Marc Gagnon et le dernier sera celui de Pierre Lambert, le héros des séries, puisque nous voulons clore la présentation sur une note forte. Les plus difficiles à promouvoir sont indéniablement ceux qui mettent en cause de nouveaux personnages interprétés par des comédiens que le public ne connaît pas encore très bien. Voici l'ordre choisi pour la diffusion :

Tous pour un : Le premier téléfilm de la série met en vedette Marc Messier dans le rôle de Marc Gagnon. Remercié à titre d'entraîneur d'une équipe de hockey professionnel, Gagnon doit lutter, au sein d'un club junior, contre les ambitions d'un joueur révolté, Maxime Morel. Ce jeune hockeyeur est interprété par Roy Dupuis, encore inconnu du public. Il fera bientôt partie de la série *Les filles de Caleb* avec Marina Orsini.

Le crime de Lulu : Accusé d'agression sexuelle sur un adolescent, le journaliste Lucien Boivin voit sa vie familiale et professionnelle complètement bouleversée. Denis Bouchard reprend ici avec bonheur son rôle de Lulu dans un scénario qui lui permet d'en exprimer toutes les nuances.

Envers et contre tous : Alors que tout va bien dans sa vie professionnelle, la journaliste Linda Hébert va encore provoquer et faire parler d'elle dans les coulisses du hockey lorsqu'elle tombe follement amoureuse d'un joueur du National beaucoup plus jeune qu'elle. La comédienne Sylvie Bourque a l'occasion de montrer une nouvelle facette de son personnage de journaliste. Le tournage l'amènera aussi en Suisse où se déroule une partie de l'intrigue.

Le moment de vérité : Le commentateur sportif Jacques Mercier doit faire face à l'homosexualité de son fils. Yvan Ponton partage la vedette de ce téléfilm avec Robert Brouillette, qui joue le rôle de son fils Jimmy.

Le choix : La carrière d'un jeune hockeyeur est perturbée par sa rencontre avec un imprésario dont le seul but est d'en faire une vedette de la chanson. Il sera déchiré entre sa carrière artistique et sa carrière sportive. Ce téléfilm était d'abord destiné à Roch Voisine, mais c'est Patrice Bissonnette qui jouera le rôle principal de Jim Duchesne.

Le retour du chat : La vedette du National de Québec, Pierre Lambert, est forcée de prendre une retraite prématurée en raison d'une blessure au dos. Après quelques dures épreuves familiales, il s'initie à l'entraînement avec un boxeur et retrouve la forme. Bien que très attaché au National, il ne pourra refuser l'offre de retour au jeu que lui fait le Canadien de Montréal. Carl Marotte et Isabelle Miquelon reconstituent le beau couple qu'ils formaient à l'écran dans ce téléfilm qui sera le dernier de la série.

Les six téléfilms sont présentés au réseau TVA à partir du 10 octobre 1990 à raison d'un par mois. Ils seront d'abord diffusés le mercredi soir, puis cela changera, ce qui n'aidera pas à fidéliser l'auditoire.

Comme nous l'avons toujours fait, nous organisons d'abord un visionnement pour les journalistes. Les réactions sont plutôt bonnes. Louise Cousineau, de *La Presse,* titre son article : «*Lance et Compte* : toujours vibrant…»

«Après trois saisons de *Lance et Compte,* je croyais avoir mon quota de pep talks de coach qui veut galvaniser son équipe, ou de joueur récalcitrant qui ne veut pas donner le meilleur de lui-même. […] Je suis retombée sous le charme de cet électrisant mariage du hockey et du téléroman. Ou plutôt du téléfilm dans ce cas-ci. […] Pas vraiment de surprises, mais de l'efficacité comme d'habitude. Et une histoire enlevante qui va vous laisser sur votre faim.»

Son intérêt s'effritera malheureusement au cours des mois qui suivront et ses articles se feront plus critiques au sujet de l'écriture de son collègue de *La Presse* :

«Le problème de cette nouvelle saison de *Lance et Compte,* c'est la forme. Les téléfilms braquent l'attention sur un personnage. Il doit être très fort pour nous retenir pendant une heure et demie. Durant les trois saisons de la série, les chassés-croisés entre les différentes intrigues ne s'arrêtaient jamais assez longtemps sur un personnage pour qu'on s'en lasse. Ou même qu'on découvre que son interprète n'était pas fameux. […] Les téléfilms devaient approfondir les personnages. Ils restent malheureusement superficiels.»

Le dernier téléfilm centré sur l'histoire de Pierre Lambert aura droit à un meilleur accueil des journalistes, mais on sent bien qu'une part de la magie n'y est plus.

Nous sommes tout à fait conscients des carences de l'écriture, qui sont en grande partie dues aux limites qu'impose le format du téléfilm. Les auteurs ont soixante-douze minutes pour raconter une intrigue qu'ils ont habituellement le luxe d'échelonner sur plusieurs saisons. Ils doivent emprunter des raccourcis qui deviennent beaucoup plus apparents dans cette formule. On ne peut non plus trop s'attarder au développement des personnages secondaires, dont la présence est souvent limitée à un seul téléfilm. Les nouvelles directions prises par ces récits annulent aussi la possibilité de réutiliser certains personnages d'un téléfilm à l'autre. Si, par exemple, une intrigue demande qu'un joueur quitte le National dans un téléfilm, on ne peut pas retrouver ce joueur parmi l'équipe dans le prochain long-métrage.

Radio-Canada diffuse à la même époque *Lance et Compte I* en reprise. Quand les résultats des sondages BBM sont annoncés pour cette période, la série et les téléfilms se retrouvent tous les deux dans le palmarès des émissions les plus populaires. Les reprises obtiennent cependant plus de succès que les téléfilms, même si la part de marché de Télé-Métropole est de trente et un pour cent pendant cette période contre vingt-six pour cent à Radio-Canada.

Les *Téléfilms Lance et Compte* ont droit à sept nominations pour le Gala des Gémeaux de décembre 1991. Six d'entre elles concernent *Le retour du chat*, qui est nominé comme meilleure émission dramatique, meilleure réalisation (Richard Martin), meilleur texte (Jacques Jacob et Réjean Tremblay), meilleure direction-photo (Bernard Chentrier), meilleur montage (Jean-Marie Drot) et meilleure interprétation féminine (Isabelle Miquelon). Marc Messier est aussi considéré pour le Gémeaux de la meilleure interprétation pour un premier rôle masculin pour son jeu dans le téléfilm *Tous pour un*. Notre équipe ne remporte aucun de ces prix, mais c'est la tête bien haute que nous pouvons tous repartir vers d'autres projets.

Une étape importante de ma carrière se termine avec la fin de la diffusion de *Lance et Compte*. J'emporte avec moi dans mes productions futures un peu de cette incroyable énergie qu'elle nous a tous procurée.

prolongations

35

LES ALÉAS
DE LA PRODUCTION

L es années quatre-vingt-dix passent et ma carrière se poursuit à toute vapeur dans le domaine de la production télévisuelle. Je continue de collaborer avec TVA et je produis pour eux *La misère des riches, Le premier cercle, Au nom du père et du fils, Desjardins ; la vie d'un homme, l'histoire d'un peuple, Maria-des-eaux-vives, Les Duchesnay* et *Le sorcier,* environ quatre-vingts heures de télévision. Certaines de ces productions connaissent beaucoup de succès et se retrouvent directement en concurrence dans l'horaire avec des productions de Radio-Canada. Ce phénomène, joint au souvenir des déboires légaux que nous avons connus, semble suffisant pour entretenir l'animosité entre nous.

Le nouveau projet de série que je développe sur René Lévesque creuse davantage le fossé qui me sépare de la tour du boulevard du même nom.

L'ancien premier ministre du Québec a écrit une biographie, *Attendez que je me rappelle,* dont les droits appartiennent depuis son décès à sa veuve, Corinne Côté-Lévesque. Par l'entremise de notre avocat commun, François Ferland, je la rencontre pour lui parler de mon idée de faire une série télévisée tirée de ce livre. Elle se dit très intéressée par le projet mais veut d'abord demander l'opinion de quelques-uns de ses amis qui œuvrent dans l'industrie de la télévision. J'ignore qui elle veut consulter, mais je redoute cette démarche qui pourrait inciter d'autres gens à vouloir s'emparer du projet. Ces deux personnes sont la productrice Marie-Josée Raymond et son mari Claude Fournier, auteur et réalisateur. Comme je le craignais, ils sautent sur l'idée et réussissent à convaincre Mᵐᵉ Côté-Lévesque de travailler avec eux plutôt qu'avec moi.

Je suis grandement déçu de devoir abandonner le projet, mais l'histoire ne se termine pas là : un désaccord naît entre Mᵐᵉ Côté-Lévesque et le couple Raymond-Fournier sur l'orientation à donner au projet. Plusieurs mois plus tard, je reçois un appel de Mᵉ Ferland m'annonçant que Corinne Côté-Lévesque veut dorénavant collaborer avec moi. Je reprends donc mon travail sur la télésérie !

Le duo Raymond-Fournier poursuit tout de même le développement de sa série parallèlement à la mienne. J'apprends entre les branches que Radio-Canada accepterait de participer à leur projet dans l'espoir que la productrice Marie-Josée Raymond laisse tomber les poursuites qu'elle a entreprises contre Réjean Tremblay au sujet de la série *Scoop*. Ce projet sur le monde des journalistes de l'imprimé s'est retrouvé en cour lorsque Réjean a refusé les changements au scénario apportés par Claude Fournier. Radio-Canada tient à *Scoop* et craint que Réjean ne m'apporte le projet et qu'il se retrouve chez TVA. Bel imbroglio !

En dehors de la compétition directe de ces deux séries sur René Lévesque au moment d'une éventuelle diffusion, le principal problème est la demande de financement à Téléfilm Canada. Comment l'organisme va-t-il choisir entre deux projets consacrés au même homme ?

À ma grande surprise, Pierre DesRoches, maintenant directeur général de Téléfilm Canada, accepte de financer l'écriture des deux projets. On dit dans le milieu que la crainte qu'un refus lui attire des reproches d'ingérence politique expliquerait peut-être ce double financement.

Mais rien n'est gagné, et nous devons faire face à de nouvelles épreuves. Le réalisateur avec qui je prévois travailler, Francis Mankiewicz (*Les bons débarras, Les portes tournantes*), est atteint d'une maladie incurable et doit cesser ses activités. Mon scénariste, Clément Perron, qui a coécrit *Mon oncle Antoine* avec Claude Jutra, est hospitalisé d'urgence et se retrouve partiellement paralysé. Il ne peut reprendre l'écriture sur les textes qu'avec la collaboration de sa fille et son travail est compliqué par son état de santé. Je suis bouleversé par ce qui arrive à ces deux hommes de grand talent, et les remplacer n'est pas facile.

Malgré les difficultés, les deux projets se retrouvent à Téléfilm Canada qui doit donner son accord pour le financement de la production. Nous attendons pendant plus d'un an, puis Téléfilm repousse encore sa décision pour un délai additionnel de quelques mois. Je me doute bien que ce nouveau sursis a quelque chose à voir avec le fait que Michèle Fortin, vice-présidente des programmes de Radio-Canada (et anciennement de Téléfilm Canada), vient de refuser les textes de Claude Fournier. Elle avoue aux journalistes qu'ils doivent être remaniés en expliquant que le personnage de René Lévesque est « flat ». Elle précise tout de même que la série n'est pas refusée et qu'elle demeure dans la liste prioritaire des projets de Radio-Canada pour l'an prochain.

Nous recevons enfin la réponse de Téléfilm Canada : l'organisme a tranché en notre faveur et seul notre projet sur René Lévesque reçoit les fonds nécessaires pour entreprendre le tournage. Nous faisons cependant face à une contrainte de temps puisque, pour obtenir les fonds, la série doit être achevée avant la fin de l'année financière. Je fais appel à un nouveau réalisateur et rassemble rapidement l'équipe et les comédiens. La diffusion démarre en mars 1994.

Avec toutes ces histoires, notre série est attendue de pied ferme et elle est jugée très durement par les journalistes. On critique tout, du scénario à la réalisation en passant par l'interprétation et mon travail de producteur. Puis Pierre DesRoches, dans un geste fort inhabituel de la part d'un patron de Téléfilm Canada, déclare après la diffusion ne pas être content de la série et de sa décision de la financer. Il dit avoir jugé de sa qualité sur la base des textes qu'on lui avait fournis. Selon lui, les choses se sont gâtées au tournage et il blâme le réalisateur Roger Cardinal pour le mauvais résultat final. Je réagis contre cette sortie du dirigeant de Téléfilm Canada en expliquant aux journalistes qu'il s'agit d'une réaction « "cheap" de fonctionnaires qui veulent sauver leur peau parce qu'aucune série n'a été attaquée plus durement que celle-là». Je rappelle aussi à la presse que quand j'ai soumis le projet de *Lance et Compte*, Téléfilm n'y croyait pas, mais qu'ils se sont bien gardés de regretter leur décision de nous financer quand ils ont vu son grand succès.

Pas besoin de préciser que ces déclarations me placent dans une position difficile face à Téléfilm Canada. Je ne m'y sens plus le bienvenu...

Que les commentaires des journalistes soient durs envers la série sur René Lévesque est une chose. Qu'ils attaquent mon honnêteté en est une autre. Louise Cousineau, de *La Presse,* et Franco Nuovo, du *Journal de Montréal,* se demandent où est passé l'argent des contribuables. Nathalie Petrowski, de *La Presse* également, publie deux chroniques dans lesquelles elle insinue que j'ai détourné des fonds destinés à la production. J'écris à Louise Cousineau et à Franco Nuovo une lettre qui est publiée dans leurs journaux respectifs. Je leur explique qu'ils sont totalement dans l'erreur et démontrent une grande ignorance en matière de coûts de production. J'envoie aussi à Nathalie Petrowski une mise en demeure lui demandant de se rétracter. La rétractation, que j'ai approuvée, paraît dans *La Presse.* Elle explique la répartition des coûts de production et se termine ainsi :

> «Si, sans qu'il en soit de leur volonté, *La Presse* ou Mme Petrowski ont pu nuire à la réputation de Claude Héroux ou de Communications Claude Héroux International Inc., elles se rétractent et s'en excusent.»

De son côté, la chroniqueuse se voit obligée d'admettre qu'elle n'a aucune preuve de ce qu'elle a avancé et qu'elle s'est fiée «aux méchantes langues qui se font aller dans le milieu et n'ont pas le courage de prendre le micro». Elle n'a pas le choix de me croire, dit-elle, d'autant plus que Téléfilm Canada a vérifié et accepté le rapport final des coûts de production. En effet, un bataillon de vérificateurs de Téléfilm Canada ont débarqué dans les bureaux de la compagnie pour vérifier, de fond en comble, toutes les pièces justificatives des dépenses de la production. Le rapport final satisfait tout le monde et les fonctionnaires sont ainsi assurés d'être couverts.

Les journaux et leurs employés ont beau s'excuser officiellement, ce genre d'accusations lancées sans trop réfléchir cause des doutes et des torts qui planent longtemps dans l'air et ne disparaissent que lentement. Mais, comme toujours, l'appui des téléspectateurs vient mettre du baume sur les plaies : à la fin d'avril 1994, le palmarès BBM place la série *René Lévesque* au quatrième rang des émissions les plus regardées, après *Scoop*, *La petite vie* et *Chambres en ville*. Ce sont des résultats tout à fait respectables et Denis Bouchard recevra longtemps des commentaires positifs de gens qui l'arrêteront dans la rue pour lui parler de ce rôle important pour lui.

Je réalise petit à petit que mon seuil de tolérance est de plus en plus bas et que ma patience s'effrite avec le temps. Je suis dans l'industrie du film et de la télévision depuis près de quarante ans. Est-ce le premier signal pour penser à une relève et prendre ma retraite ? Avant la grande sortie, je voudrais tout de même pouvoir travailler sur un dernier projet créatif qui me motiverait et qui me permettrait de me retirer en beauté.

Les diffuseurs traditionnels voient leurs revenus de publicité diminuer par la multiplicité des chaînes et l'importance grandissante d'Internet. La première réaction est de réduire leurs coûts de production des séries lourdes et d'en diminuer le nombre par des émissions de concept dites de *réalité* ou des « shows de chaises » qui coûtent très peu à produire. Le créateur de concept prend la place des scénaristes et les acteurs sont remplacés par des participants. Les émissions sont produites rapidement, avec un minimum d'artisans.

Parallèlement, les canaux spécialisés prennent de l'importance et les producteurs doivent s'intéresser à ce nouveau marché. Ce secteur ne m'est pas très familier et la façon la plus efficace pour moi de l'attaquer est de trouver le meilleur producteur dans ce domaine et de lui proposer une association. C'est ce que je fais en abordant Luc Harvey, qui termine un contrat avec Télévision Quatre Saisons. Nous nous entendons bien et partageons de plus une grande passion pour la voile.

Un des projets auquel il travaille dès son arrivée est *Mer et monde,* une série documentaire passionnante sur tout ce qui concerne la navigation. Le projet est diffusé à Canal D, où Andréanne Bournival est maintenant au poste de commande. Malgré les affrontements que nous avons connus lorsqu'elle était à Radio-Canada, nos relations de travail sont excellentes et elle s'entend aussi très bien avec Luc.

Un jour, celui-ci entre dans mon bureau tout excité. Il a la possibilité d'obtenir les droits de télévision sur une des œuvres de Michel Tremblay, *Le cœur découvert.* Quelques années auparavant, un téléfilm avait été produit pour Radio-Canada suivi d'un livre. L'auteur est prêt maintenant à en faire l'adaptation pour une série de treize épisodes. Dans mon entente avec Luc Harvey, le secteur dramatique reste ma responsabilité. Je prends par conséquent la relève et rencontre Michel Tremblay dans les bureaux de Camille Goodwin, son agente et amie depuis très longtemps.

Il s'agit peut-être du projet qui me permettra de terminer ma carrière sur une bonne note! Je suis ravi de travailler avec le romancier le plus célèbre du Québec. Je fais plusieurs voyages à Key West, où il habite et où il est en pleine écriture avec le réalisateur, Gilbert Lepage.

Dès la remise des premières versions des textes à Radio-Canada, je sens une grande réticence de la part de la Société, réticence que j'avais anticipée, je l'avoue. Les textes sont très beaux, mais leur rythme n'est pas très télévisuel et Radio-Canada refuse d'aller en production sans une réécriture. Michel Tremblay accepte péniblement quelques changements mineurs, mais il tient aux longs dialogues et à sa manière d'élaborer lentement la psychologie des personnages. Notre grand respect pour l'auteur nous oblige tous un peu à marcher sur des œufs et les négociations sont lentes.

Sous les pressions que j'exerce et les arguments de l'auteur, la société d'État nous donne finalement le feu vert et nous amorçons le tournage. Moi qui me suis battu pendant des années pour imposer un style nerveux et un rythme rapide à mes productions télévisuelles, voilà que je dois défendre la position contraire! Nous tournons en vidéo et en studio, comme à la vieille époque du téléroman, et certaines des scènes de la série durent plus de dix minutes. Je tente de m'encourager en me disant que la réalisation et le montage vont sûrement apporter une nouvelle dimension à ce tournage.

La série est donc livrée à Radio-Canada, mais elle restera deux ans sur les tablettes avant d'être enfin diffusée en 2003, principalement parce que la société d'État doit respecter son obligation contractuelle de l'utiliser dans une période de deux ans. TVA ne laisse aucune chance à la série et déplace un de ses gros canons, *Fortier,* pour lui faire face. Les critiques sont sévères envers l'auteur et le réalisateur. *Le cœur découvert* sera reçu sans éclat, même si les chiffres prouvent qu'une certaine partie du public reste fidèle à Michel Tremblay et à son œuvre. Je devrai supporter les conséquences d'avoir entraîné Radio-Canada dans ce projet.

36

ANCIENNE ET NOUVELLE
GÉNÉRATION

Presque quinze ans se sont écoulés depuis que les téléspectateurs ont fait connaissance pour la première fois avec Pierre Lambert, Marc Gagnon et les autres personnages qui gravitaient autour de l'équipe du National. Le paysage télévisuel n'est plus le même avec la multiplication des chaînes. Il suffit de s'asseoir pendant quelques minutes et d'appuyer sur la télécommande pour tomber sur des dizaines de vieilles téléséries américaines qui sont vendues à très bon marché aux diffuseurs. Il est rare cependant de revoir des séries québécoises. Elles restent tristement absentes de nos écrans et pour moi cela représente une autre partie de notre patrimoine qui est jetée aux oubliettes. Comment peut-on espérer sensibiliser les nouvelles générations de Québécois à notre culture si les seules choses qu'on leur offre sont des produits étrangers?

C'est que les productions américaines s'achètent à des prix très bas alors qu'il est impossible de vendre une production québécoise à ce prix. Les droits de suite qui doivent être payés aux acteurs par le producteur (si la série entre en rediffusion) sont trop chers pour que la vente en vaille la peine. En fait, il en coûterait souvent plus cher au producteur d'obtenir ces droits que le prix qu'on lui offre pour diffuser la série! L'Union des artistes sait que les diffuseurs sont obligés de programmer un pourcentage d'émissions de contenu canadien et elle profite de cette exigence pour maintenir ses tarifs irréalistes.

Et il n'y a pas que la télé qui change : le hockey aussi! Les gens de la ville de Québec se remettent difficilement du départ des Nordiques et certains digèrent mal la première coupe Stanley que ces derniers ont remportée après leur déménagement au Colorado. À Montréal, l'équipe du Canadien éprouve de nombreuses difficultés et ne fait pas les séries éliminatoires pendant trois saisons consécutives. Les salaires des joueurs de la Ligue nationale continuent de monter et leurs agents prennent de plus en plus de place dans leur carrière et dans leur vie personnelle. Les recrues de la Ligue ne semblent plus rêver comme autrefois de battre des records de marqueurs. On a plutôt l'impression qu'ils se concentrent sur les contrats de commandite qui leur permettront de gagner plus d'argent que sur la patinoire. Durant les lignes ouvertes d'émissions sportives, le public semble désabusé. Où est le hockey qu'on aimait si passionnément, celui autour duquel on se rassemblait?

Je travaille à des projets qui me captivent, mais je ne peux pas m'empêcher de songer à *Lance et Compte* et au succès que nous avons connu avec cette série. Le marché de la vidéocassette s'est grandement développé et même plusieurs années après la fin de sa diffusion, la télésérie continue à bien se vendre… et à se copier! Lors du lock-out de la LNH en 1995, Radio-Canada avait diffusé des reprises de la série et les cotes d'écoute avaient outrepassé celles des matchs de hockey!

Je suis certain qu'il y a encore un intérêt du public pour une série comme *Lance et Compte,* mais j'ai de la difficulté à convaincre les gens autour de moi. Il y a quelques années, j'ai abordé avec Réjean Tremblay l'idée de faire de nouveaux épisodes de la série. Sa réaction n'a pas été très enthousiaste. Il était pris par d'autres textes à écrire et ne se voyait pas de sitôt replonger dans l'univers du National.

Je ne serais pas producteur si j'acceptais trop facilement de me faire dire non! Persuadé que la série est plus que jamais d'actualité, je décide de revenir à la charge auprès de Réjean et lui propose encore une fois d'écrire une nouvelle version de *Lance et Compte.* Il résiste d'abord, mais je me fais convaincant : le hockey a beaucoup changé depuis la première série. Quel beau défi ce serait de réécrire notre histoire en tenant compte des nouvelles réalités de la Ligue nationale! La passion du public québécois pour le hockey n'est pas morte. Je suis sûr que les téléspectateurs embarqueront de nouveau dans l'aventure. Et *Lance et Compte* sans Réjean ne serait pas *Lance et Compte*…

Quand nous avions produit les premières séries, Réjean était un auteur de fiction débutant qui s'y connaissait beaucoup en hockey mais beaucoup moins en production télévisuelle. À un certain moment au cours de la production, il avait exprimé le souhait de devenir coproducteur, ce qui lui aurait permis de toucher une plus grande part du gâteau. J'avais alors sorti un billet de un dollar de mon portefeuille et le lui avais montré en lui disant : «Tu vois ce dollar? Si on le déchire en deux, il ne vaudra plus rien.» J'avais alors remis le dollar dans ma poche et Réjean avait compris que je demeurerais l'unique producteur. Comme il le dit lui-même : «J'ai appris à écrire avant d'apprendre à négocier!»

Bien des années ont passé depuis et Réjean a acquis un plus grand pouvoir de négociation, dont il est très conscient. Il sait bien qu'une nouvelle cuvée de *Lance et Compte* ne pourrait pas vraiment se faire sans lui. En souvenir du fameux billet de un dollar que je lui avais tendu, Réjean sort donc quatre pièces de vingt-cinq sous de sa poche. «Tu vois ce dollar?» me demande-t-il. Il me tend alors deux pièces de monnaie et remet les deux autres dans sa poche. Je suis forcé de constater qu'il a bien appris la leçon d'arithmétique!

Le message est clair et notre marché est conclu. Réjean sera à la fois scénariste de la nouvelle mouture de *Lance et Compte* et coproducteur exécutif. Le droit d'être coproducteur vient généralement avec la responsabilité du financement. Disons que c'est l'aspect qui l'intéressait le moins! Nous trouvons donc une formule qui nous permet de partager les décisions sur l'aspect créatif mais laisse l'aspect financier à ma charge, autant pour les entrées que pour les sorties. Cet arrangement nous plaît à tous les deux. Le titre de chacun et les définitions de tâches ne nous préoccupent pas; ça n'a plus la signification d'il y a vingt ans. Nous sommes décidés à monter une suite à *Lance et Compte* et c'est notre principale motivation. Nous ne nous préoccupons plus de savoir qui détient tel droit sur tel personnage ancien ou sur le nouveau venu qui va prendre forme sous la plume de Réjean. Le principal défi est de se renouveler et comme les héros des premières séries, nous partageons le désir de gagner! Nos ententes sont donc signées dans cet esprit.

Réjean et moi commençons à élaborer quelques idées pour la nouvelle série. Comme au temps de notre première collaboration, nous nous retrouvons parfois en Floride pour des discussions autour du scénario. La différence, c'est qu'aujourd'hui Réjean peut lui aussi m'inviter dans son pied-à-terre sous le soleil! Nous avons tous les deux davantage de cheveux blancs, nous jouons moins de parties de tennis, mais nous conservons une familiarité étonnante avec les personnages des séries, comme si nous les avions simplement laissés dans la pièce voisine en attendant de décider de leur sort. Le processus est exaltant. Une idée n'attend pas l'autre. Il faut de toute évidence reprendre nos anciens personnages tant aimés des téléspectateurs. Ils ont vieilli, bien sûr, comme nous, mais Réjean tient aussi à souligner tout l'aspect «financier» du hockey en montrant que ces anciens joueurs, coachs et gérants, ont eu beaucoup de succès dans la vie. Nous décidons aussi de ne pas tenir compte des intrigues qui se sont déroulées dans les téléfilms, car elles amenaient nos personnages dans des directions totalement différentes avec lesquelles il est difficile de bâtir une suite. Nous nous projetons plutôt une quinzaine d'années dans le futur en prenant comme point de départ la fin de la télésérie diffusée en 1989.

Réjean est à l'occasion un client du fameux coiffeur des sportifs à Montréal, Menick. Il a pu y entendre des histoires incroyables, dont celles racontées par l'agent de joueurs de hockey Gilles Lupien. Cet ancien joueur des belles années du Canadien est maintenant l'unique actionnaire d'une entreprise qui emploie cinq personnes, tous des joueurs retraités, et qui compte vingt et un clients dans la Ligue nationale. Réjean considère qu'il est l'agent le plus honnête et le plus dévoué qu'il connaisse. Il a à cœur l'intérêt de ses clients, qui n'hésitent pas à lui confier la gestion de leur compte de banque personnel, même si ça crée parfois des conflits avec les épouses et la famille! Malgré son succès, il est resté un homme modeste, et les propriétaires d'équipe avec qui il négocie connaissent la valeur de sa parole. Inspiré par Gilles Lupien, Réjean décide de faire du Pierre Lambert qui a vieilli un agent de joueurs très droit et dévoué à ses poulains. Il sera en concurrence avec des agents plus flamboyants et beaucoup plus ambitieux que lui.

De son côté, Marc Gagnon est devenu propriétaire d'un luxueux bar-restaurant. Gilles Guilbeault est chef d'entreprise multimillionnaire dans le domaine de l'informatique – une entreprise créée par le frère de Pierre Lambert, qui ne sera pas présent dans la série. Suzie Lambert fait des affaires en Europe dans le domaine des produits de beauté. Et il faut bien sûr trouver de nouveaux joueurs qui sauront soulever les passions du public comme l'ont fait les anciennes vedettes du National. Nous songeons dès le départ à faire plus d'une série : nos personnages doivent donc être assez complexes pour tenir la route et couvrir bien de la glace!

Aussi avons-nous besoin de sang neuf et, pour démontrer notre désir de renouveler la série, nous choisissons comme titre *Lance et Compte : Nouvelle Génération*. Ces innovations se reflètent d'ailleurs un peu partout dans la production. Réjean s'appuie sur des suggestions scénaristiques de son fils Allan pour nourrir son écriture des scènes entre Marc Gagnon et son fils Francis, devenu joueur du National. De mon côté, deux de mes quatre filles, Caroline et Stéphanie, sont au service de mon entreprise et me sont d'une grande assistance dans mes diverses productions.

Le pari est grand et je sais que le succès ne sera pas facile. Avec l'apparition d'une multitude de chaînes spécialisées, l'auditoire de télé est de plus en plus fragmenté, et rares sont les séries qui atteignent les cotes d'écoute que nous avons connues. La première mouture de *Lance et Compte* a marqué la télévision québécoise en innovant sur de nombreux aspects. Je me dis qu'il faut absolument que l'on retrouve ce souffle-là quinze ans plus tard et c'est cet idéal qui me motive au plus haut point. Je vais donc chercher toute l'aide possible en m'appuyant sur des gens d'expérience. Le réalisateur Richard Martin est occupé à autre chose. Je tâte par conséquent le terrain du côté de Jean-Claude Lord, qui a réalisé la toute première série.

Après *Lance et Compte,* Jean-Claude a travaillé à de nombreuses productions, tant au cinéma qu'à la télévision, et le hockey est loin derrière lui. Il ne s'attend pas du tout à ce que je lui propose de rechausser ses patins! Il est agréablement surpris par ma proposition cependant et demande tout de suite à voir les textes. Nous lui remettons les premiers jets de certains textes et sa curiosité prend le dessus. Au fur et à mesure qu'il avance dans sa lecture, le réalisateur se rend compte qu'il est déjà accroché. Sa curiosité est double : celle du réalisateur, bien sûr, mais aussi celle du téléspectateur. Il a vraiment très envie de connaître le sort des personnages après quinze années d'absence!

Il a tout de même encore quelques hésitations. Est-ce que le sujet n'a pas tout simplement fait son temps? Il mène donc un petit sondage personnel auprès des gens qui l'entourent et leur demande ce qu'ils penseraient d'une nouvelle version de *Lance et Compte.* À sa grande surprise, les réactions sont unanimement positives : tous ses interlocuteurs sont enthousiastes à l'idée de connaître la suite des aventures du National! Il n'en revient pas, lui qui s'attendait à ce qu'au moins quelques personnes lui ressortent les vieilles critiques sur la série. C'est décidé alors : il fera partie de l'équipe!

Même démarche du côté de Marc Messier, qui est d'abord surpris mais qui se laisse lentement séduire par l'idée. La série est loin derrière lui dans sa carrière d'acteur et Marc a interprété de nombreux rôles depuis. Mais la lecture des textes préliminaires le plonge rapidement dans l'univers d'un personnage pour lequel il a toujours eu beaucoup d'affection. Pour lui, Marc Gagnon est un rôle très riche à jouer parce qu'il est très torturé et qu'il se complaît dans le drame. Ce n'est pas quelqu'un qu'on aimerait nécessairement côtoyer au quotidien dans la vraie vie mais quel personnage intéressant à interpréter! Marc éprouve quand même une légère crainte : et si on gâchait la magie? Ne vaudrait-il pas mieux conserver intact le souvenir positif de la série?

Rejoint à Toronto, Carl Marotte est lui aussi un peu nerveux au départ. Il a mis du temps à se détacher du personnage de la star du hockey et il est conscient qu'incarner Pierre Lambert encore une fois va marquer sa carrière pour le restant de ses jours. Il craint aussi que le scénario finisse par devenir répétitif, mais nous le convainquons qu'il reste encore énormément de sujets à aborder à propos du monde du hockey. C'est finalement le sport qui nous fera gagner la partie! Carl est fasciné par l'univers du hockey et il décide de s'y lancer à nouveau. Il partage sa vie entre Toronto et Los Angeles, mais il est plus qu'heureux de revenir tourner à Montréal pour une série qui lui a permis de se faire connaître dans sa province natale.

Mes appels se poursuivent et je suis rapidement rassuré de voir que les réactions des anciens comédiens sont excellentes, après quelques premières minutes de surprise, bien entendu! Marina Orsini, très prise par un tournage, est tout de même intriguée et demande à voir les textes. Elle ne sera disponible que pour quelques journées de tournage, mais nous décidons tout de même de faire plaisir au public et de l'inclure dans l'intrigue. Yvan Ponton ne s'attendait pas à retrouver le personnage de Jacques Mercier qui l'a tant marqué aux yeux du public, mais il est prêt à le reprendre avec joie. Même réaction du côté de Michel Forget, de Robert Marien et de Denis Bouchard.

Denis a joué beaucoup de rôles depuis son personnage tant apprécié de Lulu, le journaliste un peu lunatique qui travaille au quotidien *Le Matin*. Il remportera d'ailleurs à plusieurs reprises le Métrostar de l'acteur le plus populaire pour son rôle dans la série *Annie et ses hommes*. Malgré ce succès plus récent, les gens continueront toujours à l'interpeller avec le surnom de son personnage de *Lance et Compte* : «Bonjour, Lulu! T'es bon dans *Annie et ses hommes*!»

Il faut pardonner cette bévue au public, puisque même le cocréateur des personnages de *Lance et Compte* confond parfois fiction et réalité. En effet, Réjean Tremblay a passé les vingt dernières années à dire «Jacques» au lieu d'«Yvan» quand il parle d'Yvan Ponton! Comme quoi il y a des rôles qui marquent une carrière!

J'ai donc un auteur, un réalisateur et des comédiens d'expérience sur lesquels m'appuyer. Il est temps d'aller discuter avec un diffuseur pour connaître la viabilité de mon projet.

Même si les options qu'elle avait sur les séries futures de *Lance et Compte* sont terminées depuis très longtemps, je décide d'être bon joueur et de présenter le projet en priorité à la Société Radio-Canada. Mais le fantôme des disputes légales entre nous hante encore les corridors de la tour. C'est donc un «non merci» que je reçois de la société d'État. J'ai accompli mon devoir sans grande conviction et je passe maintenant à des démarches plus susceptibles de donner de bons résultats.

Mon associé Luc Harvey et moi avons fait par le passé plusieurs présentations à Télévision Quatre Saisons (TQS). Malheureusement, la chaîne traversait alors une période financière difficile et nos démarches n'avaient pas eu d'effets concrets. Conscients des difficultés de la chaîne et du caractère plus sage de la nouvelle mouture de *Lance et Compte,* nous ne présentons pas le projet en premier lieu au «mouton noir de la télé», convaincus que nous allons essuyer un refus.

Nous soumettons plutôt le projet à TVA. Quelque temps auparavant, lors d'une conférence tenue par Philippe Lapointe, chargé de la programmation à TVA, j'ai fait quelques interventions pendant la période de questions qui l'ont placé dans une position inconfortable. Une autre de ces journées où ma patience s'effritait... Bref, maintenant que je lui soumets un projet, j'espère que la décision du cadre de TVA reposera uniquement sur la valeur et le potentiel de celui-ci. Mais sa réponse me déçoit : j'ai droit à un «non, merci». Nous décidons alors de tenter quand même notre chance à TQS. Quelle sera la réaction du vice-président à la programmation, Luc Doyon, et de son bras droit, Louis Trépanier, aux textes de Réjean? Le scénariste a déjà parlé du projet au président, René Guimond, qui a démontré un certain intérêt, mais nous savons que la véritable décision sera prise en équipe. Au-delà du contenu de notre projet et de la préoccupation de sa place dans la programmation de la station, la question la plus pertinente est de savoir s'ils voudront canaliser une grande partie de leur budget global dans une seule série. Ce choix influencerait alors toute sa production.

Plusieurs rencontres ont lieu avec TQS. Luc Doyon penche très favorablement pour le projet, mais Louis Trépanier nous semble très hésitant, pour ne pas dire carrément contre l'idée. Il est très impliqué dans des productions maison et j'ai l'impression que la perspective de voir un produit fini lui tomber dessus sans qu'il ait trop à redire lui déplaît. Il trouve aussi plus prudent de consacrer ses budgets à plusieurs productions au lieu d'une seule. Mais le président René Guimond est favorable et la décision de TQS est prise : *Lance et Compte : Nouvelle Génération* vient de se trouver un diffuseur, le troisième de son histoire !

La collaboration avec Louis Trépanier s'établit plus facilement que nous ne l'avions pensé. Le projet semble bien ancré dans l'esprit du diffuseur et nous comptons livrer ce que la station attend de nous. C'est armés d'un projet très bien ficelé que TQS et moi déposons notre demande d'aide au financement à Téléfilm Canada pour la production de dix épisodes de *Lance et Compte : Nouvelle Génération*.

La nouvelle arrive en mai 2000 et c'est la consternation : la réponse de Téléfilm est négative. On dit ne pas pouvoir nous accorder de financement.

Le vice-président à la programmation de TQS est plus que déçu. Luc Doyon comptait sur la série pour marquer la sortie du déficit de la chaîne et pour enfin relancer la programmation de nouvelles séries dramatiques à leur antenne. Le problème ne serait pas dans la qualité des textes. On nous dit plutôt que le projet ne rencontre pas les nouveaux critères basés sur la priorité accordée par le diffuseur à la série parmi ses autres projets. On nous explique aussi que l'apport de TQS pour l'achat des droits n'est pas assez élevé.

Téléfilm a aussi refusé de nous financer en raison du trop faible auditoire que recevrait une série diffusée à TQS. C'est un cercle vicieux : on a besoin de *Lance et Compte* pour attirer l'auditoire, mais on doit d'abord prouver que l'auditoire est déjà là.

C'est un peu comme de se voir refuser un prêt à la banque parce qu'on manque de fonds. Serait-ce déjà la fin de ce projet?

Luc Doyon et moi multiplions les rencontres avec Téléfilm Canada. Après avoir considéré certains des arguments de TQS, l'organisme nous fait quelques jours plus tard une proposition : on ne me donnera pas tout le financement voulu mais on m'accordera quand même une aide réduite. François Macerola, grand patron de Téléfilm, n'a pas l'air trop inquiet pour nous et affirme aux médias que Réjean et moi sommes assez intelligents et expérimentés pour nous débrouiller...

Qu'à cela ne tienne : je me débrouillerai! Je dois donc établir le budget sur deux années financières afin de pouvoir arriver à produire la série avec les moyens accordés. Le budget général dont dispose Téléfilm Canada couvre une période de douze mois et est en principe renouvelé d'une année à l'autre. Je décide donc de répartir le tournage sur deux années financières : un premier tournage de cinq épisodes cette année et un autre au début de 2001. En fait, cette répartition est plutôt théorique puisque les tournages ne s'arrêtent pas véritablement entre les deux années. Par contre le risque est bien réel puisque le financement de la seconde année n'est pas garanti par Téléfilm qui n'a pas le droit de commettre ses budgets d'avance. Advenant que son mandat soit changé ou que ses budgets soient réduits, nous aurions tourné du matériel totalement inutilisable puisque nous n'aurions pas les fonds pour en faire la suite. Cela représenterait plusieurs millions de dollars perdus. Luc Doyon est très conscient de ce risque et je le suis aussi. Mais le désir et la bonne volonté y sont. Nous n'avons pas besoin de longs discours – qui ne sont ni le style de Luc ni le mien – pour nous entendre et décider de foncer en dépit du risque. Le futur nous donnera raison, puisque notre demande de financement pour la deuxième année sera acceptée par Téléfilm Canada.

37

LES MÉDIAS S'EN MÊLENT

La préproduction n'a pas encore officiellement débuté que déjà les nouvelles et les rumeurs concernant la série se mettent à circuler. Réjean n'a pas perdu sa touche ; il sait toujours comment faire circuler l'information !

Dès le 28 avril 1999, *Le Journal de Québec* consacre sa une à deux sujets : une petite photo pour le nouveau joueur du Canadien, Éric Chouinard, qui vient d'obtenir un contrat de deux millions neuf cent mille dollars avec la Sainte Flanelle, et une très grande photo (prise dans les années quatre-vingt) de Marc Gagnon et Paul Couture revêtus de leur uniforme du National. La photo a comme légende : « Il y aura un autre *Lance et Compte.* » L'article en page deux explique que la série présentera un mélange d'anciens et de nouveaux comédiens et qu'elle sera diffusée à l'automne ou à l'hiver 2001 à TQS. Au *Journal de Montréal* ce jour-là, *Lance et Compte* partage la une avec les crimes de guerre au Kosovo !

L'expérience se répète donc comme dans les années quatre-vingt : la série n'est pas même en ondes que nous sommes déjà observés de près par les médias ! Pendant une des premières étapes de l'écriture, Réjean et moi songeons brièvement à déménager le National dans la région d'Ottawa, question de refléter la mouvance constante des clubs de hockey. Le bruit se répand et le journal *Le Droit* publie un article intitulé « La nouvelle série a failli se faire à Ottawa » :

«Au moment d'entreprendre la rédaction du scénario, Réjean Tremblay et Claude Héroux ont songé à laisser tomber le National de Québec au profit d'une nouvelle équipe. La formation, nous a-t-on révélé, aurait pu revêtir un chandail rouge et noir et jouer ses matchs locaux au centre Corel. Il semble que l'absence de rivalité entre les Sénateurs d'Ottawa et le Canadien de Montréal ait fait avorter l'idée. "Les partisans du Canadien ne détestent pas les Sénateurs comme ils haïssaient les Nordiques dans les années 1980", explique Réjean Tremblay.»

Plusieurs journaux annoncent aussi le supposé refus de la populaire chanteuse Marie-Chantal Toupin de jouer le rôle de la copine de Pierre Lambert. Elle aurait refusé le rôle, selon les articles, parce qu'il y aurait des scènes de nu à tourner. Or, nous n'avons jamais offert de rôle à la chanteuse, ni nue ni vêtue! Il s'agit donc d'un étrange malentendu que nous devons éclaircir à la fois avec Marie-Chantal Toupin et avec les médias.

Les réactions ne tardent pas à nous parvenir. Nous recevons des lettres de fans de la première série qui sont enchantés à l'idée d'en voir une suite et certains y vont même de quelques suggestions. Dès la confirmation du financement de la série par Téléfilm Canada, de nouveaux articles se mettent à pleuvoir dans les quotidiens québécois.

Certains acteurs de la première série, qui n'ont pas été contactés pour faire partie de la nouvelle mouture, apprennent par les journaux que leur personnage ne reviendra pas à l'écran. Nous n'avons pas le choix : pour faire de la place à de plus jeunes joueurs et éviter de faire de la série une banale réunion d'anciens qui serait trop radoteuse, Réjean ne peut pas ramener dans son scénario tous les personnages de la première génération. Certains acteurs manifestent leur mécontentement dans le cadre d'entrevues accordées à des journalistes des pages culturelles.

D'autres, comme le comédien Éric Hoziel, qui jouait le rôle du grand batailleur Mac Templeton, décident de joindre directement l'auteur pour défendre la cause de leur personnage. Éric est très attaché à Templeton, qui l'a fait connaître auprès du public. D'ailleurs, quand on demande aux Québécois qui est le meilleur bagarreur de l'histoire des Nordiques, les gens répondent spontanément que c'est Mac Templeton!

Réjean est surpris par la réaction d'Éric. Il avait plutôt en tête de reprendre le personnage de Maxime Morel, joué par Roy Dupuis dans un des téléfilms. Il a même déjà écrit une scène où Maxime, ex-joueur du National, est maintenant propriétaire d'un bar en République dominicaine. Marc Gagnon, devenu coach du National alors que l'équipe ne va pas bien du tout, surgit au bar de Maxime pour le supplier de revenir se joindre à l'équipe.

Réjean est touché par le grand intérêt d'Éric Hoziel pour la nouvelle série et décide de réécrire la scène en s'inspirant du personnage de Templeton. Celui-ci a connu de grandes difficultés dans sa vie et s'est tourné vers la foi pour le soutenir dans ses épreuves. Marc Gagnon, qui a besoin d'un batailleur pour son équipe, retrouve donc Mac Templeton dans un monastère où l'ancien joueur est venu se recueillir loin de tout. Retourner comme batailleur pour le National? Pas question! L'image suivante montre Templeton sur la glace, plus en forme que jamais. Marc Gagnon a réussi à le convaincre que la défense des plus petits joueurs était une tâche noble digne d'un homme de foi. Le retour d'Éric Hoziel dans la série est donc marqué de l'humour et de la générosité qui ont toujours été les caractéristiques de son personnage.

Réjean n'est pas le seul à recevoir des appels des anciens comédiens de la série. Jean-Claude Lord raconte dans le *TV Hebdo* du 7 juillet 2001 qu'il a été sollicité dès que la nouvelle au sujet du retour de la série s'est répandue dans les médias. «Je n'ai jamais eu autant de coups de fil de comédiens intéressés à jouer dans une de mes séries. J'ai même dû changer mon numéro de cellulaire!»

À cette étape, le texte reste flexible et il est encore possible de le modifier. Réjean a écrit les sept premiers épisodes, mais il décide de recommencer une grande partie de son travail. Le scénariste, le réalisateur et moi tenons plusieurs séances de travail pour réorienter les intrigues. Une de ces rencontres a lieu dans mon appartement en Floride. C'est l'endroit idéal pour travailler : le téléphone ne sonne pas ou sonne peu, l'atmosphère est décontractée et on peut faire abstraction des autres problèmes et se concentrer. C'est plus difficile d'avoir l'attention de Réjean pour de longues périodes quand nous sommes au Québec.

38

INNOVER DE NOUVEAU

R ajeunir la série et ses comédiens, c'est bien, mais comment réussir à innover de la même manière que nous l'avions fait en 1986? Comment égaler un succès quand produire une télésérie coûte plus cher que jamais? Pour *Nouvelle Génération,* nous disposons d'un budget de six millions huit cent mille pour produire dix épisodes, alors qu'en 1985 notre budget total était de onze millions et demi pour treize épisodes. La différence est considérable quand on tient compte de l'inflation! De plus, les négociations avec les commanditaires sont dorénavant prises en charge par le diffuseur. Un mois avant le tournage au Colisée, nous réussissons nous-mêmes à obtenir la collaboration des restaurants Mikes, qui feront la promotion de notre tournage à Québec sur leurs napperons et distribueront les billets pour assister à l'événement.

Je suis persuadé que nous devons filmer en vidéo, ce qui coûte moins cher que la pellicule que nous utilisions à l'époque. J'organise une réunion à ce sujet et j'y convoque ma fille Caroline et le directeur-photo que nous avons engagé, Serge Desrosiers. Il a tourné plusieurs projets avec Jean-Claude Lord. Caroline a passé plusieurs années à Los Angeles, où elle a travaillé comme productrice de concerts pour le magazine *Billboard.* Depuis son retour au Québec en 1997, elle fait de la direction de production d'émissions que je produis pour des chaînes câblées. Comme elle a un talent naturel pour la production, je songe à l'impliquer davantage dans *Lance et Compte.*

Depuis quelque temps, nous tournons nos productions en Betacam SP, un format vidéo professionnel qui a fait ses preuves à la télévision. Mais voilà que Caroline, appuyée par Jean-Claude et Serge, veut me convaincre de tourner en utilisant un nouveau procédé qui vient de faire son entrée dans la production télévisuelle : la caméra vidéo numérique à haute définition.

Nous sommes en 2000 et la diffusion télévisuelle à haute définition commence à peine à faire ses premiers pas aux États-Unis. J'avais considéré cette technique pour la mini-série *Les Duchesnay* que j'avais produite, mais j'avais vite abandonné l'idée en raison de plusieurs obstacles techniques. C'est un type de tournage qui coûte cher et je ne crois pas que nos budgets nous le permettent.

Mais voilà, les directeurs-photo sont toujours enthousiastes lorsqu'il s'agit de nouvelles techniques. Serge Desrosiers m'explique qu'il aimerait utiliser une nouvelle caméra numérique, la Sony 24P. Il pourrait ainsi tourner à une cadence de vingt-quatre images seconde cadrées dans un format 16:9 afin d'émuler le plus possible l'effet cinéma.

Je ne suis toujours pas convaincu que le jeu en vaille la chandelle. Produire une série de fiction en HD au Québec est un investissement financier risqué. La location des caméras est dispendieuse et il n'y a pas beaucoup de boîtes de post-production qui sont prêtes à accueillir un tel projet, ce qui limite notre pouvoir de négociation pour l'obtention de taux intéressants pour leurs services.

De plus, la diffusion en HD n'existe pas encore ici et les gens ne sont pas munis de téléviseurs qui permettent de capter toute la beauté de l'image promise par cette nouvelle technologie. C'est un peu comme à l'apparition de la télé en couleurs : si vous n'aviez qu'un vieux téléviseur en noir et blanc, pas de couleurs pour vous, peu importe la technique de tournage! Est-ce que nous ne risquons pas de nous donner tout ce mal pour rien? D'autres productions avant nous ont tenté l'aventure et ont eu peine à terminer leur tournage comme elles l'avaient prévu, ce qui me rend nerveux.

Caroline me répète qu'il y a plusieurs avantages à tourner en numérique HD. Comme l'équipement est très sensible à la lumière et qu'il n'y a pas de grain sur l'image (comme il peut y en avoir avec le film 16 mm ou 35 mm), on a beaucoup moins besoin d'éclairer les scènes. Moins d'équipement à louer veut dire économie d'argent. Et si on perd moins de temps à éclairer les scènes, on peut en tourner davantage dans une seule soirée.

Un argument commence à peser dans la balance : celui de l'innovation. Caroline joue d'ailleurs très bien cette carte ; elle me rappelle l'importance de *Lance et Compte* en matière d'innovation télévisuelle au Québec et me fait réaliser que j'avais un peu moins hésité à prendre des risques à l'époque. De plus, ma fille a convaincu l'entreprise technique qui s'occupe des transferts d'effectuer l'opération au même prix que pour le format normal, en guise de promotion. Je n'ai donc plus aucun argument. *Lance et Compte* sera tourné en haute définition.

Je ne suis toutefois pas le seul à convaincre. TQS doit aussi approuver ce choix de tournage non orthodoxe. La station de télévision a toujours privilégié les tournages en vidéo, mais ce qui la fait hésiter, c'est le format cinématographique de l'image produite par la caméra HD. Comment réagiront les téléspectateurs devant une image dont le haut et le bas sont tronqués pour montrer deux barres noires ? Un compromis est trouvé : comme le format final diffusé peut être contrôlé, si TQS reçoit des plaintes de téléspectateurs, nous nous engageons à revenir au format traditionnel. Le futur montrera que ce ne sera pas nécessaire.

Ma fille Caroline et moi entamons une nouvelle discussion : quel genre de musique ai-je en tête ? La question me surprend. Mais l'ancien thème, bien sûr ! Les compagnies dépensent des fortunes pour ce que les publicitaires appellent le « branding ». La marque de commerce de *Lance et Compte,* c'est notre musique. Le « Go ! Go ! Go ! » et l'indicatif musical font partie intégrante de la série. Ne vaut-il pas mieux rassurer les anciens fans en leur donnant ce à quoi ils sont attachés ?

La discussion n'est pas nouvelle entre nous et nous avons dû y faire face dans le cadre d'autres productions. Je suis d'une autre génération et même si j'ai maintenant mon propre iPod, il est rempli de musique qui fait grincer des dents mes petits-enfants !

Caroline est d'un tout autre avis que le mien. Le thème est bon, oui, et c'est pour ça qu'il a eu tant de succès, me dit-elle. Mais son style a vieilli et nous risquons d'avoir l'air dépassés si nous ne le retouchons pas un peu. Elle me cite comme modèle le thème bien connu de *Mission Impossible,* qui a reçu une cure de rajeunissement grâce au groupe Limp Bizkit pour l'adaptation de la série au cinéma. Le thème ainsi renouvelé connaît un grand succès dans les radios américaines. Ne pourrait-on pas faire la même chose avec celui de *Lance et Compte*? Je suis hésitant. J'ai horreur de la musique agressante qu'elle me fait entendre comme exemple. Pour m'amadouer, Caroline me promet qu'elle demandera une orchestration qui ne sera pas trop intense.

Nous discutons aussi de la musique qui accompagne habituellement le générique de fin de chaque émission. Je songe à demander à un chanteur populaire d'enregistrer une chanson pour nous afin de bien capter l'attention des téléspectateurs. Caroline aime l'idée mais veut d'abord savoir qui j'ai en tête. Je lui suggère quelques noms mais, selon elle, ces artistes ne sont plus au goût du jour…

J'accepte ultimement que le thème soit modifié et qu'on en fasse une version plus actuelle. Toutes ces discussions me semblent être un autre signal qu'il est peut-être temps de faire confiance à la relève et de passer la rondelle.

Le projet tremplin qui me servira à m'écarter des activités quotidiennes de la production et à mettre fin à une carrière active sera fourni par nulle autre que ma production fétiche… *Lance et Compte*! Le projet est lancé. Le financement est en place. Réjean, généreux comme toujours sur le plan des idées, s'adapte aux changements qui sont toujours nécessaires avant le début d'un tournage. Les équipes sont recrutées. La complicité avec Jean-Claude est de retour. La nouvelle génération doit maintenant passer de la fiction à la réalité.

Il y a toujours une magie qui opère dans notre industrie. J'y ai cru et j'y crois encore. J'ai longtemps mené ma carrière à fond de train et j'ai passé de longues heures au bureau ou sur les plateaux de tournage. J'aime ce que je fais, mais je ressens le besoin de souffler un peu. Le changement ne m'inquiète plus.

La transition est déjà en marche : mes filles Caroline et Stéphanie assurent la production même s'il est prévu que je resterai impliqué jusqu'à la toute fin, c'est-à-dire la diffusion. Je peux prendre une grande respiration, conscient qu'il y aura, comme toujours, des crises et des cas à régler de même que des discussions sur la conception du produit final. Mais, chose nouvelle pour moi, je prends la décision d'écouter davantage !

Je sais que mes filles sont intéressées à devenir partenaires à part entière de mon entreprise. Le temps est peut-être venu pour moi de reculer un peu et de les laisser toutes deux prendre des rôles plus importants dans la compagnie. Caroline a un bon instinct combatif vital pour une productrice et Stéphanie, sa cadette, diplômée en droit, saisit très bien tous les rouages financiers et légaux attachés à une production. Je sais que les Communications Claude Héroux seront entre bonnes mains, mais cela représente tout de même une grande étape pour toute la famille.

J'invite donc Caroline à dîner avec moi dans un restaurant d'Outremont. Elle ne sait pas pourquoi je l'ai convoquée et nous discutons d'abord de manière détendue, en père et fille. Puis nous revenons aux affaires. Je lui explique que je vois bien que nous ne sommes pas toujours d'accord sur certaines décisions. Je veux à la fois le bien de mes filles, qui ont le droit de mener leur propre carrière comme elles l'entendent, et le bien de la série à laquelle mon nom est si étroitement associé. J'ai aussi envie d'une belle retraite avec mon épouse et je n'ai pas envie d'attendre encore dix ans avant que nous puissions en profiter ! Je propose donc à Caroline de devenir officiellement productrice de *Lance et Compte*. Réjean et moi serons producteurs exécutifs, un rôle de supervision un peu plus détaché des décisions quotidiennes reliées à la production. *Lance et Compte : Nouvelle Génération…* Le titre de la série a donc beaucoup plus qu'un sens !

Caroline accepte le défi malgré ses réticences de départ. C'est que, depuis le début, reprendre cette série ne l'emballe pas outre mesure. Pour elle, *Lance et Compte* fait partie du passé et elle est plutôt tournée vers le futur de la compagnie. Elle craint aussi qu'avec cette série qui a été si longtemps associée à son père, elle n'arrive jamais à se débarrasser de l'éternelle étiquette « la fille de l'autre ». Elle a tout de même le sens des affaires et c'est grâce à ce sens que je réussis à la convaincre. La « nouvelle » compagnie doit pouvoir s'appuyer sur des bases solides pour espérer survivre dans le milieu hautement compétitif de la production télévisuelle et cinématographique. Et la série *Lance et Compte,* malgré son âge, c'est du solide.

Le même type de transfert des responsabilités a lieu avec mon autre fille, Stéphanie, qui a elle aussi des fonctions importantes pour la bonne marche des affaires de la compagnie. Le lien entre ces deux jeunes femmes me rappelle mes débuts dans l'industrie cinématographique, à l'époque où mon frère Denis et moi étions associés. Nous partagions les responsabilités, lui davantage du côté créatif alors que je m'occupais plus du financement et de la production.

Pendant ma carrière, j'ai tenté à plusieurs reprises de travailler avec des partenaires. Je trouvais intéressant de pouvoir discuter avec un associé, d'avoir son point de vue et de sentir son impact sur les décisions affectant la compagnie. Malgré mes efforts, il faut croire que je n'étais pas doué pour les associations, car la plupart furent de très courte durée. Je me suis retrouvé le plus souvent seul à porter les deux chapeaux de la production, le créatif et le financier, ce qui peut parfois être lourd. Je vois donc d'un très bon œil l'association de deux de mes filles.

Il sera toujours temps plus tard pour Caroline et Stéphanie de faire leurs preuves et leur nom bien à elles avec une nouvelle série qu'elles auront mise en œuvre. Ce qui compte maintenant, c'est qu'elles mettent toutes les chances de leur côté et ça, en femmes d'affaires avisées, elles n'ont pas mis trop de temps à le saisir !

Finalement, Stéphanie et Caroline rachèteront les parts de leurs deux autres sœurs et deviendront avec moi les copropriétaires de l'entreprise familiale. Je dois tout de même m'assurer que mes deux autres filles, Sophie, l'aînée, et Emmanuelle, la cadette, y trouveront aussi leur compte. Sophie a été mon adjointe pendant plusieurs années, mais elle a décidé depuis de se consacrer à sa jeune famille. Elle accueille la nouvelle du rachat avec enthousiasme. Emmanuelle aussi est contente pour ses sœurs, mais elle éprouve tout de même un peu de regret. Sa jeune carrière se déroule principalement à Los Angeles, où elle fait de la coordination de production pour des films américains. Elle aime cette vie, qu'elle n'est pas prête à quitter même si son cœur est au Québec. Ce sera pour une autre fois. (Emmanuelle rentrera quelques années plus tard au pays et travaillera à des projets en parallèle avec ses sœurs aînées.)

39

CASTING

Maintenant que la production a pris un «coup de jeune», il est temps de rajeunir aussi notre brochette d'acteurs. Le scénario de Réjean inclut de nouvelles vedettes du National et, comme à l'époque, nous devons faire un appel de casting pour trouver des acteurs qui savent manier aussi bien le bâton de hockey que les émotions. La tâche n'est pas mince, mais cette étape est toujours un moment excitant de la production. Aurons-nous un autre coup de cœur comme pour Carl Marotte? Trouverons-nous des comédiens capables de compenser l'absence des Pierre Lambert et Marc Gagnon sur la glace?

Les auditions se déroulent en deux temps. Le réalisateur commence d'abord par une audition en studio pendant laquelle il évalue avec la responsable du casting, Lucie Robitaille, le potentiel dramatique des jeunes comédiens en leur faisant jouer une scène. Ceux qui ont à jouer le rôle de hockeyeurs doivent ensuite démontrer leur coup de patin! Comme ça avait été le cas il y a quinze ans, Jean-Claude se retrouve devant certains comédiens qui lui ont affirmé savoir patiner mais qui ne l'impressionnent pas du tout une fois rendus sur la glace! Mais nous sommes très excités de constater que la notoriété de la série nous a attiré de beaux talents.

Jean-Claude Lord et Lucie Robitaille repèrent rapidement un comédien à la gueule de jeune premier et qui se débrouille vraiment bien sur la glace. Nous avons trouvé notre nouvelle vedette! Patrick Hivon a ce qu'il faut pour incarner la fougue et la naïveté de Danny Bouchard, le nouveau joueur étoile du National. Le nom du personnage est un clin d'œil à l'ancien gardien des Nordiques, Daniel Bouchard. Danny vivra les mêmes pressions que Pierre Lambert quinze ans avant lui. Mais si Lambert voulait se tailler une place pour des questions d'honneur, Danny, lui, a des considérations plus terre à terre : signer un très gros contrat et assurer le confort financier de son père en investissant dans l'immobilier.

L'expérience de l'audition est un peu surréaliste pour Patrick, qui était un fan de *Lance et Compte* à sa première diffusion :

« Je jouais au hockey atome quand j'étais petit mais j'ai dû lâcher l'équipe parce que le sport prenait trop de place et mes notes baissaient, explique-t-il. Puis *Lance et Compte* a commencé à être diffusé et j'ai vu Pierre Lambert ! Je suis vraiment tombé en amour avec cette série et, à cause d'elle, je me suis remis à jouer au hockey l'année suivante ! Quand mon agent m'a parlé de *Lance et Compte,* je me suis entraîné fort en prévision des auditions. Je n'ai peut-être pas la trempe d'un joueur de la Ligue nationale mais pour moi, c'est comme un rêve d'enfant qui se réalise[1] ! »

Même chose pour Louis-Philippe Dandenault, que l'on pressent pour le rôle de Francis Gagnon, le fils de Marc, qui doit faire face à la difficulté de voir son père devenir coach de son équipe de hockey. C'est Boum Boum Geoffrion et son fils Danny, qui n'avait pas le talent de son père, qui ont inspiré Réjean Tremblay pour le personnage de Francis :

« J'avais treize ou quatorze ans quand *Lance et Compte* a été diffusé pour la première fois, raconte Louis-Philippe. Je jouais au hockey et on écoutait ça à chaque semaine chez nous. Aux auditions, Jean-Claude Lord m'a rassuré en me disant que ça devrait bien aller si je savais patiner ! Pas de problème, ça je sais faire ! J'ai demandé si on allait avoir des doublures pour le

---

1. Entrevue accordée dans le cadre du « Making of » de *Lance et Compte* disponible sur le DVD de *Nouvelle Génération.*

vrai tournage et on m'a répondu que non. Il va falloir travailler fort! Ça va être le fun mais difficile. C'est vraiment spécial de faire partie d'une série qui a été si populaire quand on était enfant[1]. »

Louis-Philippe aura de qui s'inspirer : son frère Mathieu est joueur de hockey dans la Ligue nationale et fait partie cette année-là des Red Wings de Detroit.

C'est au hasard d'une séance de navigation sur Internet que l'ancien footballeur Peter Miller a entendu parler des auditions pour *Nouvelle Génération*. Celui qui sera choisi pour interpréter le rôle de Mike Ludano, le capitaine du National, était prêt à tout pour faire partie de la série, comme il l'explique au journal *La Tribune* :

> « C'est vraiment rare que je me sente comme ça, que je ressente ce besoin profond de participer à un projet. Il fallait absolument que je joue dans *Lance et Compte*. Je pense que dans ma vie, j'ai éprouvé ça trois fois seulement. […] Quand j'ai lu la description de ce personnage, j'ai su que le rôle était fait pour moi. »

Peter Miller est même allé jusqu'à insister auprès de Jean Perron pour que celui-ci l'entraîne en vue des auditions sur la glace. Car il n'a pas chaussé de patins depuis vingt ans! On lui offrira une doublure, mais il insistera pour tourner lui-même toutes ses scènes sur la glace.

Si la plupart des jeunes comédiens venus à l'audition connaissent déjà bien la série, certains n'en ont entrevu que des extraits. C'est le cas de Jessica Welsh, la jeune comédienne dans la vingtaine qui a été retenue pour jouer le rôle d'Annie, l'amie de cœur du hockeyeur étoile Danny Bouchard :

> « J'étais très jeune quand la première série a été diffusée et mes parents m'interdisaient de l'écouter. J'ai tout de même quelques souvenirs, car je l'écoutais parfois en cachette[2]! »

---

1. Entrevue accordée dans le cadre du « Making of » de *Lance et Compte* disponible sur le DVD de *Nouvelle Génération*.
2. *Idem.*

Le choc de côtoyer des vedettes tant admirées de l'ancienne série n'atteint pas seulement les acteurs. Une certaine productrice est un peu « star struck », comme disent les anglophones, en présence de Marina Orsini. Ma fille Caroline avoue sa grande admiration pour la comédienne trilingue :

> « J'avais seize ans à l'époque de la première série et j'étais devenue une méga fan de Marina Orsini, qui n'avait que trois ans de plus que moi mais qui avait déjà une carrière de mannequin. Je l'imitais toujours. Je me suis fait faire la même coupe de cheveux qu'elle. Si je la voyais porter de nouvelles bottes de cow-boy, j'allais m'acheter des bottes semblables. Une vraie groupie ! C'est mon souvenir le plus intense de cette première série ! »

Malheureusement pour Caroline, Marina n'a pas beaucoup de disponibilité cette année et ne sera présente que dans deux épisodes.

Le casting se poursuit et nous permet de trouver de beaux talents qui nous accompagneront dans cette nouvelle aventure, dont Karim Toupin-Chaïeb dans le rôle de Mathias Ladouceur, un joueur aux prises avec un problème d'alcool, Emmanuel Auger qui jouera « Le Truck » Pétel, un fougueux qu'on ressortira des ligues mineures, Gabriel Sabourin qui sera Gilles Fortier, le joueur batailleur très négatif qui rendra la vie dure à son équipe et Fayolle Jean Fils qui jouera le rôle d'Alex Beauchesne, un gardien de but qui viendra sauver l'équipe.

Nous pouvons aussi compter sur un acteur d'expérience, Raymond Bouchard, pour jouer le rôle de Jérôme Labrie, un agent de joueurs très ambitieux qui s'opposera souvent à Pierre Lambert.

Le National changera de soigneur, puisque Nounou (Michel Daigle) est maintenant propriétaire d'une brasserie fréquentée par de nombreux joueurs. C'est le caméraman et animateur de télévision bien apprécié du public et ami de Réjean, Paul Buisson, qui jouera le rôle de Bouboule, le nouveau thérapeute de l'équipe. À la grande tristesse de toute l'équipe, l'attachant Paul Buisson sera victime en 2005 d'une grave erreur médicale qui lui coûtera la vie. Mais pas question de faire mourir son personnage. Dans la série qui sera diffusée en 2006, *La Revanche,* on dira que Bouboule n'est plus avec le National car il a fait le choix d'aller travailler à Graceland, le «paradis» pour lui qui était un grand amateur d'Elvis. Tes amis et tes fans te saluent, Paul.

Lance et Compte aura aussi droit à toute une nouvelle génération de femmes. Nous sommes charmés par la jeune Charli Arcouette-Martineau qui jouera Jessica, la fille de Pierre Lambert. Ses humeurs et problèmes d'adolescente rendront la vie très difficile à son père, qui se retrouve veuf avec quatre enfants à élever après la mort de sa femme Patricia. Jason Roy-Léveillée, Alyssa Labelle et Émile Mailhiot joueront les trois autres enfants de Pierre Lambert.

Julie Larochelle – qui est la conjointe du fils de Jean-Claude Lord – interprétera Me Renée Doyon, une avocate qui apporte son soutien à Pierre Lambert dans ses négociations d'agent et qui aura avec lui une liaison amoureuse quelque peu dénuée de piquant. Nous profiterons aussi de l'expérience de Mireille Deyglun, qui jouera le rôle de Caroline Bertrand, ministre de la Santé et amie de cœur de Marc Gagnon, et de France Castel, qui sera Patricia «Mamma» Conti, la partenaire de l'agence de Pierre Lambert. Catherine Florent devient Nathalie Renault, une journaliste sportive qui sera la compétitrice de Lucien Boivin (Denis Bouchard). Leur rivalité rappellera la bonne époque du duo de journalistes formé par Lulu et Linda Hébert.

Certains journaux nous ont reproché d'avoir éliminé trop de rôles féminins de l'ancienne série. Ce qu'ils ne savaient pas encore, c'est qu'un des rôles les plus importants de la nouvelle mouture allait être accordé à une femme et que cette femme se retrouverait dans un poste hors de l'ordinaire. En effet, Réjean s'est amusé à imaginer l'impact que pourrait avoir l'arrivée d'une femme coach dans une équipe de la Ligue nationale. Qu'est-ce que cela changerait pour les joueurs? Serait-elle vraiment acceptée? Apporterait-elle quelque chose de différent à l'équipe? Et comment ça se passerait dans le vestiaire?

Maxim Roy est la comédienne qui a accepté de relever le défi et c'en est tout un!

« C'est un beau challenge à jouer, admet Maxim. Le défi, c'est de donner une crédibilité à cette femme. Il faut que ce soit crédible que le personnage de Michelle Béliveau vient se pointer dans ce monde d'hommes. Le fait que Réjean lui ait donné un background de psychologue rend les choses un peu plus faciles parce qu'elle sait comment dealer avec les gars, comment leur parler. Elle sait que si elle se met à crier, ça ne donnera absolument rien. C'est bien connu qu'une femme qui crie après des hommes est considérée comme une hystérique. Donc ce n'est pas quelqu'un qui pourrait avoir de l'autorité auprès des hommes[1]. »

Maxim a la touche parfaite pour interpréter ce rôle d'entraîneuse-adjointe. Elle arrive à projeter une assurance qui sert bien son personnage. Elle se permet aussi de jouer Michelle Béliveau dans un mélange de douceur et de fermeté sans avoir à la masculiniser, ce qui aurait pu tomber dans le cliché.

La comédienne se demande tout de même quelle sera la réaction du public à ce personnage un peu en avance sur son temps. Elle s'encourage en se disant que c'est quelque chose qui est tout de même déjà du domaine du possible :

« Après tout, on a eu Danièle Sauvageau comme entraîneuse au junior majeur masculin l'année dernière. Et puis le hockey n'est plus seulement un sport de gars. C'est un sport qui est accessible aux femmes. Le hockey féminin est puissant et beau à regarder. »

Pour assurer encore plus de crédibilité à son personnage, Maxim demande à aller voir une pratique des Canadiens de Montréal. Michel Therrien, le nouvel entraîneur-chef des Canadiens, suggère à Maxim, Marc Messier et Robert Marien de le suivre à une conférence de presse. Ils se rendent ensuite avec lui dans la chambre des joueurs. L'expérience est très utile à Maxim :

---

1. Entrevue accordée dans le cadre du « Making of » de *Lance et Compte*, disponible sur le DVD de *Nouvelle Génération*.

«Ça m'a beaucoup aidée à voir ce qu'un coach fait sur la glace pendant une pratique, en plus de son implication générale. Et je sais maintenant que je dois mâcher de la gomme en tout temps pour être plus réaliste!»

Le choix de comédiens dont la présence à l'écran est de courte durée est souvent fait par Jean-Claude sans qu'il m'en parle au préalable ou encore simplement en me montrant une photo de casting. Ça a été le cas pour les enfants du personnage du journaliste Lucien Boivin mais une fois rendu sur le plateau, le réalisateur insiste tout particulièrement pour que je rencontre les jumeaux. Un peu étonné de son insistance, je le suis alors qu'il se fraie un passage à travers l'équipement de tournage. Je vois alors pour la première fois les fameux jumeaux sous l'œil amusé de Jean-Claude. C'est la surprise totale. Rien à voir avec les photos qu'on m'avait présentées! Il avait décidé d'en faire des punks avec les cheveux multicolores droits dans les airs, maquillage prononcé et abondance de piercings!

Ce n'est pas tout de trouver des acteurs qui savent patiner. Nous devons aussi nous assurer qu'ils sont capables d'effectuer des jeux qui seront crédibles à l'écran. Une des forces de la série a toujours été son réalisme technique du point de vue du hockey. Pas question de changer ça avec la nouvelle mouture. Comme nous l'avions fait par le passé, nous décidons de choisir un entraîneur pour donner un coup de pouce à nos acteurs sur la glace. Ça nous prend quelqu'un d'expérience, qui en a vu d'autres et qui sait pousser dans le dos les joueurs plus fainéants... Notre premier choix au repêchage s'arrête donc sur Jean Perron, ancien entraîneur-chef du Canadien de Montréal et des Nordiques de Québec.

À un ancien coach de la Ligue nationale, il faut donner des moyens de la Ligue nationale. Les acteurs et figurants s'entraînent donc pendant un mois et demi avant le tournage dans un aréna en banlieue de Montréal.

Les jeux sont d'abord imaginés sur papier par Réjean Tremblay. Jean-Claude Lord les raffine ensuite, leur ajoutant la touche dramatique nécessaire, puis Jean Perron s'assure que les acteurs sont en mesure de les exécuter au moment du tournage. Ce n'est pas le temps de rater son coup quand le Colisée de Québec est plein de figurants impatients qui veulent être divertis!

Jean Perron prend sa tâche au sérieux, mais il éprouve des difficultés à maintenir le contrôle sur le groupe d'acteurs, qui peut parfois être indiscipliné. Ce ne sont pas des hockeyeurs professionnels, certains n'ont pas beaucoup de patience et manquent même des pratiques. Pour se faciliter la tâche, Perron remet à chacun des joueurs un livre des jeux à exécuter. Pas évident de savoir s'ils vont faire leur devoir, mais nous pourrons vite le vérifier une fois qu'ils seront rendus sur la glace du Colisée!

L'artiste qui impressionne le plus Jean Perron, c'est Patrick Hivon. Il demande à Perron un programme spécifique et s'entraîne à la fois sur la glace et hors de la glace. De plus, il n'hésite pas à se faire coincer dans les bandes, une qualité toujours admirée par un entraîneur!

Les acteurs seront-ils prêts pour le grand tournage au Colisée de Québec? Jean-Claude Lord ne veut pas prendre de chance et suggère que nous emmenions des doublures – de vrais joueurs expérimentés –, comme nous l'avions fait à l'époque de la première série. Ils pourront prendre la place des acteurs si le tournage ne se déroule pas assez vite.

40

ACTION!

Le tournage de *Lance et Compte : Nouvelle Génération* débute le 10 février 2001 et se termine le 31 mai, ce qui représente cinquante-huit jours de tournage. C'est la moitié du temps que nous avions pour produire la série dans les années quatre-vingt!

Les ancienne vedettes du National sont devenues des hommes pour la plupart très à l'aise financièrement et leurs demeures doivent refléter cette opulence. Notre équipe fait un travail de repérage remarquable pour trouver les maisons de luxe qui appartiendront aux anciens et aux nouveaux joueurs. Les propriétaires de ces maisons acceptent d'aller loger à l'hôtel quelques jours, pendant que nous louons leur demeure.

C'est notre fidèle collaborateur du temps des téléfilms, François Lamontagne, qui s'occupe de la direction artistique de la nouvelle série. Nous tournons de nombreuses scènes au restaurant Bogart de Laval, qui représente le bar de Marc Gagnon. Comme ce fut le cas à plusieurs reprises lors de la production des premières séries, nos tournages deviennent la cible de protestations de la part de syndiqués qui en profitent pour publiciser leur cause. Cette fois-ci, ce sont des membres du Syndicat des techniciennes et des techniciens du cinéma et de la vidéo (STCVQ) qui viennent placer des pancartes contre les fenêtres du restaurant. Ils protestent contre l'utilisation des caméras numériques sur le tournage, qui affecte le type d'entente collective régissant leurs contrats. Heureusement, de courtes négociations avec eux nous permettent de poursuivre le tournage sans prendre trop de retard.

Jean-Claude et son équipe tournent aussi dans les studios de la station de télévision TQS, de même que dans les bureaux du journal *La Presse* qui figurent ceux du quotidien *Le Matin,* dont la section des sports est maintenant dirigée par Lucien Boivin. La salle de rédaction bourdonne donc d'activité en plein dimanche matin, au grand amusement des quelques employés sur place.

Nous sommes impressionnés par les résultats obtenus avec la caméra numérique à haute définition, surtout dans des conditions où l'éclairage est très faible. La Sony est tellement sensible que le directeur de la photographie arrive à tourner des scènes éclairées par une seule chandelle et peut même filmer en grand angle dans un restaurant sans avoir à ajouter d'éclairage supplémentaire. Même le réalisateur en est surpris! Un soir, alors que Serge Desrosiers prépare la caméra pour le tournage d'une scène, Jean-Claude s'absente du plateau pendant quelques minutes et s'étonne à son retour que l'éclairage ne soit pas prêt. «Tu te rends compte que tu as oublié d'éclairer cette zone?» demande-t-il au directeur-photo. «Pas besoin», lui répond un Serge souriant. Il l'invite à regarder la qualité de l'image dans le moniteur vidéo. Le réalisateur est ravi de constater qu'il y a suffisamment de lumière pour tourner la scène sans avoir à installer des spots supplémentaires[1].

Le grand défi des tournages de *Lance et Compte* réside toujours dans les nombreuses scènes de hockey. Avant de nous présenter au Colisée de Québec, nous tournons des parties de hockey mineur à Saint-Eustache de même qu'au Complexe des 4 glaces de Candiac. Ce dernier représente les arénas de Pittsburgh, Toronto et Nashville. Une belle surprise attend l'équipe : Carl Marotte y est accueilli en héros par des jeunes qui n'étaient même pas nés quand la première série a été diffusée!

Le grand jour du tournage au Colisée Pepsi de Québec approche et nous sommes tous un peu nerveux. Nous avions réussi dans les années quatre-vingt à attirer un nombre impressionnant

---

1. «An interview with Serge Desrosiers, csc», Don Angus, Canadian Society of Cinematographers, septembre 2001.

de figurants et c'est en grande partie ce qui a assuré le succès et la crédibilité de la série. Sans des milliers de partisans pour encourager le National, qui arriverait à croire à l'existence de cette équipe et à s'inquiéter de son sort? Les années ont passé cependant et les Nordiques ont quitté la ville de Québec. Nous n'avons aucune garantie que la population sera encore de la partie quinze ans plus tard. Le tournage ne sera pas impossible si nous n'avons que trois ou quatre mille figurants, mais ce sera beaucoup plus compliqué car il faudra constamment faire changer les gens de siège pour remplir les sections couvertes par la caméra. Et nous devrons bien sûr renoncer aux prises de vue si dynamiques qui nous montrent un Colisée rempli à craquer.

La pression est d'autant plus forte que, pour des raisons budgétaires, nous disposons de moins de temps au Colisée que nous n'en avions lors de la première série. Il faudra donc faire «compter» chaque minute que nous passons dans ce lieu!

Je tente de me rassurer en me disant que les billets permettant d'assister au tournage se sont envolés rapidement dans les restaurants Mikes, ce qui nous permet de croire que nous ne nous retrouverons pas devant un Colisée vide. Espérons que le temps sera clément! Pas évident pour un 11 mars à Québec…

Les jours qui précèdent le tournage au Colisée se déroulent à un rythme fou. Caroline, Stéphanie et moi passons des heures au téléphone à nous assurer que tout sera fin prêt : les costumes, les responsables de la sécurité, les assistants de production supplémentaires, le transport et l'hébergement à Québec des cent cinquante comédiens et des membres de l'équipe de production, etc. Logistiquement, c'est un vrai cauchemar pour le producteur : deux équipes de hockey sur la glace, de multiples caméras et tout l'équipement qui l'accompagne, en plus des figurants que nous tenterons de garder sur place de onze heures trente à quinze heures trente! Chaque épisode de la série comportera des scènes de hockey et les scènes où l'on voit la foule, c'est au Colisée qu'elles doivent être tournées. Si un seul élément ne fonctionne pas bien, c'est toute la série qui risque d'en être affectée.

Le jour fatidique arrive. Nous nous sommes rendus à Québec la veille et avons tous logé à l'hôtel Le Germain. Quand j'arrive au Colisée le lendemain matin, il y a déjà quelques personnes qui font la file à l'extérieur et Jean-Claude a commencé à tourner quelques scènes avec les joueurs, sans public. Caroline me confie ne pas avoir très bien dormi les deux dernières nuits. Je reconnais les signes de fatigue sur son visage et je dois oublier mon premier réflexe de père protecteur pour me rappeler que ma fille est maintenant productrice et que ça fait partie du métier! Je suis de nature un peu fataliste. Mais lorsque le moment de tourner arrive et que je sais que nous ne pouvons plus changer le déroulement des choses, je suis d'avis qu'il faut lâcher prise et cesser de s'en faire. Mieux vaut rester calme.

Première mauvaise nouvelle : il fait un froid de canard! Ah, merveilleuse province au climat si coopératif! Malgré cela, une surprise nous attend à l'extérieur du Colisée : environ deux mille personnes font déjà la queue à l'extérieur pour s'assurer d'une bonne place. C'est très bon signe, mais les pauvres vont mourir de froid puisque nous n'avons prévu ouvrir les portes qu'à onze heures!

À l'intérieur, le personnel de production s'affaire à gauche et à droite. Deux jours plus tôt, le Colisée a déjà été «décoré» pour nos besoins. Les publicités qu'on y trouvait ont été remplacées par celles de nos commanditaires. Le logo des Remparts de Québec, qui orne habituellement le centre de la patinoire, a été changé pour le célèbre «N» du National.

À neuf heures trente, Caroline n'y tient plus et va jeter un coup d'œil à l'extérieur. La queue s'est considérablement allongée et une évaluation rapide lui permet de croire qu'il y a déjà cinq mille personnes qui attendent de pouvoir prendre place à l'intérieur. Elle revient vite nous annoncer la bonne nouvelle et nous poussons tous un soupir de soulagement. Cinq mille personnes, c'est le chiffre minimum dont nous avons besoin pour rendre notre tournage possible. Avec ce nombre, nous savons que nous pourrons réussir nos scènes sans trop avoir à nous inquiéter. Un poids quitte mes épaules et je vois bien qu'autour de moi tout le monde respire un peu mieux. Vivement que le tournage commence!

L'équipe technique prépare les outils spécialisés qui lui permettront de suivre les joueurs de près sur la glace. Cinq caméras seront utilisées par six caméramen. Le même « dolly » spécialisé qui nous avait servi dans les années quatre-vingt a été amélioré pour s'adapter aux nouveaux équipements. Le directeur-photo y prendra place, poussé par un assistant. Un autre caméraman sera muni de patins pour suivre l'action de près. Parce qu'il risque d'apparaître de manière accidentelle dans l'image, ce caméraman a revêtu un chandail rayé d'arbitre afin de passer plus inaperçu. Quand les prises de vue iront de la glace à la foule, le caméraman en patins refilera son appareil à un autre caméraman en chaussures de course qui prendra rapidement le relais dans les estrades.

Il est dix heures trente et Caroline va jeter un autre regard dehors. La scène qu'elle voit la renverse : la foule qui fait la queue est gigantesque ! Caroline constate que les gens commencent à avoir vraiment froid et nous prenons la décision de ne pas attendre onze heures pour ouvrir les portes. Les gens se précipitent à l'intérieur, parfois un peu agressivement, pour s'emparer des meilleurs sièges. Nous avons réservé une section « VIP » juste au-dessus des bancs des joueurs. Comme les caméras sont souvent dans ces sections, nous sélectionnons donc les figurants qui vont y apparaître.

En quelques minutes, les sièges vides se remplissent et le Colisée est envahi par le bruit des pas et des conversations. Nous n'en croyons pas nos yeux. Ils sont venus ! Et ils sont très nombreux ! Nous contemplons les gradins alors que douze mille personnes y sont installées, contentes de se retrouver au chaud et impatientes de voir les vedettes qui les ont incitées à se déplacer. Je lance un coup d'œil du côté de ma fille et je sais, à voir ses yeux mouillés, qu'elle est aussi émue que moi. Jean-Claude est aux anges… mais fébrile ! Le succès de la journée repose maintenant sur ses épaules.

Un tournage peut rapidement devenir ennuyant et répétitif. Pour que nos figurants ne quittent pas les lieux après la première heure de tournage, nous devons donner à la journée des allures « d'événement ». En collaboration avec nos commanditaires, nous avons prévu le tirage d'une moto Harley-Davidson et d'un voyage d'une semaine pour deux au Mexique. Un autre concours a permis à quelques chanceux de prendre place dans la section VIP derrière le banc du National. Au cours de la journée, Jean-Claude s'adressera directement aux figurants à l'aide d'un casque-micro installé sur sa tête et relié au système de son du Colisée. Pour l'aider à animer la foule cette année, nous avons fait appel à Paul Rivard, journaliste de *110 %,* la populaire émission sportive de TQS.

Le réalisateur, chaussé de patins tout comme ses assistants, s'avance au milieu de la glace pour s'adresser à la foule :

«Vous venez de me faire perdre un pari, leur explique-t-il. Vous êtes plus nombreux que je l'avais prévu! Je vais devoir payer le champagne aux membres de l'équipe.»

En effet, Jean-Claude était tellement persuadé qu'il n'y aurait pas plus de dix mille personnes au Colisée qu'il a été prêt à gager là-dessus! Il est cependant le premier ravi d'avoir perdu ce pari.

Puis il continue :

«J'ai réalisé la première année de *Lance et Compte.* Ça fait plaisir de vous revoir quinze ans plus tard. C'est bon aussi de voir que le National, lui, est toujours à Québec!»

La réaction des douze mille figurants est immédiate. Applaudissements et cris retentissent de tous côtés. Il est évident que les gens de Québec sont encore affectés par le départ des Nordiques, mais au moins le National leur est resté fidèle et ils apprécient cela. Nous constatons aussi que les gens sont venus bien équipés : banderoles, drapeaux et chandails à l'effigie du National parsèment les gradins. Leur participation dépasse vraiment nos espérances.

Certains sont venus parce qu'ils sont nostalgiques de la série. D'autres sont là parce qu'ils sont curieux de découvrir comment se tourne une série de cette envergure. Mais le plus grand nombre de personnes se sont déplacées, bien sûr, pour voir des vedettes de la télé.

Jean-Claude est en train de discuter avec un membre de son équipe technique quand il entend tout à coup la foule se mettre à crier. Les gens sont debout, hurlent et agitent des banderoles. Le réalisateur se retourne et constate, à sa grande surprise, que cette ovation a été provoquée par l'entrée de Carl Marotte sur la glace.

L'émotion gagne rapidement l'équipe. La journée promet! Carl n'en revient pas lui-même. Après tout ce temps :

« J'étais très ému. Je ne savais plus quoi faire. Mes jambes tremblaient. C'était quelque chose d'incroyable. C'est surprenant, quinze ans plus tard, que les gens soient toujours aussi chaleureux et prêts à nous recevoir comme ça[1]. »

Marc Messier a eu droit lui aussi à un bel accueil de la foule. «C'est excitant et c'est émouvant, depuis toutes ces années, de retrouver cette ambiance-là[2]. »

Même les recrues comme Danny Bouchard, que les gens ne connaissent pas encore, ont droit à un tonnerre d'applaudissements. Patrick Hivon raconte :

« C'est comme si j'avais joué dans la Ligue nationale. À un moment donné, tout le monde s'est levé, ça criait, on ne s'entendait plus. J'avais des frissons! C'était incroyable. C'était émouvant pour nous, les joueurs, et on était d'autant plus touchés qu'on était tous un peu fatigués. Tant de monde qui t'acclame! Ils ne savaient même pas qui j'étais, mais ils ont accepté la convention que Danny Bouchard était important pour le National[3]. »

Jean Perron sort son grand tableau et les joueurs, nerveux, tentent de se concentrer sur les jeux qu'il leur décrit à l'aide de cercles, flèches et autres graphiques. Il faut que l'équipe de tournage soit très organisée pour arriver à effectuer toutes les scènes de hockey prévues pour la journée, une trentaine au total. Heureusement, Perron et ses comédiens ont eu la possibilité de pratiquer dans le Colisée vide la veille. «C'est comme dans la Ligue nationale», expliquera plus tard Jean Perron aux journalistes. «Pouvoir pratiquer deux fois avant le match dans l'amphithéâtre où l'on va jouer, ça fait que l'on finit par se sentir comme chez soi! »

---

1. Entrevue accordée dans le cadre du «Making of» de *Lance et Compte,* disponible sur le DVD de *Nouvelle Génération.*
2. *Idem.*
3. *Idem.*

Et tout comme pour un vrai match, c'est le septième joueur qui compte, c'est-à-dire la foule qui anime les lieux et pousse dans le dos des comédiens. Pendant le tournage, l'un des comédiens doit exécuter un jeu complexe et compter un point, mais il n'y arrive pas. Le temps passe et les mauvaises prises se succèdent. Toujours pas de but et l'équipe commence à se faire du mauvais sang. Jean-Claude décide alors d'utiliser son « septième joueur » et s'adresse à la foule. « Bon, c'est votre tour! Il faut que vous l'aidiez à compter. Donnez-lui la claque! » Les douze mille personnes se mettent à taper des mains et des pieds et à lancer des cris d'encouragement. Soulevé par cette énergie, le comédien réussit enfin à compter.

« C'est incroyable, l'énergie qu'une foule comme ça peut dégager, m'explique plus tard le réalisateur. Le danger cependant, c'est qu'un comédien pousse la machine trop fort et finisse par se blesser. Ce ne serait pas drôle pour lui et ça nous mettrait dans le pétrin puisqu'il nous reste bien des scènes à tourner! »

Nous avons prévu des doublures au cas où les comédiens n'arriveraient pas à faire certains jeux, mais nous ne les utilisons qu'une seule fois dans toute la journée, pour un jeu particulièrement spectaculaire qui demande beaucoup d'expérience.

De nouveau, le petit préféré de Jean Perron, Patrick Hivon, se démarque sur la glace. « Il fallait une bonne forme pour passer au travers de la journée d'aujourd'hui. J'ai surveillé Hivon. Il était là à presque tous les jeux. Il s'est fait coincer dans les bandes. On ne sort pas de là sans égratignures! » explique Jean Perron à la journaliste Kathleen Lavoie, du *Soleil*.

J'ai l'impression que de nombreux comédiens, quand ils seront rendus dans leur chambre ce soir, n'auront pas à faire semblant quand ils grimaceront de douleur!

Les comédiens ne sont pas les seuls à accomplir des prouesses. Il faut voir l'équipe technique évoluer sur la glace! Le tournage donne même lieu à des scènes cocasses. Une rondelle est une rondelle, c'est-à-dire imprévisible, surtout quand elle est poussée par le bâton de joueurs non professionnels. À la caméra, notre directeur-photo s'efforce de suivre ladite rondelle en faisant un « pan » avec son appareil, forçant ainsi les membres de son équipe technique à se jeter sur la glace pour éviter d'apparaître dans le cadre. Pendant une prise où la rondelle est particulièrement «folle», et que Serge Desrosiers doit suivre avec sa caméra, nous rions en regardant les caméramen et leurs assistants se jeter par terre, suivis du réalisateur et de son assistante! Boum, boum, boum! Ils tombent l'un après l'autre, comme des mouches!

La journée avance à un bon rythme et nous réussissons à garder la grande majorité des figurants avec nous jusqu'à quinze heures trente. Jean-Claude dirige habilement la foule, qui doit réagir selon ce qui se passe sur la patinoire : jeu raté, bagarre, punition. Les gens sont patients et coopératifs et Jean-Claude les remercie constamment, touché qu'il est par l'énergie qu'ils lui envoient.

À un certain moment, quelqu'un dans l'équipe apprend à la foule que Jean-Claude sera bientôt grand-père. Pour le taquiner, des comédiens le soulèvent dans les airs et le portent ainsi triomphalement tout en faisant le tour de la patinoire. Ils entraînent les gens à scander avec eux «Papi, Papi!» et la foule embarque, enchantée de cette complicité. Jean-Claude n'en revient pas.

«C'est comme un gros party de famille. On a l'impression que le National de Québec existe toujours et qu'il appartient à la ville de Québec. Je pense que c'est dû au fait qu'ils n'ont plus les Nordiques, qu'ils n'ont plus d'équipe dans la Ligue nationale. Ils ont conservé un attachement très particulier, quelque chose de sentimental qui est pour nous très enrichissant. Je pense que c'est pour moi le grand moment de la série jusqu'à maintenant[1].»

Je dois avouer que je vis aussi un beau moment. L'enthousiasme des spectateurs me soulève. Pour bien voir l'action, j'ai choisi de me tenir debout à l'entrée du couloir qui mène aux vestiaires, près du banc des joueurs. Si vous regardez la série sur cassette ou DVD et que vous prêtez bien attention, vous me verrez dans de nom-

---

1. Entrevue accordée dans le cadre du «Making of» de *Lance et Compte,* disponible sur le DVD de *Nouvelle Génération.*

breuses séquences au Colisée, debout dans mon coin. Je suis l'homme habillé de noir avec un immense sourire accroché en permanence aux lèvres!

Je ne sais pas encore si notre série aura le succès dont je rêve depuis le départ, mais cette journée me donne confiance. Si les gens de Québec sont si prêts à embarquer avec nous, pourquoi le reste de la province ne le serait-il pas autant?

J'observe Caroline, qui est allée s'installer dans un coin des estrades, parmi la foule. Elle a l'air émue. Je suis en fait témoin de ce qui deviendra une tradition pour la nouvelle productrice de *Lance et Compte.*

« Le tournage au Colisée est toujours une journée intense pour moi, m'expliquera Caroline. C'est comme un mariage : c'est la journée dont tu devrais pouvoir profiter, mais tu finis par t'occuper de tout et tu ne vois rien! Je m'assure donc de prendre au moins un moment dans la journée pendant lequel je peux vraiment en profiter. Je vais m'asseoir dans un des coins, là où la section des sièges rouges rejoint la section des bleus et je me laisse savourer la scène. Je regarde les gens, leurs réactions, et chaque fois c'est la même chose : les larmes se mettent à couler! C'est trop d'émotion! Ça représente des mois de travail et d'anxiété et ce tournage compte pour beaucoup dans le succès de la série. Il y a des scènes de hockey dans chaque épisode. C'est donc important que les gens participent. Ça donne toute sa couleur à notre série. »

Seul pépin de la journée : un petit groupe de gens représentant le Syndicat des techniciens et techniciennes du cinéma et de la vidéo se sont installés dans les estrades avec leurs banderoles pour protester, comme ils l'ont fait il y a quelques semaines. Les membres de la sécurité se chargent de leur faire quitter les lieux et notre tournage n'est pas interrompu de manière significative. Les places laissées vacantes par leur départ sont d'ailleurs vite remplies!

La journée se termine et les gens rentrent lentement à la maison. Nos figurants devront attendre jusqu'en février 2002 avant de se voir à l'écran. Nous sommes tous un peu étourdis devant ce grand silence qui règne soudainement dans le Colisée.

Le lendemain, les titres des journaux nous confirment que nous n'avons pas rêvé : «Le National relance... et compte!» annonce en énormes lettres la une du *Journal de Québec*. «Les murs du temple suintaient la nostalgie», raconte *Le Soleil* en première page. «Le hockey professionnel revit à Québec... avec *Lance et Compte*», dit le *Journal de Montréal*. Nous apprenons ainsi qu'à cause de notre tournage, le Salon de l'auto de Québec a vu son nombre de visiteurs diminuer par rapport à l'année précédente. Le vice-président du Salon, Jean-Guy Bégin, explique aux journalistes que notre tournage «leur a fait mal».

Depuis plusieurs années, la chaîne de restaurants McDonald's organise une journée «défi» pendant laquelle des joueurs de hockey professionnels et amateurs sont soumis à des épreuves d'habileté sur glace. Cette journée permet de recueillir des fonds pour venir en aide à diverses associations qui se consacrent aux enfants dans le besoin. Malheureusement, l'événement de 2000 n'a attiré que neuf mille personnes et le nouveau directeur du marketing général chez McDonald's, Yves Lebon, cherche une manière de rebâtir un intérêt pour cette journée.

Il y a quelques semaines à peine, cet homme travaillait à la promotion pour les restaurants Mikes, et c'est avec lui que nous avons coordonné la promotion pour le tournage au Colisée qui a si bien fonctionné. Maintenant chez McDonald's, Yves Lebon a l'idée de faire participer *Lance et Compte* à la journée du défi. Il nous appelle donc pour nous suggérer d'organiser une partie entre le National de Québec et le Canadien de Montréal au Centre Molson. Nous vérifions auprès des comédiens et leur réponse est positive. Nous acceptons donc avec joie de faire partie de l'événement, puisque c'est pour une bonne cause. Tous les profits de la journée seront versés à la Fondation du Club de hockey Canadien pour l'enfance ainsi qu'aux manoirs Ronald McDonald de Montréal et de Québec.

Le 18 novembre 2001, c'est une équipe du National très nerveuse qui se rend à Montréal, prête à affronter les vrais joueurs du Canadien. Plus de vingt et un mille personnes viennent assister au match et la pression est forte sur nos pauvres comédiens-hockeyeurs! Plusieurs d'entre eux caressent depuis longtemps le rêve d'affronter une équipe professionnelle, mais un joueur du Canadien sur la glace, c'est impressionnant et ça patine vite! Le match doit durer trente minutes non chronométrées et sera suivi d'épreuves d'habileté.

Michel Forget, Maxim Roy et Jean Perron agissent comme entraîneurs du National. Notre équipe est composée de joueurs de la première série, dont Lambert, Gagnon, Martin et Templeton, ainsi que de nouveaux joueurs, dont Bouchard, Ludano et Gagnon fils. Nous avons aussi invité quelques personnalités bien connues du public à se joindre à nous, dont l'animateur Alain Dumas. Il est excité comme un enfant à l'idée d'affronter de vrais joueurs!

L'ambiance est magique dans le Centre Molson et c'est toute la rivalité Québec-Montréal qui semble renaître le temps d'un match. La présentation des joueurs nous réserve aussi une belle surprise : du côté du Canadien, le gardien José Théodore reçoit une belle ovation, de même que Saku Koivu (qui ne peut jouer en raison du cancer contre lequel il se bat). Mais la foule se déchaîne de plus belle lorsque Carl Marotte et Marc Messier leur sont présentés. Ils sont applaudis avec la même ardeur que les joueurs qui ont connu une longue carrière au hockey. Les hockeyeurs anglophones de l'équipe du Canadien n'y comprennent rien, eux qui n'ont pas suivi la série à l'époque. Pourquoi ces inconnus sont-ils tous adulés comme s'ils étaient des Guy Lafleur?

Les yeux des comédiens brillent. Une foule de cette taille qui se déchaîne, ça fait tout un effet! Ils sont très émus de se retrouver devant vingt et un mille fans qui leur manifestent si bruyamment leur affection. Pour toute l'équipe de production de *Lance et Compte,* c'est encore une fois une belle preuve de tout l'impact qu'a eu notre série sur les téléspectateurs québécois.

Une fanfare, avec Normand Brathwaite à la batterie, interprète l'hymne national. Pendant le match, la musique d'animation est assurée par Hors-Jeux, le groupe de Paul Buisson (Bouboule).

À la mi-match – fait inhabituel dans le monde du hockey –, un échange de joueurs a lieu sous le regard des spectateurs. Le gardien José Théodore est prêté à l'équipe du National pour rééquilibrer les forces. Le jeune gardien de but est ravi de se retrouver parmi les vedettes qu'il a tant admirées! Plus tard en entrevue, il dira aux journalistes :

«Ce fut une belle journée, en particulier pour les joueurs francophones de notre équipe qui ont grandi, comme moi, en regardant cette télésérie. J'avais douze ou treize ans à l'époque. J'avoue que ça faisait bizarre de voir les comédiens sur la glace!»

Il n'est pas le seul à qui la journée a rappelé des souvenirs. Le joueur du Canadien Stéphane Quintal a connu Carl Marotte et Jean Harvey alors qu'il était junior. Il jouait pour les Bisons de Granby quand les deux comédiens étaient allés s'entraîner avec eux en vue du tournage de 1985.

Quintal a l'occasion de faire valoir ses talents de hockeyeur : c'est lui qui enregistre le tir le plus puissant dans les concours d'habileté qui suivront le match, avec un lancer de plus de cent cinquante kilomètres à l'heure.

L'admiration va donc dans les deux sens : autant les comédiens sont ébahis de se retrouver sur la glace avec le Canadien, autant les joueurs du tricolore sont excités à la vue de leurs vedettes préférées. Les autographes s'échangent de tous côtés et pas seulement entre les hommes. Nous voyons à un moment donné le joueur du Canadien Patrice Brisebois s'approcher de l'entraîneuse-adjointe Maxim Roy pour lui demander son autographe. Peut-être rêve-t-il secrètement de la voir prendre la place de son entraîneur dans le vestiaire du Canadien?

Le match se termine par une victoire de quatre à trois du National. Avec les organisateurs de l'événement, nous avons préparé une cérémonie toute spéciale pour amuser le public. Comme c'est la dernière partie fictive de Marc Gagnon pour le National, nous avons décidé de retirer officiellement son chandail. Pour l'occasion, une bannière marquée du numéro sept est donc hissée solennellement au plafond du Centre Molson.

Marc Messier remercie les joueurs du Canadien de s'être prêtés au jeu avec autant de générosité :

« Je voudrais dire aux joueurs du Canadien que nous avons beaucoup de respect pour leur métier. Je suggère même aux téléspectateurs de mettre leur magnétoscope à "fast forward" pour que notre performance se rapproche de la réalité. Je voudrais aussi souhaiter une bonne saison au Canadien et je souhaite bonne chance à l'équipe dans les séries. »

De la chance, ils en auront besoin cette année-là…

Le sixième défi McDonald est un énorme succès et génère des profits de cinquante mille dollars qui sont versés aux organismes de bienfaisance pour enfants. Toute l'équipe de *Lance et Compte* est ravie du résultat et c'est la tête pleine de merveilleux souvenirs que nous rentrons à la maison.

Le tournage de *Nouvelle Génération* se termine en mai et nous commençons le travail de post-production environ un mois plus tard. Le montage est confié à Hélène Bédard et Éric Genois et la musique à Stéphane Deschamps, qui a renouvelé avec succès l'ancien thème de la série.

41

LE MATCH ULTIME :
LA DIFFUSION

Nos dix épisodes sont prêts. La date de diffusion approche et je dois avouer que Caroline, Stéphanie et moi sommes nerveux. Ce n'est pas que nous n'avons pas confiance en notre série ; au contraire, nous sommes contents des résultats et nous avons très hâte de partager les nouveaux épisodes avec le public. Mais la concurrence est féroce en télévision actuellement et les journaux ne manquent pas de nous le rappeler.

En janvier 2002, TVA présente dans la même soirée deux épisodes de son nouveau téléroman, *Les poupées russes.* Le premier épisode, à vingt heures, attire un million quatre cent douze mille spectateurs et le deuxième, à vingt et une heures, en attire un million quatre cent deux mille. C'est donc un gros succès. À Radio-Canada ce même soir, le premier épisode des *Super mamies,* écrit par Lise Payette, attire à vingt heures un million soixante-six mille téléspectateurs. Dans sa chronique du 12 janvier 2002 dans *La Presse,* Louise Cousineau fait de sombres prédictions :

«Cette affluence laisse prévoir de grosses difficultés pour *Lance et Compte : Nouvelle Génération,* que TQS a décidé d'installer le mercredi à dix-neuf heures trente à compter du 20 février. Il sera bien difficile de "scorer" contre les deux mastodontes déjà installés et que les téléspectateurs ne voudront peut-être pas déserter. TQS va-t-il changer sa soirée de diffusion ?»

Mais TQS n'a pas l'intention de changer de stratégie, comme l'explique son vice-président à la programmation, Luc Doyon. Selon lui, il n'y avait pas beaucoup d'autres créneaux possibles. Il fallait dix soirées régulières sans match de hockey et il y a presque toujours un match qui se pointe les autres jours de la semaine. Il est tout de même optimiste : il croit que *Lance et Compte* attirera un million deux cent mille téléspectateurs.

Réjean Tremblay avait de plus grandes ambitions encore, mais il les a perdues en raison de ce choix de case horaire. En entrevue pour le journal *Le Soleil,* il explique :

« Je suis solidaire de cette décision, mais profondément déçu. Pour des raisons de programmation, que je m'explique mal, la série n'attirera jamais deux millions de téléspectateurs. »

Je partage sa déception, mais la décision de TQS est prise : la diffusion aura bel et bien lieu à l'heure initialement prévue, du 20 février au 24 avril 2002. En réaction à cette guerre du mercredi soir, Radio-Canada déplace soudainement *Les super mamies* au mardi et choisit de diffuser *Rivière-des-Jérémie* à vingt heures le mercredi.

Fait cocasse : Luc Doyon, de TQS, est le compagnon de vie de Louise Forest, qui réalise *Les poupées russes,* le nouveau succès de TVA diffusé en même temps que *Lance et Compte.* Tous deux entrent donc en concurrence directe avec leurs séries respectives !

Nous ne pouvons plus espérer obtenir les cotes d'écoute que nous avons eues dans les années quatre-vingt car l'auditoire est fragmenté et l'offre est trop grande. De plus, la méthode pour déterminer les cotes d'écoute est devenue plus scientifique. Il existait autrefois deux compagnies qui se chargeaient d'évaluer le nombre de téléspectateurs. Les résultats obtenus par ces deux compagnies variaient entre eux et changeaient beaucoup d'une semaine à l'autre. Mais il y avait une constante : la tendance était à la hausse. Les diffuseurs étant leurs principaux clients et les cotes d'écoute influençant directement les tarifs publicitaires payés par les annonceurs, ces compagnies tenaient à rendre leurs clients heureux. Certains diffuseurs étaient même actionnaires d'une des compagnies de sondage !

La méthode de calcul se faisait par échantillonnage. Des téléspectateurs recevaient un jour dans leur courrier une enveloppe contenant un questionnaire sur les émissions qu'ils avaient écoutées pendant la semaine. L'enveloppe contenait aussi un crayon et un billet de un dollar à conserver. Il suffisait de remplir le questionnaire et de le retourner dans l'enveloppe affranchie. C'est à l'aide de ces échantillons d'auditoire que les résultats étaient calculés.

La méthode utilisée maintenant fait appel aux nouvelles technologies électroniques. Elle ressemble un peu à l'audimat européen, qui permet d'établir, grâce à un appareil branché directement sur le téléviseur et relié à un ordinateur central, le nombre de téléspectateurs pour chaque émission. Cette méthode, selon moi, donne des résultats sans comparaison possible avec l'ancien système.

Nous organisons un visionnement de presse pour le 13 février, une semaine avant la première de la série. Pour bien s'assurer que le public soit au courant de l'arrivée de la nouvelle mouture de *Lance et Compte* et pour familiariser les téléspectateurs avec les nouveaux personnages, trois jours avant le début de la série, TQS diffusera une émission spéciale consacrée au tournage de *Nouvelle Génération*. On pourra y voir des entrevues avec les comédiens, l'auteur et le réalisateur ainsi que des extraits de quelques scènes de la série. L'idée, bien sûr, est de créer un événement autour de la série, un «buzz» qui aura des répercussions sur les cotes d'écoute.

Les journalistes sont nombreux au visionnement de presse à Montréal. Caroline leur présente l'épisode un en entier, des extraits des épisodes deux et trois puis l'épisode quatre. Après le visionnement, Jean-Claude fait une présentation sur sa vision de *Lance et Compte,* quinze ans plus tard. Puis les comédiens sont présentés aux journalistes. Le réalisateur en profite pour désigner le ventre rondelet de sa belle-fille, Julie Larochelle, qui interprète l'avocate de Pierre Lambert. Il sera grand-père cet été et n'en est pas peu fier! Les membres de la presse peuvent ensuite faire des entrevues avec les artistes pendant le dîner prévu au programme.

Le lendemain, les journalistes réagissent au visionnement dans les pages de leur quotidien. Le feed-back général nous semble positif. Louise Cousineau exprime cependant quelques réserves dans sa chronique de *La Presse* titrée « Le retour de *Lance et Compte* : moins punché, mais on est en famille… » :

> « Je m'en allais la mort dans l'âme à ce visionnement. Pierre Lambert, Marc Gagnon, Nounou, Lulu, Templeton, Suzie, ça fait partie de ma famille d'excellents souvenirs de télévision. Et remuer des souvenirs, ce n'est pas toujours une bonne idée.
>
> Le premier épisode est lent au point que je me suis demandé si Réjean et son réalisateur avaient besoin d'un fauteuil roulant. Heureusement, ça s'est arrangé au quatrième épisode. Entre les deux, on espère qu'on ne se traînera pas trop les pieds.
>
> Ça n'a plus le punch d'il y a quinze ans, c'est sûr. Mais, finalement, on est tellement attaché à ces personnages, restés étonnamment près de nous, qu'on a envie de savoir ce qu'ils deviennent. Ils sont notre famille. À qui on pardonne bien des choses. »

Richard Therrien, du journal *Le Soleil*, croit que Réjean Tremblay n'a pas écrit de chefs-d'œuvre depuis *Scoop* mais qu'il retrouve sa forme des meilleurs jours avec la nouvelle mouture.

> « Dans *Lance et Compte : Nouvelle Génération*, tous les ingrédients – incluant tous les pires clichés ! – sont là pour reconquérir les anciens fans du National. […] Bien sûr, Bouchard a une blonde, ravissante et filiforme. Qu'on verra, ai-je besoin de le mentionner, dans son plus bel appareil. Le réalisateur n'est-il pas Jean-Claude Lord, le même qu'il y a quinze ans ? »

Nous le savions, les comparaisons avec la première série sont inévitables et elles abondent. Mais du côté du *Journal de Montréal*, le chroniqueur Claude Langlois semble croire que la nouvelle série réussit à marquer des points :

> « Première remarque, *Nouvelle Génération* n'a pas ce rythme effréné de la première série. En revanche, les personnages gagnent en profondeur, notamment celui de Pierre Lambert (Carl Marotte), dont la femme est morte dans un accident de voiture et qui se retrouve seul à élever quatre enfants. Le jeu de Marotte est particulièrement sensible et intelligent. […] Marc Messier a encore plus de prestance et d'aisance à l'écran, ce qui donne une idée de son niveau de jeu. »

Si certains des critiques de télé ne sont pas encore entièrement gagnés par ce qu'ils ont vu pendant le visionnement de presse, les chefs de pupitre des journaux et les rédacteurs en chef de magazines, eux, ne semblent pas douter que la série aura du succès. Le grand nombre d'articles concernant la nouvelle série en est la preuve flagrante. Quelques jours avant la première diffusion, *Le Journal de Québec* et *Le Journal de Montréal* consacrent une grande partie de leur cahier du week-end à la *Nouvelle Génération*. La série se retrouve aussi sur la couverture de nombreux télé-horaires et hebdos consacrés au culturel. Dans la tête des éditeurs, c'est clair : *Lance et Compte* fait encore vendre, même avant sa diffusion !

C'est avec beaucoup d'excitation que Caroline, Stéphanie, Réjean, Jean-Claude et moi attendons les résultats des cotes d'écoute. Ils nous parviennent enfin deux jours après la diffusion du premier épisode : un million cinq cent trente-sept mille téléspectateurs, selon la maison de sondage Nielsen ! Nous sommes aux anges ! C'est un énorme succès, et ce, malgré la forte concurrence des téléromans présentés en même temps sur les autres canaux. C'est aussi un des plus gros scores dans l'histoire de TQS. Seul un épisode de la mini-série *Miséricorde* avait fait mieux sur cette chaîne. *Lance et Compte : Nouvelle Génération* a même battu le téléroman de l'heure, *Les poupées russes* (1 268 000), diffusé au même moment sur TVA.

Selon l'autre maison de sondage, BBM, dès la fin de la diffusion de *Lance et Compte*, *Les poupées russes* sont passées de un million deux cent neuf mille à un million trois cent quatre-vingt mille téléspectateurs. C'est surtout Radio-Canada avec la diffusion des Jeux olympiques à partir de Salt Lake City – où se trouve présentement un Réjean Tremblay ravi –, qui semble avoir encaissé le coup.

Mais pas tant que ça. Comme le rapporte Louise Cousineau dans *La Presse*, en examinant les chiffres on constate un curieux phénomène : les chaînes concurrentes n'ont pas subi une baisse très importante de leur auditoire. Une analyse des résultats par groupe d'âge révèle que neuf cent soixante-quinze mille spectateurs de dix-neuf à quarante-neuf ans ont regardé la première de *Lance et Compte.* Pour *Les poupées russes,* ce groupe d'âge a été représenté par cinq cent trente mille téléspectateurs, soit presque deux fois moins. Il y a aussi deux cent mille téléspectateurs de moins de dix-huit ans qui se sont tournés vers *Lance et Compte* ce soir-là. Comme l'explique la chroniqueuse après l'annonce des résultats :

> «Ce qui signifie que bien des jeunes, qui ne regardent pas beaucoup la télévision en temps normal, ont absolument voulu ne pas rater ces "Go! Go! Go!" qui évoquaient pour eux des lumineux souvenirs du temps qu'ils avaient dix-douze ans. »

Autre donnée intéressante : le soir du premier épisode, deux cent vingt-quatre mille hommes de dix-huit à trente-quatre ans ont regardé *Nouvelle Génération,* contre seulement vingt-sept mille pour *Les poupées russes.* Le sport a donc attiré un public masculin qui n'est habituellement pas très friand de téléromans.

Nous suivront-ils dans les prochaines semaines ? La *Nouvelle Génération* réussira-t-elle à rester en première position du classement ?

La diffusion de la nouvelle série se poursuit et les résultats sont excellents. Nous avons une belle moyenne de un million trois cent mille téléspectateurs par épisode.

La veille de la présentation de l'épisode cinq, une surprise nous attend. Nous recevons une mise en demeure de la part d'une figurante. Elle joue le rôle d'une danseuse nue dans un bar où se rendent un soir les hockeyeurs Mathias Ladouceur et Danny Bouchard. La lettre de mise en demeure explique que la figurante ne savait pas qu'elle aurait à danser nue en arrivant sur le plateau. Elle dit même qu'on l'a intimidée pour qu'elle paraisse nue dans cette scène. Elle veut donc que l'épisode auquel elle a participé soit modifié avant la diffusion.

Cette jeune femme a été recrutée dans un bar d'effeuilleuses où elle travaillait sur une base régulière. Son contrat de l'Union des artistes est clair : son rôle de figuration est «topless». Elle a reçu un cachet d'environ deux cents dollars pour l'équivalent d'une journée de figuration, en plus d'une prime de trois cents dollars pour scène de nudité. Et elle a encaissé le chèque il y a longtemps, puisque la scène a été tournée il y a près d'un an !

La danseuse en question s'est plainte deux mois auparavant auprès de l'UDA. Caroline leur a fourni toutes les preuves que le contrat était en règle. Aucun grief n'a ensuite été déposé par l'UDA.

Nous nous questionnons : pourquoi cette femme a-t-elle soudainement décidé qu'elle ne veut plus prendre le risque d'être reconnue ? Un changement de vie ? Un nouveau petit ami qui n'apprécierait pas ? Le pire, c'est qu'elle ne paraît à l'écran que pendant quelques secondes, parmi d'autres effeuilleuses, et qu'il serait très difficile pour les gens de l'identifier.

La loi ne nous force pas à changer l'épisode mais, pour nous éviter des ennuis, nous décidons de modifier légèrement les scènes litigieuses afin que la danseuse paraisse à peine à l'écran. C'est pour nous une course contre la montre, car la mise en demeure nous est parvenue moins de quarante-huit heures avant la diffusion de l'émission.

L'épisode cinq est donc montré dans sa case horaire habituelle et nous n'entendons plus parler de la jeune femme…

Le dernier épisode de la série dure exceptionnellement quatre-vingt-dix minutes. La fin en surprend plusieurs, puisque le National perd pendant les séries éliminatoires. Mais l'équipe s'est grandement améliorée au cours de la saison et, après tout, nous avons tous appris au cours des années que l'important, c'est de participer… Le discours prononcé par l'entraîneur Marc Gagnon à la fin de l'épisode résume bien mon état d'esprit au terme de cette production qui marque pour moi le début d'une nouvelle étape de ma vie : la retraite.

« Rappelez-vous, les gars. On ne devait pas faire les séries. On était des pourris. Des pas bons. Des pas de cœur. On s'est relevés, on s'est tenus, on a formé une équipe et c'est là qu'on gagne. Vous êtes des *winners,* les gars. Oubliez jamais ça. Moi, en tout cas, je n'oublierai jamais ce que vous avez fait. J'ai jamais été aussi fier d'une équipe. On va revenir. On va revenir. Ça fait juste commencer. »

Je suis moi aussi très fier de mon équipe et de toute cette belle relève.

Une année télévisuelle ne serait pas complète sans une petite controverse du côté de la cérémonie des Gémeaux! Pour *Nouvelle Génération,* seul Réjean Tremblay se retrouve en nomination dans la catégorie du meilleur texte pour une série dramatique. Bien qu'il n'ait jamais remporté cette récompense pour son travail dans *Lance et Compte,* Réjean demande aux membres de l'Académie de ne pas voter pour lui cette année! Il est fâché qu'aucun des comédiens de la série ne soit en nomination. Il trouve injuste qu'ils aient si bien défendu ses textes et qu'il soit le seul dont le travail soit reconnu cette fois-ci.

De mon côté, il y a tellement longtemps que je n'ai pas regardé le Gala que je ne suis même plus certain qu'il existe toujours!

42

LA RECONQUÊTE

Comme c'était le cas avec les premières séries dans les années quatre-vingt, la décision de donner une suite à *Nouvelle Génération* doit être prise avant même que sa diffusion ne soit entamée. Ma fille Caroline doit déposer une demande de financement au Fonds canadien de télévision afin d'enclencher le processus d'écriture des nouveaux textes. Mais voilà : la série a pesé lourd sur le budget de Télévision Quatre Saisons et on n'en connaît pas encore les résultats. De plus, TQS se retrouve en plein changement de propriétaires avec l'acquisition de la station par Cogeco et BCE. Le climat est à l'incertitude. Le vice-président à la programmation, Luc Doyon, est très hésitant. Selon lui, une suite à la série ne fait pas partie de leur entente initiale et sa décision tarde à venir. Caroline insiste pour avoir une réponse claire le plus rapidement possible, car elle a peur que Réjean Tremblay se désintéresse du projet s'il doit attendre un an avant d'écrire la suite. Elle propose même à Luc Doyon de retirer la demande de financement déposée à Téléfilm Canada si la série n'attire pas un million de téléspectateurs au début de la diffusion en février. Mais Luc Doyon n'est pas prêt à s'embarquer pour une autre année. Il signe donc une lettre à Caroline en janvier 2002 lui confirmant qu'il ne veut pas s'impliquer à ce moment dans une suite. Il lui cède les droits de premier et de dernier refus.

Sans diffuseur associé avec nous pour la suite des choses, nous ratons la date limite du dépôt du projet au Fonds canadien de télévision. Cela signifie que, s'il y a une suite, elle ne se tournera pas dans l'année qui vient, un délai bien embêtant pour un producteur.

La diffusion de *Nouvelle Génération* débute et les cotes d'écoute s'avèrent excellentes. Caroline décide de prendre son mal en patience et d'attendre que TQS soit prêt à se décider.

Quelques semaines plus tard, Réjean Tremblay se retrouve dans le bureau du président de TVA, Raynald Brière, pour parler d'une série en développement qui se déroulerait dans l'univers d'un bureau d'avocats. Le président demande des nouvelles de *Lance et Compte,* qu'il considère comme un phénomène télévisuel unique, et Réjean lui explique qu'il est déçu que TQS ait cédé ses droits d'en faire la suite. Raynald Brière est surpris d'apprendre que la série est un « agent libre », en quelque sorte. Il exprime immédiatement son intérêt pour la création de nouveaux épisodes de *Lance et Compte* à diffuser sur TVA et il demande à rencontrer Caroline.

Du côté de TQS, le grand patron de la chaîne, René Guimond, apprend que la production de *Lance et Compte* lorgne du côté de TVA et il convoque Caroline. À la grande surprise du président, elle lui montre la lettre officielle qu'elle a reçue de TQS annonçant son refus de s'engager dans la production d'une suite. Un conflit éclate, bien entendu, et plusieurs personnes en seront touchées. On ne voudra plus de la présence de Réjean Tremblay à l'émission sportive *110 %,* sous prétexte que son comportement a été déloyal. Caroline se retrouvera coincée entre deux chaises, mais choisira finalement de produire la série avec la collaboration de TVA.

L'histoire du conflit entre les diffuseurs se répète donc, comme en 1990 pour les téléfilms! Cette fois-ci, heureusement, ma fille n'aura pas à aller en cour comme j'ai dû le faire pour pouvoir continuer la production de la télésérie.

Nouvelle Génération a fait sa sortie sur DVD et s'est très bien vendu. En 2002, la maison de distribution Christal Films décide donc de rééditer en format DVD la toute première série produite en 1985. Les acheteurs en redemanderont, de sorte que *Lance et*

Compte II et *III* feront aussi leur apparition sur le marché des DVD. Je suis toujours étonné de voir que l'intérêt du public est encore avec nous, même après toutes ces années !

Réjean Tremblay complète les textes pour la nouvelle saison de *Lance et Compte* qui s'intitule *La Reconquête*. Ma semi-retraite est commencée et je suis très peu présent dans la production de cette mouture, même si mes filles insisteront généreusement pour me donner au générique le titre honoraire de producteur associé. Cette nouvelle télésérie dispose d'un budget de sept millions cent quarante mille dollars. C'est considéré comme un budget moyen pour une série produite de nos jours, mais ce n'est rien en comparaison des budgets dont nous disposions à l'époque. Il faut faire de savants calculs, resserrer le plus possible l'horaire et tout négocier à fond. La tâche n'est pas mince et j'admire mes filles de s'en tirer aussi bien.

Les comédiens de *Nouvelle Génération* reviennent tous travailler avec nous. Caroline, Stéphanie et Réjean, les producteurs exécutifs, ont d'ailleurs organisé des rencontres avec les acteurs et actrices principaux afin de les consulter sur l'évolution des intrigues. Ils en ont long à dire et leurs suggestions sont très appréciées par le scénariste, qui est conscient de leur point de vue privilégié sur les personnages qu'ils incarnent.

Marina Orsini sera davantage présente cette année, car Suzie Lambert répondra enfin aux avances de Marc Gagnon, pour le plus grand plaisir du public qui a très hâte de les revoir ensemble. La comédienne Jessica Welsh, qui jouait le rôle de la conjointe du hockeyeur Danny Bouchard, est enceinte, et l'assureur refuse de la couvrir pour le tournage. Véronique Bannon prendra donc sa place et, ironie du sort, elle devra porter un faux ventre pour faire croire à la grossesse de son personnage ! L'animatrice et productrice de télévision Chantal Lacroix réalisera un rêve de jeunesse en devenant comédienne. Elle interprétera la notaire Christine Vachon qui fera fondre le cœur de Lucien « Lulu » Boivin.

Une nouvelle venue dans la série, Julie du Page, qui a été vue il y a plusieurs années dans *Scoop*, donnera vie au personnage de Valérie Nantel, une mathématicienne séductrice dont la personnalité instable provoquera de nombreuses réactions parmi le public et fera couler beaucoup d'encre. Les téléspectateurs ne resteront pas indifférents à son personnage hautement manipulateur. Une vraie belle vilaine, que tout le monde aime détester! Julie du Page recevra une nomination aux prix Gémeaux pour cette interprétation haute en couleur.

TQS diffuse en reprise jusqu'au 10 septembre les épisodes de *Nouvelle Génération* et les cotes d'écoute sont encore très bonnes. Les dix épisodes de *La Reconquête* commencent le 13 septembre 2004 sur les ondes de TVA. La série est présentée le lundi à vingt et une heures et, comme c'est la coutume, Radio-Canada lui en oppose une nouvelle, *Temps dur,* sur laquelle la société d'État mise beaucoup. La Ligue nationale de hockey est en lock-out mais, comme l'annonce notre publicité publiée dans divers journaux : «Il y aura du hockey à TVA cet automne : *Lance et Compte : La Reconquête.* »

Il semble que les amateurs de hockey se sont consolés avec nous, car le premier épisode nous réserve une belle surprise : un million six cent soixante-quinze mille neuf cents téléspectateurs ont choisi de se tourner vers nous, contre sept cent quatorze mille pour la série *Temps dur* à Radio-Canada. Nos cotes d'écoute se maintiendront en moyenne à un million six cent mille téléspectateurs chaque semaine. Même de loin, ces résultats continuent de m'étonner et de me ravir.

Réjean Tremblay a réservé une grosse surprise aux téléspectateurs cette année : la mort spectaculaire d'un des personnages principaux. Il y a eu plusieurs décès dans la série au cours des années, mais de personnages secondaires. Cette fois-ci, le scénariste s'est attaqué à un gros morceau en tuant le hockeyeur-vedette, Danny Bouchard. La scène est intense : le joueur de hockey et sa maîtresse ont une discussion tendue. Valérie Nantel a une passion maniaque pour les chiffres et elle se sent frustrée de voir que son amant ne la suit pas suffisamment dans cet univers. Elle tente de le convaincre que les nombres ne se trompent jamais et que les lois mathématiques lui permettent de prédire le résultat de la dangereuse roulette russe. La séduisante joueuse présente une arme à feu à Danny et lui jure que le risque lui offrira des sensations comme il n'en a jamais connues auparavant. Elle le provoque, lui dit qu'il n'ose pas vivre sa vie jusqu'au bout, qu'il ne lui fait pas vraiment confiance. Épuisé et consumé par sa passion pour la belle blonde, Danny pointe l'arme sur sa tempe et appuie sur la détente. On ne voit pas ce qui se passe, mais on peut lire toute l'horreur de la scène sur le visage de Valérie qui crie à tue-tête.

Les téléspectateurs sont sous le choc et les journaux du lendemain posent tous la même question incrédule : Danny Bouchard est-il véritablement mort? Les bureaux de production sont inondés d'appels de gens qui ne veulent pas attendre la semaine suivante pour connaître l'issue du geste fou du hockeyeur. Nous nous sommes tous donné le mot : pas question de révéler quoi que ce soit concernant cette intrigue. Il faudra attendre à la semaine prochaine.

Réjean savait bien qu'il provoquerait des réactions avec cette scène, mais il ne s'attendait pas du tout à la folie qui a suivi, comme il me le raconte :

« C'était incroyable! Débile! Le lendemain de la diffusion de l'épisode, les gens m'arrêtaient dans la rue pour m'en parler. On me reconnaît souvent, mais jamais on ne s'est autant adressé à moi. Il y a même eu des gens en auto qui ont ralenti quand ils m'ont vu. Quelqu'un m'a crié de sa voiture : "Il n'est pas mort, hein?" J'ai reçu des dizaines et des dizaines de courriels et des appels de journalistes. Même Julie Snyder m'a appelé sur mon cellulaire ce soir-là pour me demander si j'avais vraiment tué Danny!»

De toute les scènes que Réjean a écrites pour la télévision, celle de la roulette russe est probablement celle qui a créé le plus de réactions… si on exclut les fameuses scènes de nudité de *Lance et Compte* des années quatre-vingt, bien entendu!

Une semaine plus tard, l'épisode suivant confirme le pire : les téléspectateurs doivent accepter que Danny Bouchard soit bel et bien mort et que son personnage devienne un souvenir. Si les réactions sont fortes, le scénariste n'a pas à subir de véritable colère de la part des fans de la série. Selon lui, cela s'explique par le fait que la scène « marche », qu'elle est vraisemblable dans le contexte de la relation entre le hockeyeur et sa maîtresse. Réjean s'est d'ailleurs adressé à un ami psychiatre avant de développer la scène. Il lui a demandé comment un tel événement pourrait se dérouler et s'il était crédible que quelqu'un comme Valérie pousse son amant à un tel geste.

Quand il a créé le personnage de Danny Bouchard dans *Nouvelle Génération,* Réjean n'avait pas prévu le faire mourir une saison plus tard. Il s'est cependant vite trouvé une fascination pour le personnage de Valérie Nantel, «un génie», comme il la décrit, et plonger Danny dans son univers impliquait une grande part de risque. Quand le moment d'écrire la fameuse scène est arrivé, le scénariste a tout de même eu des doutes. Les téléspectateurs s'étaient attachés au personnage du jeune hockeyeur un peu naïf et Réjean appréciait beaucoup le travail de Patrick Hivon. Mais la volonté de pousser l'histoire plus loin et de provoquer le téléspectateur a gagné la partie! Comme l'explique Réjean :

> «Il faut être prêt parfois à sacrifier de bons personnages, même si ça peut être difficile. Ça prenait un bon acteur pour jouer une telle scène et je trouve que Patrick a fait un travail incroyable. Il m'a vraiment épaté dans son jeu, tout comme Julie du Page.»

C'est en lisant les textes de *La Reconquête* avant le début du tournage que le comédien Patrick Hivon a appris que son personnage allait mourir dans la nouvelle série. Et il était content! Ce choix du scénariste permettait à l'acteur, qui faisait ses débuts à la télévision à l'époque, de jouer une scène hors du commun et il a tout de suite vu cela comme une belle opportunité.

Au moment du tournage de la séquence, le réalisateur s'est assuré que le silence et le calme règnent sur le plateau pour que les comédiens n'aient pas à rejouer la scène à répétition. Patrick Hivon raconte :

> «Ça a été plutôt intense à tourner! Je voulais ne pas trop en mettre et je préférais jouer ça assez sobrement. Mais je me suis rendu compte en faisant la scène que je condamnais à mort mon personnage. C'était la fin de Danny Bouchard. Et ça, c'était quand même troublant.»

Il avait une crainte cependant : serait-ce crédible ? Qui peut être assez naïf pour se laisser manipuler comme ça et jouer à la roulette russe ? Est-ce que les gens allaient embarquer ?

Le comédien a eu sa réponse dans le flot d'appels et de courriels qu'il a reçu après la diffusion de la scène. Même ses proches n'arrivaient pas à y croire, d'autant plus qu'il avait gardé le secret sur le sort ultime de son personnage !

« J'ai été surpris, raconte-t-il, de voir jusqu'à quel point les gens ont embarqué dans cette scène. Même ceux parmi mes connaissances qui sont habituellement plus sceptiques face aux émissions de télévision semblaient avoir été touchés par le sort de Danny. J'ai pu me rendre compte que beaucoup, beaucoup de gens regardaient *Lance et Compte,* même ceux que je n'aurais pas soupçonnés d'être amateurs de ce genre de série ! »

Patrick Hivon était tout de même habitué aux réactions vives du public, lui dont le personnage trompait sa copine enceinte :

« Si j'en juge par les réactions de certaines personnes qui m'ont fait des commentaires quand elles m'ont croisé dans mon quotidien, je crois qu'il y avait bien du monde heureux de voir l'infidèle se tirer une balle dans la tête ! »

Et la suite ? Il est question pendant un moment de tourner plutôt un film, ce que Caroline souhaite fortement. Mais Réjean n'est pas très à l'aise dans la formule du long-métrage et trouve que ses idées s'adaptent mieux au petit écran. Un conflit s'installe entre eux, mais il ne durera pas très longtemps. TVA annonce une suite dont la diffusion aura lieu en septembre 2006. *Lance et Compte : La Revanche.* Avec un titre pareil, on peut tout craindre… et tout espérer !

43

LANCER, COMPTER ET FAIRE SA MARQUE

J e l'ai déjà dit, mais je crois que ça vaut la peine de le répéter : la popularité et le succès, surtout lorsqu'ils se traduisent en gains financiers, sont parmi les choses qui choquent le plus au Québec. *Lance et Compte* n'a pas échappé à ce triste phénomène. Certains vont jusqu'à prétendre que pour gagner de l'argent il faut nécessairement employer des tactiques malhonnêtes. C'est la classique rançon de la gloire, et même si personne ne peut prétendre y être indifférent, il faut apprendre à vivre avec un certain lot de médisances. J'ai su faire cet apprentissage, mais j'avoue que j'accepte avec moins de détachement les critiques qui concernent directement ma famille et mes proches.

Les artisans de la série *Lance et Compte* font partie pour moi de ma famille élargie. Je ne peux oublier qu'au-delà du produit fini sur pellicule ou ruban vidéo, il y a le dévouement de nombreux collaborateurs et collaboratrices qui ont façonné cette série avec autant d'amour et de fierté que j'en ai eu à la produire. On a tendance à souligner seulement le travail d'une poignée d'entre eux, mais les efforts de chacun ont été essentiels à cette réussite.

Certains confrères du milieu de la télévision ont avalé de travers le succès de la série. Guy Fournier, par exemple, a reçu en 2003 le mandat du CRTC d'écrire une étude sur le futur des dramatiques de langue française pour la télévision canadienne à partir de *La famille Plouffe* jusqu'à maintenant. J'ai été surpris et déçu de voir qu'en près de trente pages, il ne mentionne jamais *Lance et Compte*. Je ne veux pas donner d'importance outre mesure à ce rapport, qui compte moins à mes yeux que toute l'attention que nous ont accordée les téléspectateurs, mais je le mentionne car je crois que l'anecdote est typique d'une certaine attitude hautaine à laquelle la série a eu à faire face au cours des années.

En matière d'évaluation de l'impact de la série, je préfère bien sûr me tourner vers l'avis de personnes qui ont suivi *Lance et Compte* attentivement et qui connaissent sous toutes leurs coutures ses personnages. Certains critiques n'ont pas toujours été doux envers les diverses versions de la série et ses artisans, et il m'est arrivé de crier à l'injustice à quelques reprises! Je suis tout de même conscient que nous avons eu des moments moins bons que d'autres, comme c'est le cas pour tout le monde. Le travail des critiques et des chroniqueurs ne fait pas exception à cette règle, bien entendu.

De nombreux journalistes, analystes, chroniqueurs, professeurs et même étudiants se sont penchés sur le phénomène *Lance et Compte* au cours des années et ont su en reconnaître l'influence sur la télévision québécoise. Ils expriment mieux que je ne pourrais le faire ce que, parfois consciemment et parfois inconsciemment, nous avons tenté d'accomplir avec *Lance et Compte*. Je me permettrai donc d'en citer quelques-uns :

« Rappelez-vous que Lance et Compte a été une révolution dans notre télévision. On quittait le téléroman qui raconte pour voir de nos yeux ce qui se passait. Et, il s'en passait des choses. En plus cette œuvre mêlait deux passions québécoises : le hockey et l'histoire bien ficelée. »
Louise Cousineau, *La Presse*, 14 février 2002.

« À l'automne 1986, *Lance et Compte* avait fait l'effet d'un coup de tonnerre dans le paysage télévisuel québécois, où s'imposaient alors des téléromans tournés vers le passé, comme *Le temps d'une paix*. *Lance et Compte*, c'était un rythme effréné, un montage serré, une série tournée comme un film, avec de l'action à profusion pimentée de scènes sexy. On l'a dit et ré-

pété, *Lance et Compte* a été le déclencheur de toutes les séries trépidantes qui ont suivi.»
Paul Cauchon, *Le Devoir,* 16 février 2002.

«Quand Pierre Lambert, la toute première fois, s'est lancé sur la glace, quelque trente ans de téléromans sont passés à l'histoire. Enfin, des personnages ambitieux, qui ne craignaient pas le succès, enfin, le souci d'une réalisation rythmée, de dialogues percutants, de situations contemporaines, enfin les scènes de cuisine rangées dans le grenier, les clichés dans le tiroir et la bienséance dans le placard. C'était en 1987, il y a quinze ans et personne n'a oublié.»
Anne-Marie Cloutier, *La Presse,* 16 février 2002.

«En mettant au point un téléroman ressemblant aux soaps par ses bassesses, tromperies et mensonges, les producteurs savaient-ils qu'ils plairaient au public québécois, fort à l'aise avec la morale des œuvres mass-médiatiques américaines? C'est que *Lance et Compte* a pressenti qu'il était temps de présenter des femmes fortes en affaires, mais en même temps humaines (Linda, Joan), des ambitieux à la veille de réaliser la version québécoise du "great American dream" (Joan, Allan, John), des hommes ayant peur et sachant pleurer (Pierre, Patrick, Robert) et des amants infidèles et menteurs (Pierre, Suzie, Marc, Robert, Maryse). [...] Un téléroman n'évite-t-il pas habituellement la controverse et l'innovation, en cherchant d'abord à séduire le plus grand nombre de personnes, sans trop les choquer? Ce n'est certes pas le cas de *Lance et Compte* qui a utilisé de main de maître des éléments mal connus du public québécois, tels que des valeurs prônant la réussite à tout prix (selon l'idéologie néo-libérale), une mise en scène quelque peu explicite de la sexualité et la présentation de thèmes controversés, comme l'avortement, la violence faite aux femmes et le racisme. [...] *Lance et Compte* a misé sur l'idée qu'il fallait tenter de passionner le Québec en lui racontant des histoires de hockey se passant chez lui (dans sa cour), en mettant en scène son sport national qui habite si entièrement son imaginaire collectif. »

Nathalie Nicole Bouchard, *La popularité du téléroman québécois : le cas de* Lance et Compte, mémoire de maîtrise, Université du Québec à Montréal, novembre 1990.

« En introduisant la figure du gagnant, *Lance et Compte* transforme radicalement l'imaginaire téléromanesque. La réussite personnelle devient la nouvelle panacée et Pierre Lambert est un *winner* qui cristallise les aspirations de milliers de téléspectateurs. [...] *Lance et Compte* a connu un immense succès populaire et d'estime. Ceci peut être attribué à la parfaite conjonction entre les valeurs véhiculées et la forme retenue pour le faire. En effet, *Lance et Compte* est non seulement novateur en ce qu'il propose une véritable figure héroïque mais aussi parce qu'il est un des premiers à avoir bénéficié de budgets imposants. [...] À tous les égards donc, aussi bien dans le fond que dans la forme, cette télésérie est un success story. »

Jean-Pierre Desaulniers, *De La famille Plouffe à La petite vie*, Fides, 1996.

LE GÉNÉRIQUE DE LA FIN

Chaque profession comporte des avantages et des inconvénients, et le travail du producteur n'échappe pas à cette règle. Par contre, peu de professions laissent des marques aussi publiques, qui remontent à la surface au moment où l'on s'y attend le moins ! Il m'est souvent arrivé d'ouvrir un téléviseur, lors d'un voyage dans un autre pays, et de retrouver à l'écran une de mes émissions produites il y a longtemps, diffusée dans une langue étrangère. Je me suis souvent surpris à m'asseoir au pied du lit de ma chambre d'hôtel pour regarder ces émissions de nouveau. Il m'est aussi arrivé, dans un élan de nostalgie, de descendre au sous-sol de ma maison pour visionner une cassette ou un DVD d'anciennes productions de ma compagnie.

Parfois, le souvenir que je garde du résultat final est bien différent de la réalité et je suis déçu. Il y a certains souvenirs et images que je préférerais oublier, mais c'est peine perdue : dans ce métier, il existe toujours quelque part un témoin de nos efforts passés. Pour excuser la piètre qualité d'une émission, je me dis alors qu'elle a mal vieilli. Que la copie est mauvaise. Que le son est pourri. Difficile d'avouer avoir commis une erreur de jugement ou d'admettre carrément que c'était mauvais.

Pour me rafraîchir la mémoire en vue de l'écriture de ce livre, j'ai revisionné les anciennes séries de *Lance et Compte*. Oui, le style de traitement des intrigues, le niveau de production de l'époque et les coiffures et vêtements m'ont surpris parfois. Mais mon plus grand étonnement n'a pas été à ce point de vue. Le grand choc pour moi fut de me rendre compte à quel point les anciens comédiens de la série étaient jeunes à l'époque! Je me suis aperçu que, comme c'est le cas pour mes enfants, je ne les ai pas vus vieillir! En les retrouvant à l'écran, beaux, fringants et talentueux, j'étais encore tout aussi fier d'eux, comme je le suis de mes enfants.

Lorsqu'il a été question de passer les rênes à Caroline et à Stéphanie, j'ai d'abord consulté mon épouse. Je me demandais si les filles n'étaient pas trop jeunes pour prendre seules le contrôle de l'entreprise. Louise m'a rappelé avec sagesse que mon frère Denis et moi étions encore plus jeunes lorsque nous avons fondé notre première compagnie! J'ai dû admettre qu'elle avait bien raison et je n'ai plus eu d'arguments pour retarder le passage des pouvoirs. La décision était irrévocable : elles allaient reprendre seules la direction de l'entreprise familiale.

L'industrie de la télévision ne permet pas de demi-mesures et les retraites dites partielles ne réussissent pas bien dans ce milieu. Je suis maintenant totalement en dehors du circuit depuis quelques années. À ceux qui me demandent ce que je fais depuis, je réponds que je suis consultant. Je m'empresse d'ajouter «un consultant non consulté». C'est la vérité et j'en suis fier! Les filles sont grandes et s'arrangent bien toutes seules. Occasionnellement, on m'invite à aller assister à un tournage, mais je trouve la plupart du temps un prétexte pour ne pas retourner sur le plateau, comme un ancien fumeur qui craint de retoucher à une cigarette…

Ma fille Caroline a insisté récemment pour que je passe sur le plateau de *Lance et Compte : La Revanche* et, cette fois-ci, je n'ai pas su trouver de raisons pour refuser. Mon épouse et moi sommes donc allés aux studios de Ville Saint-Pierre, près de Montréal. Un motocycliste nous a précédé à l'entrée du stationnement. Il a immobilisé sa moto et enlevé son casque. C'était Réjean Tremblay, tout sourire! Nous nous sommes rendus ensemble sur le plateau en bavardant. Il m'a parlé de mes filles, So, Caro, Stef et Manou, qu'il a toujours bien aimées. Il m'a aussi dit qu'il a du plaisir à travailler avec Stéphanie et Caroline, même s'il trouve que cette dernière a tout un caractère et qu'ils en sont déjà à plusieurs affrontements!

J'ai regardé autour et reconnu immédiatement cette atmosphère si particulière aux plateaux de tournage. Les gestes des divers artisans de la production m'étaient encore très familiers. J'ai retrouvé quelques anciens, mais la majorité d'entre eux étaient de nouveaux visages. J'ai revu avec joie François Lamontagne, le directeur artistique avec qui j'ai travaillé pendant tellement d'années. Jean-Claude Lord, lui, était en pleine action, en train d'expliquer au jeune Jason Roy-Léveillée, qui joue le rôle du fils de Pierre Lambert, la bonne dose d'émotion qu'il devait avoir dans la scène. J'ai observé leur travail, heureux de voir une relève aussi talentueuse. La série lance encore de belles carrières et rien ne pourrait me faire plus plaisir.

Quelques anciens des premières séries se sont rassemblés pendant la pause et, comme font tous «les vieux de la vieille», nous nous sommes rappelé des souvenirs! Jean-Claude a fait la remarque que ça allait être le vingtième anniversaire de *Lance et Compte* au moment de la sortie de *La Revanche,* en septembre 2006. Quoi? Avait-il bien compté? J'étais tellement surpris que j'ai eu de la difficulté à parler : il fallait fêter ça! J'avais le goût de revoir mes amis et principaux collaborateurs de la première heure.

Mon souhait n'a été que partiellement réalisé puisqu'il s'est avéré difficile de trouver une date qui convienne à tout ce beau monde, toujours très occupé. La célébration a donc pris une allure plus intime, avec seulement quelques artisans et comédiens qui se sont réunis dans un restaurant à la campagne. J'ai regretté l'absence de plusieurs personnes, dont celle de Richard Martin, qui était à l'extérieur de la ville pour quelques semaines, mais j'ai été particulièrement touché que mon ancien producteur associé, Bill Wiggins, et sa femme Liz aient fait tout le chemin de Vancouver jusqu'au Québec pour cette rencontre.

Une nouvelle collaboratrice faisait également partie des convives ce soir-là. J'ai présenté Martine Pagé à l'assemblée et j'ai expliqué à tout le monde la raison de sa présence parmi nous : nous allions écrire un livre sur la belle et folle histoire de *Lance et Compte*. Rien de mieux qu'un bon vieux «souper de famille» pour qu'elle soit à même de constater la complicité qui règne encore parmi les anciens collaborateurs!

Quelques semaines auparavant, j'avais reçu un appel de ma fille Caroline qui m'expliquait que plusieurs événements allaient être organisés pour souligner le vingtième anniversaire de la série. On lui avait suggéré de faire écrire un livre racontant l'histoire de la production et, comme elle était très occupée, elle a pensé à papa… C'était un grand défi pour moi, qui n'avais jamais écrit ce genre d'ouvrage, et dans la plus pure tradition de *Lance et Compte,* la date de livraison du livre était insensée! À ma grande surprise, je me suis entendu dire oui immédiatement. Mais pas question pour moi de travailler en solitaire. Je voulais un collaborateur à part entière, quelqu'un pour m'épauler, me «challenger» sur le plan de mes souvenirs et de mes écrits, et je voulais pouvoir lui rendre la pareille sur ses idées et ses textes.

C'est dans cet esprit que Martine Pagé et moi avons travaillé et vous tenez le résultat final de notre collaboration entre vos mains. La tâche est terminée, mais qui sait, le mandat ne s'arrête peut-être pas là… Alors que je retourne à mon bienheureux rôle de consultant non consulté, la suite de cette grande réussite se trouve entre les mains de mes filles Caroline et Stéphanie. Qui peut prédire combien de temps encore cela va durer? Au moment d'écrire ces dernières lignes, nous attendons la confirmation du diffuseur pour savoir s'il y aura une autre suite à *Lance et Compte.* Tout nous permet de croire que ce sera le cas, mais rien n'est jamais acquis dans ce milieu…

Produire cette série a été toute une épopée, mais mon but ultime avec ce livre n'était pas de faire connaître toutes les difficultés que nous avons éprouvées. Mon intention première était plutôt d'assurer à *Lance et Compte* la place qui lui revient dans l'histoire de la télévision au Québec. Cette place est souvent contestée ou simplement ignorée par certains, mais le public qui nous a toujours soutenus témoigne de son importance. Je voulais aussi pouvoir attester de ma reconnaissance envers ceux qui ont partagé avec moi cette longue route depuis vingt ans. À tous je dis merci et «à suivre».Vous faites tous partie de mon générique.

GÉNÉRIQUE PARTIEL DE LANCE ET COMPTE (1986 À 2006)

Scénario et dialogues
Louis Caron
Jacques Jacob
Réjean Tremblay

Réalisateurs
Jean-Claude Lord
Richard Martin

Directeurs de la photographie
Bernard Chentrier
Serge Desrosiers
Pierre Jodoin

Monteurs
Michel Arcand
Hélène Bédard
Dominique Boisvert
Jean-Marie Drot
Jacques Gagné
Éric Genois
Yves Langlois
Antonio Virgini

Musique
Nathalie Carsen
Stéphane Deschamps
Normand Dubé
Benoit Roberge
Guy Trépanier

Directeurs artistiques
Philippe Combastel
Raymond Dupuis
François Lamontagne
Dominique Ricard

Directeurs de production
Christian Gagné
Nicole Hilareguy
Pierre Laberge
Bill Wiggins

Producteurs associés
Caroline Héroux
Stéphanie Héroux
Roger Héroux
Gérald Ross
Réjean Tremblay
Bill Wiggins

Comédiens

Charli Arcouette-Martineau
Emmanuel Auger
Véronique Bannon
Mary Lou Basaraba
Claude Bédard
Andrew Bednarski
Marc Bélanger
Judith Bérard
Jean-Pierre Bergeron
Denis Bernard
Julien Bernier-Pelletier
Vincent Bilodeau
Patrice Bissonnette
Denis Bouchard
Raymond Bouchard
Jacques Boulanger
Sylvie Bourque
Mark Brennan
Robert Brouillette
Paul Buisson
France Castel
Clément Cazelais
Pierre Chagnon
Jean-Paul Chartrand Jr.
Valérie Chevalier
Marc-André Coallier
Gilbert Comtois
Angèle Coutu
Alain Crête
Michel Daigle
Louis-Philippe Dandenault
Jacques Demers
Jean Deschênes
Chantal Desroches
Mireille Deyglun
Thomas Donohue
Marie-Christine Doucet
Mathieu Duhaime
Julie du Page
Roy Dupuis
Olivier Farmer
Danielle Fichaud
Todd Field
Catherine Florent
Hélène Florent
Michel Forget
Edgar Fruitier
René Gagnon
Annette Garant
Roger Garceau
Maxim Gaudette
Alain Gélinas
Pierre Gendron
Sophie Gendron
Sylvain Giguère
Benoit Girard
Louis-Georges Girard
Michel Goyette
Macha Grenon
Martin Grignon
Tyler Hall
Laurence Hamelin
Bob Harding
Jean Harvey
Patrick Hivon
Éric Hoziel
Léo Ilial
Andrzej Jagora
Fayolle Jean Fils
Patrick Labbé
Alyssa Labelle

Marie-Chantal Labelle
Chantal Lacroix
Charles Lafortune
Charles Landry
Lorraine Landry
Jean Lapointe
Jean-Marie Lapointe
Julie Larochelle
Roger La Rue
Frédéric Lavallée
Patrice L'Écuyer
Guillaume Lemay-Thivierge
Vincent Lemay-Thivierge
Hélène Lorain
Jean-Sébastien Lord
Alexandra Lorska
Émile Mailhiot
Robert Marien
Carl Marotte
Walter Massey
Jean-Pierre Masson
Gabrielle Mathieu
Jean Mathieu
Julie McClemens
Pierre McNicoll
André Melançon
Macha Méril
Marc Messier
Antoine Mikola
Peter Miller
Isabelle Miquelon
Michel Mongeau
Pascale Montpetit
David Nerman
Richard Niquette
Widemir Normil

Kim Olivier
Marina Orsini
Jean-René Ouellet
André Oumansky
Jean Pagé
Aubert Pallascio
Pierre Pinchiaroli
Véronique Poirier
Yvan Ponton
Julien Poulin
Claude Préfontaine
Sophie Prégent
Hugues Profy
Danielle Proulx
Luc Proulx
Guy Provost
Gilles Renaud
Sophie Renoir
Anthony Robinow
Benoît Rousseau
Jason Roy-Léveillée
Maxim Roy
Yvon Roy
Gabriel Sabourin
Marcel Sabourin
August Schellenberg
Gilbert Sicotte
John St. Denis
Julie St-Pierre
Yves Soutière
Alexandra Stewart
Yvan Thibaudeau
Jacques Thisdale
Lise Thouin
Karim Toupin-Chaieb
Yanick Truesdale

Christophe Truffert
Valérie Valois
Anik Vermette
Vania Vilers
Roch Voisine
Vlasta Vrana
Len Watt
Timothy Webber
Jessica Welch
France Zobda
… et de nombreux autres

Autres collaborateurs
Eric Ajduk
Lyse Bédard
Jocelyne Bellemare
Henri Blondeau
Louis Bolduc
Michel Bordeleau
Luc Boudrias
Jean Bourret
Yvan Brunet
Marc Bureau
Marie-France Caron
Yves Charbonneau
Manon Corbeil
Lise Dandurand
Marie Daoust
Michel Descombes
Marc de Ernsted
Stéphane de Ernsted
Chantal Desruisseaux
Jocelyne Dorris
Louis Dupire
Carl Emond
John Fretz

André Gagnon
Julie Guimond
José Heppell
Caroline Héroux
Emmanuelle-Claude Héroux
Sophie Héroux
Stéphanie Héroux
Georges Jardon
Pierre Laberge
Pierre Ladouceur
Bertrand Langlois
Tom Lapointe
Christian Lefort
Eric Megret
Philippe Mercier
Louise Migneault
Éric Myre
André Ouellet
Viateur Paiement
Brigitte Pastore
Jacques Payette
Jean Perron
Louise Pilon
Louis Plante
Hélène Robitaille
Lucie Robitaille
Guy Ross
Sylvie Roy
Frank Ruszczynski
Jan Thijs
Izabel Zimmer
… et de nombreux autres

À PROPOS DES AUTEURS

CLAUDE HÉROUX est producteur. Avec son frère Denis Héroux, il a été l'un des pionniers du cinéma populaire québécois dans les années soixante. Il s'est illustré par la suite avec des films à large diffusion internationale, dont *Scanners* et *Vidéodrome* de David Cronenberg. Il a produit parmi les plus grandes séries de la télévision québécoise – *Lance et Compte, Au nom du père et du fils, Les bâtisseurs d'eau* – avec la maison de production qu'il a fondée, Communications Claude Héroux, et à laquelle se sont jointes à titre de productrices ses deux filles Caroline et Stéphanie Héroux.

MARTINE PAGÉ est scénariste de longs-métrages, journaliste, chroniqueuse et réalisatrice pour la télévision. Elle a étudié en lettres et, à San Francisco, en production cinématographique. Passionnée de nouvelles technologies, ses services de consultante et de conférencière sont souvent retenus par diverses entreprises et associations. Son blogue intitulé ni.vu.ni.connu (www.martinepage. com/blog) est l'un des plus populaires au Québec.

TABLE DES MATIÈRES